本书受到安徽科技学院人才项目"犯罪被害人参与刑事政策治理研究"出版资助

刑事政策场域中的
犯罪被害人研究

宣 刚 著

中国社会科学出版社

图书在版编目(CIP)数据

刑事政策场域中的犯罪被害人研究/宣刚著.—北京：中国社会科学出版社，2018.2
ISBN 978-7-5203-2002-3

Ⅰ.①刑… Ⅱ.①宣… Ⅲ.①刑事犯罪-被害人-研究 Ⅳ.①D915.12

中国版本图书馆 CIP 数据核字（2018）第 015480 号

出 版 人	赵剑英
责任编辑	梁剑琴
责任校对	沈丁晨
责任印制	李寡寡

出　　版	中国社会科学出版社
社　　址	北京鼓楼西大街甲 158 号
邮　　编	100720
网　　址	http://www.csspw.cn
发 行 部	010-84083685
门 市 部	010-84029450
经　　销	新华书店及其他书店
印刷装订	北京君升印刷有限公司
版　　次	2018 年 2 月第 1 版
印　　次	2018 年 2 月第 1 次印刷
开　　本	710×1000　1/16
印　　张	13
插　　页	2
字　　数	215 千字
定　　价	56.00 元

凡购买中国社会科学出版社图书，如有质量问题请与本社营销中心联系调换
电话：010-84083683
版权所有　侵权必究

目 录

导言 ………………………………………………………… (1)
  一 问题的提出 ……………………………………………… (1)
  二 问题的意义和研究现状 ………………………………… (3)
  三 基本概念和分析工具 …………………………………… (11)
  四 框架与研究方法 ………………………………………… (15)

第一章 超越二元对立：刑事政策场域与犯罪被害人关系论 ……… (17)
  第一节 个体与社会：社会学分析的两种进路 ……………… (18)
    一 二元对立：结构主义的理性建构 ……………………… (19)
    二 二重性：后结构主义的个体复归 ……………………… (23)
  第二节 "场域—惯习"视域中的刑事政策与犯罪被害人 ……… (31)
    一 刑事政策的场域分析 …………………………………… (31)
    二 建构的行动者：刑事政策场域中的犯罪被害人样态 …… (47)

第二章 行动者策略与逻辑：犯罪被害人刑事政策本体论 ………… (58)
  第一节 行动者策略与刑事政策 …………………………… (59)
    一 策略和行动者策略 ……………………………………… (59)
    二 犯罪被害人的策略与实践逻辑 ………………………… (64)
  第二节 行动者规则：犯罪被害人刑事政策 ………………… (77)
    一 哲学基础：群体主体性与交互主体性 ………………… (78)
    二 主要内容：理性认识和处遇犯罪被害人 ……………… (82)
    三 政策本质：刑事权力主导下的关系性衡平 …………… (87)

四　价值基点：抚慰的正义 …………………………………………（90）
　第三节　犯罪被害人刑事政策基本命题辨析 ………………………（91）
　　一　犯罪被害人刑事政策与刑事政策系统 …………………………（92）
　　二　犯罪被害人刑事政策与犯罪人权利保障 ………………………（93）
　　三　犯罪被害人刑事政策与刑事被害人国家补偿 …………………（95）
　　四　犯罪被害人刑事政策与恢复性司法 ……………………………（96）

第三章　被害情感的理性建构：犯罪被害人刑事政策价值论 ………（99）
　第一节　被害心理、被害情绪和被害情感 …………………………（101）
　　一　犯罪被害心理概述 ………………………………………………（101）
　　二　被害情绪的内涵和类型 …………………………………………（108）
　　三　被害情感的内涵和类型 …………………………………………（111）
　第二节　被害情感与刑事政策 ………………………………………（113）
　　一　被害情感的内容 …………………………………………………（113）
　　二　非理性与理性：被害情感的刑事政策场域祛魅 ………………（122）
　　三　辅助性原则和自我答责：被害情感的刑事政策限度 …………（130）

第四章　类型化与规范化：犯罪被害人刑事政策的实践进路 ………（136）
　第一节　类型化：犯罪被害人刑事政策的规范化之源 ……………（138）
　　一　被害人人身特征类型与刑法评价 ………………………………（138）
　　二　被害人行为类型与刑事归责 ……………………………………（145）
　第二节　被害人影响刑事入罪规范的限度 …………………………（149）
　　一　近年来我国刑事立法的新动向 …………………………………（149）
　　二　被害人因素在入罪政策中的考量 ………………………………（152）
　　三　被害人身份认同与刑事立法政策的应对 ………………………（155）
　第三节　泛化和规范化：被害人参与刑事司法的困境与出路 ……（158）
　　一　被害人谅解与我国死刑适用的现实困境 ………………………（158）
　　二　不堪承受的生命之价：被害人谅解的制度经济学反思 ………（161）
　　三　开源与节流之间：被害人参与刑事司法政策的平衡 …………（166）
　第四节　主体认同：被害人认同与缓刑制度的有效性重构 ………（170）
　　一　认同危机：我国缓刑功能有效性之殇 …………………………（170）
　　二　结构功能主义：我国缓刑制度有效性建构的路径 ……………（172）
　　三　全面开放与程序正当：缓刑适用结构的有效性建构 …………（175）

四 宽严相济与伦理矫正：缓刑义务与后果结构的有效性重构 …………………………………………………………（181）

结语 …………………………………………………………………（185）

参考文献 ……………………………………………………………（187）

后记 …………………………………………………………………（201）

导　　言

> 洞见或透识隐藏于深处的棘手问题是艰难的，因为如果只是把握这一棘手问题的表层，它就会维持现状，仍然得不到解决。因此，必须把它连根拔起，使它彻底地暴露出来；这就要求我们开始寻求一种新的方式来思考。
>
> ——维特根斯坦，《札记》

一　问题的提出

问题是一切科学研究开始的前提和基础，社会科学亦不能外。卡尔·波普郑重指出："我们总是发现我们处在一定的问题境况中，而且我们选择一个我们希望解决的问题。"①

人类的刑事政策实践活动和犯罪被害人从来就不是一个晚近才出现的新问题。作为犯罪现象的伴随存在，犯罪被害人一直是社会中长期存在的问题，只是其在刑事政策中是被发现还是被忽视，有着不同的命运和历史际遇。近几十年来的刑事政策经验已经验证并正不断重复着一个日渐清晰的命题：犯罪被害人成了一个问题。

当前我国刑事政策实践中，犯罪被害人既是一个法律问题，更是一个复杂而又棘手的现实问题。特别是在现代媒体的"推波助澜"②下，被害人越发引发了广泛的社会关注。学者大多认同"从刑事政策学角度探讨被

---

① ［英］卡尔·波普尔：《无尽的探索》，邱仁宗译，江苏人民出版社2001年版，第90页。

② 这种推波助澜效果从社会学的角度来说，受害者的影响力幅度完全有理由归因于媒体对于犯罪受害人的极大关注。那些有着令人惊叹的受害人的报道，保证能够提高网页点击率，提升电视新闻节目的收视率，增加报纸的印刷版次。Jim Parsons and Tiffany Bergin, "The Impact of Criminal Justice Involvement on Victims' Mental Health", *Journal of Traumatic Stress*, Vol. 23, No. 2, 2010.

害人问题，则主要是研究如何利用国家力量对被害人进行保护"① 的观点，主张对犯罪被害人进行补偿或救助；② 社会公众热衷于重大刑事案件的媒体报道，基于对犯罪被害人的道德同情立场评判某一具体刑事案件结果的得当与否；与之对应，刑事政策实践中"制度性无视"犯罪被害人在刑事政策中已成为常态，即使是司法工作者个人认同犯罪被害人的处境困难并为之深感不幸。犯罪被害人有关刑事政策实践表明：道德同情主导下的"盲目保护主义"和国家主义刑法观主导下的"刑罚表征主义"没有触及和反映潜在犯罪被害人渴望社会安全的深层次本质，而被害人群体和被害认同的思潮实际上在刑事政策实践中日益汹涌。其一方面反映了犯罪被害人困境的现实，另一方面存在着不可忽视的风险：为平复潜在犯罪被害人群体的心理，往往轻易扩大犯罪圈和加重刑罚；真实的个人犯罪被害人却体系性地缺失其刑事政策存在。只有在方法论和哲学根基上更新知识，才能为犯罪被害人研究的深入推进提供新的理论增长点。

毋庸置疑的是，认识角度和立场决定了对待问题的方式。学者、社会公众、司法者等所持有的犯罪被害人观点某种程度上都属于一种方法论意义上的"外在视角"③。这种"他者"和"外在视角"没能揭示犯罪被害人现象的深层本

---

① 蒋熙辉：《刑事政策之反思与改进》，中国社会科学出版社2008年版，第179页。

② 据中国期刊网的检索，2005—2015年以"犯罪被害人"为篇名检索出期刊文献2219篇，其中以"犯罪被害人补偿"和"犯罪被害人救助"为篇名的723篇（297篇和424篇），占了1/3的比重，表明学界对犯罪被害人补偿或救济的程序、方式、范围、资金来源等方面集中关注。这种理论集中关注有积极的实践效果，促成了各地一系列犯罪被害人救助法规的出台。

③ 当代方法论问题上，受哈特和德沃金论战的推动，外在视角和内在视角的法律理论一直处于争论的旋涡之中，其基本立场是：前者坚持一种中立的、描述的、非参与性的理论进路，后者则坚持一种证立的、诠释的和参与性的理论进路。哈特主张法律理论并非一定要纳入法体系的参与者的"内在视角"（the internal point of view），"因为它在道德上是中立的，不以任何证立为目标；它并不寻求通过道德或其他的理由，去证立或推荐我在一般性说明中所描述的法律制度的形式和结构"。参见［英］哈特《法律的概念》（第二版），许家馨、李冠宜译，法律出版社2006年版，第220—223页。在《法律帝国》中，德沃金言明，其理论出发点是法律实践参与者的"内在视角"，法律的一般理论目标在于诠释法律实践的主要本旨和结构，它们尝试从最佳观点把整体法律实践展现出来，尝试在"其所发现的法律实践"与"对该实践的最佳证立"之间达成均衡。参见［美］德沃金《法律帝国》，李冠宜译，时英出版社2002年版，第98页。在观察、分析和解决犯罪被害人问题时是满足于外在、中立和描述性的分析，还是内在、证立和参与性的进路，本书在后者的意义上使用这一分析工具。

质，不能为犯罪被害人的刑事政策理论提供合法性根基，也不能对刑事政策中的犯罪被害人做出合理的刑事政策选择和制度性安排。由此，检视和反思刑事政策中已有的被害人观察视角，在刑事政策以权力为支撑的"国家—犯罪人"关系为两极的结构主义[1]视角之外，寻求一种消解"结构禁锢"的视角转换，成了回应刑事政策中犯罪被害人问题的"第三条道路"。

当我们以一种疏离的眷恋（detached attachment）来批判地反思被害人问题时，"我们，也和我们所荣耀地献身于其中的理智共同体中的先哲一样，面临着一系列本体意义上的困扰和疑惑"[2]。因此，本书从经验意义上对刑事政策场域之中的行动者（特别是犯罪被害人）进行解构和重构，通过研究，对这些行动者之间的相互作用建构起的诸种规则加以展示和分析，意在促成被害人问题本体论意义上的祛魅和解惑，从而在理论层面上建构和诠释一种有别于传统的被害人刑事政策。[3] 那么，被害人与刑事政策的"客观"关系如何界定；怎样确立犯罪被害人刑事政策与传统刑事政策的区别；犯罪被害人刑事政策的合法性基础何在；被害人刑事政策能否回应实践中的犯罪被害人"困境"？被害人刑事政策与刑法制度建构之间如何衔接和协调等就成为本书不可回避的问题。

二 问题的意义和研究现状

（一）问题的意义

爱因斯坦曾说："提出问题比解决问题更重要，因为解决问题也许仅仅是一个数学上或实验上的技术而已。而提出新问题、新的可能性，从新

---

[1] 这里在方法论意义上使用结构主义一词。方法论意义的结构主义是人文科学和社会科学在各自的专业领域里共同应用的一种研究方法，其目的就是试图使人文科学和社会科学也能像自然科学一样达到精确化、科学化的水平，其基本特征有两点：一是系统观和整体观，集中关注人类行为是由各种各样的结构组织所决定的研究；二是强调共时性研究，认为系统内部各要素之间的关系是相互联系、同时并存的。

[2] 方文：《社会行动者》，中国社会科学出版社2002年版，第1页。

[3] 对于犯罪被害人在刑事法中的特别存在和理论，学界有"对犯罪被害人的刑事政策"（大谷实）、"犯罪被害人刑事政策"（卢建平）、"犯罪被害人权益导向"等提法。西方有"victim-oriented"的刑事政策政策提法，本书采"犯罪被害人刑事政策"表述，意在表达一种倾向性和关注点不同于犯罪人为中心的导向，在内涵上接近victim-oriented而又强调时空上不局限于司法环节的一种刑事政策选择，其具体内涵将在本书第二章中阐述。

的角度去看旧的问题，都需要有创造性的想象力，而且标志着科学的真正进步。"① 犯罪被害人学术研究的表面繁荣并未带来被害人处遇的实质性进步，其背后隐藏着怎样的悖论？借助布迪厄的"场域—惯习"分析工具，"凝视"② 人们早已习惯甚至觉得"理所应当"的刑事政策逻辑结构，去剖析和提出"问题"，试图回应"刑事政策研究在我国刑事法理论研究中是一个薄弱的领域"，且局限于具体"刑事政策的诠释"③ 的困境，这是本书选题的理论意义之一。

刑事政策"场域"的犯罪被害人研究有助于丰富刑事科学的研究视域。陈兴良教授按照法的形态在价值、规范和事实层面的分类，将刑法知识形态分为刑事社会学（事实）、规范刑法学（规范）、刑法哲学（价值）。④ 刑事法学之中，作为事实知识形态的犯罪学，在强调犯罪互动和谴责犯罪被害人的层面上探讨犯罪被害人问题；作为规范知识形态的刑法学，犯罪被害人是被抽象的法益侵害或犯罪客体所掩盖的，在犯罪被害人承诺和犯罪被害人过错的规范意义上探讨犯罪被害人问题。由于前两者的研究视野和方法限制，作为价值知识体系的刑事政策学对犯罪被害人的关注就显得尤为重要和迫切。

社会科学研究的经验表明，社会生活存在的诸多犯罪被害人困境、争论等问题，不能简单地采取头痛医头，脚痛医脚的"对策法学"⑤ 解决。

---

① ［美］A. 爱因斯坦、L. 英费尔德：《物理学的进化》，周肇威译，上海科学技术出版社1962年版，第66页。

② 凝视（Gaze）是一种具体的观看方式，发端于视觉文化的研究中，后引入社会学理论中，用来指涉与观察者不同的、一种互动的观察视角，既身在其中，又受其观察对象的影响。自黑格尔始，福柯、舒茨、加芬克尔等诸多学者对凝视提出了各具特色的凝视理论，参见吕炳强《凝视与社会行动》，《社会学研究》2000年第3期。

③ 严励：《中国刑事政策的建构理性》，中国政法大学出版社2010年版，序第3页。

④ 参见陈兴良《刑法知识论研究》，清华大学出版社2009年版，第20—26页。笔者借鉴这一认识方法论，认为刑事政策作为国家和社会为维持秩序和保障人权而在犯罪圈和刑罚圈划定、抗制犯罪的措施选择时的价值衡量和选择，其理论和实践都蕴含着特定时期稳定性的价值判断。本书在狭义刑法学科分类中，提倡犯罪学（事实）、刑法学（规范）、刑事政策学（价值）的划分，以考察犯罪被害人在其中的差异性存在。

⑤ 陈瑞华教授将刑事诉讼法研究范式中，所有讨论都自觉不自觉地围绕着该不该确立某一制度进行的"对策论"的研究方法进行概括和揭示，称为"对策法学"，认为其与"移植法学"都存在着问题意识缺失和创新不足的弊端。参见陈瑞华《刑事诉讼法学研究范式的反思》，《政法论坛》2005年第3期。

诚如我国台湾学者黄荣坚所言："不管是实体法或程序法领域，我们对于个别政策问题的思考似乎永远会陷入一个困境，就是不管怎么选择，结果都很糟糕。"① 犯罪被害人问题亦是如此，无论是强调国家补偿，还是强化犯罪被害人诉讼参与，抑或是遵从夹杂在犯罪被害人现象背后的"民意"或"媒体的正义"，都存在着这样或那样的质疑和批判。上述令人困惑的"镜像"预示着：尽管道德层面上没有疑义，长期作为刑事政策"副产品"②的犯罪被害人却存在着许多争议和疑惑。犯罪被害人物质救助或精神抚慰的合法性基础何为？刑事政策对犯罪被害人报应情感的考虑甚至一定程度上的满足是否会倒退到同态复仇的原始刑罚？强调犯罪被害人权利保障是否必然意味着削弱犯罪人的权利？典型个案犯罪被害人和社会潜在犯罪被害人之间往往是一种更为复杂的"蝴蝶效应"，二者之间有何关联？刑事政策在个案犯罪被害人和潜在犯罪被害人（可一定程度视为社会公众）之间的取舍之道是否有规律可循？等等。这些争议和疑惑的思考，形塑了本选题研究的实践意义。

（二）国外研究现状

1968年，美国的Stephen将关于犯罪被害人的刑事政策的历史变迁，分为三个时期。第一阶段是被害人的"黄金时代"（golden age），其特征是同态复仇和血族复仇；第二阶段是被害人衰退期（decline），其特征是近代刑事法规范建立和被害人地位的降低；第三阶段就是当下（20世纪60年代以来），被害人的复活期（revival）。Stephen的归纳，准确地揭示了近代各国对犯罪被害人的刑事政策的发展步履。从20世纪60年代开始，"在欧美，复活时代被固定：（1）人们将目光投向以被害人学为基础的被害人救济（被害人补偿制度）（1960—1980年）；（2）在刑事程序中重视被害人的权利问题（20世纪80年代）；（3）在犯罪人处遇上，自觉考虑被害人的感情（20世纪90年代）"③。

与之同时，被害人学的长期理论关注推动了被害人与刑事政策研究的

---

① 李佳玟：《在地的刑罚·全球的秩序》，元照出版有限公司2009年版，推荐序，第1页。
② 通常意义上，刑事政策指围绕打击犯罪的一系列程序性活动的总体。犯罪被害人其中的存在方式只有证明犯罪、附带民事诉讼、犯罪被害人（亲属）意见，相对于犯罪问题和刑罚权运行问题，犯罪被害人问题只是附带和辅助性的存在，在这个意义上可视为"刑事政策产品供应"中的"副产品"。
③ ［日］大谷实：《刑事政策学》，黎宏译，中国人民大学出版社2009年版，第330页。

深入。从理论内容上看，被害人学的内容也逐渐丰富，从犯罪学视野的犯罪—被害互动、被害类型、二次被害，扩展到刑法层面的犯罪被害人承诺、犯罪被害人过错、犯罪被害人信条学和刑事诉讼法的犯罪被害人程序权利、犯罪被害人补偿等理论内容。从学说演变看，按照申柳华博士的归纳，西方被害人学的理论发展过程中有三大值得关注的学说：（1）实证犯罪被害人阶段。采用经验科学和实证方法，试图发掘出哪一类犯罪被害人适合哪一类犯罪人。（2）整体犯罪被害人阶段。这一阶段走出了犯罪被害人促成理论的困境，扩展研究视野到犯罪被害人产生过程研究，如犯罪被害人受害后反应行为，社会对犯罪被害人受害后的反应等，实现了犯罪被害人学研究的空间扩展。（3）批判犯罪被害人阶段。试图检验和验证已经在社会生活中成为主导地位的犯罪被害人学观点，是犯罪被害人学的自我理性反思的阶段。[①]

从社会背景来看，西方犯罪被害人的刑事政策实践多由被害人运动（victim movement）推动，促成了很多国家刑事法的深刻变革。以斯堪的纳维亚半岛的瑞典为例，被害人的"出现"改变了刑事立法和司法，创设了一系列官方和自愿性的被害人支持组织。一方面，犯罪受害人在政治上和公共争议中获得很大支持，而这一事实体现为广泛的立法、全新管理机构的建立和应急志愿组织的建立，这也更加证实了国家对犯罪受害人的责任是不言而喻的。反过来，犯罪受害者的声音也影响着传统的法律原则，比如，入罪的理由，法律以及其他保障性法规面前人人平等。另一方面，成立于1994年的犯罪受害者赔偿和支持事务局，替代了原有刑事伤害局而被赋予更广泛的职权范围，中心任务就是在司法系统和其他相关的社会部门中改进对于犯罪受害人问题的认识。此外，非政府性被害人支持组织还包括：瑞典被害人支持协会；瑞典国家妇女儿童避难机构；瑞典妇女避难协会；国家儿童社会权利协会；瑞典国家男性受害者支持协会；敢于互助保护协会；瑞典犯罪目击者协会；犯罪被害人协会；暴力受害者亲属组织。[②]

[①] 参见申柳华《德国刑法犯罪被害人信条学研究》，中国人民公安大学出版社2011年版，第36—48页。

[②] Henrik Tham, "The Emergence of the Crime Victim: Sweden in a Scandinavian Context", *Crime & Just*, Vol. 34, No. 3, June 2011.

当然，犯罪被害人在西方受到制度化、公众化的关注过程中，许多激烈的争议也一直伴随其中。Frank J. Weed 就质疑犯罪被害人运动的动机和目的，认为犯罪被害人已经成为美国政治操作的牺牲品，而承受着苦难的犯罪被害人本身最后却沦为一个空洞的"象征性的符号"。① 几乎每一位政治家都将"严厉打击犯罪"的承诺作为竞选的基石。Aya Gruber 警示犯罪被害人"声音"通过许多方式主导刑事政策的风险，指出"内置于犯罪被害人权利运动的犯罪被害人叙述，创造了一个虚构的无过错的犯罪被害人形象。结果是，大多情形下的犯罪被害人权利改革增加了刑罚的可能性和严厉性。……刑法应当对犯罪被害人进行全方位的、符合实际的考察。刑法不应仅仅将犯罪被害人视为受到犯罪侵害的人，而且在适当的时候也应将其视为有过错的行为人。"② 德国的 Schünemann 教授认为，不只是站在其个人的立场上，受害者地位的发展明显盖过了最初的目的，辩方律师也对于他们的客户权利降低表示担忧。作为辩护交易的附带问题，受害人参与已经成为刑事诉讼法领域最具争议的议题。③ 对于被害人司法的实际效果，学者也持怀疑态度，Sarah Goodrum 指出："研究犯罪受害者和他们的经验与刑事司法系统显示，受害者的权利（例如，受害人影响陈述）和受害者的服务（例如，犯罪被害人补偿，辅导）没有显著改善他们对刑事司法系统的满意度或从犯罪侵害的复苏。"④

（三）国内研究现状、水平

20 世纪 90 年代中期，犯罪被害人视角被引入我国的刑事科学视野，迅速带动了相关学术成果的大量涌现，并对刑事立法和司法均产生了积极的影响。国内犯罪被害人理论研究和制度实践，可以从两个层面概括。

首先，犯罪被害人视角的引入，丰富了原有的刑事科学分析视角和思

---

① Annemarieke Beijer Ton Liefaard, "A Bermuda Triangle? Balancing Protection, Participation and Proof in Criminal Proceedings affecting Child Victims and Witnesses", *Utrecht Law Review*, Vol. 7, No. 3, 2011.

② Aya Gruber, "Victim Wrongs: The Case for a General Criminal Defense Base on Wrongful Victim Behavior in an Era of Victim's Rights", *Social Science Electronic Publishing*, Vol. 15, No. 2, 2004.

③ Christoph Safferling, "The Role of the Victim in the Criminal Process—A Paradigm Shift in National German and International Law?" *International Criminal Law Review*, Vol. 11, No. 2, 2011.

④ Sarah Goodrum, "Victims' Rights, Victims' Expectations, and Law Enforcement Workers' Constraints in Cases of Murder", *Law & Social Inquiry*, Vol. 26, No. 3, 2007.

维方式，对刑事科学各个领域都产生了深远的影响。考虑到博士毕业论文能够集中代表刑事科学的前沿理论研究成果，以"被害人"为"题名"检索到的 15 篇[①]法学博士学位论文为主体梳理（但又不限于此）能够较好地反映我国刑事法领域（当下主要是在刑事诉讼法和刑法领域，刑事政策领域的被害人研究较为少见）的理论研究现状和水平。

（1）实体性犯罪被害人问题研究。内容集中在犯罪被害人责任、犯罪被害人过错、犯罪被害人承诺、被害人自我答责等围绕刑法总论展开的刑法范畴，对深化和扩展刑法基础理论产生了积极影响。王佳明引入犯罪被害人责任的新刑法范畴，将"罪有应得"的犯罪被害人的责任因素纳入犯罪人的刑事责任考评体系中，隐含了对传统刑事责任理论的一种全新突破。[②] 刘军通过剖析犯罪被害人过错、犯罪被害人谨慎义务和犯罪被害人承诺三个侧面，提出依据犯罪人与犯罪被害人在犯罪过程中的互动，并赋予二者一个加权值决定犯罪人刑事责任的犯罪被害人加权责任。[③] 张少林认为犯罪被害人行为，包括犯罪被害人同意行为、犯罪被害人过错行为、犯罪被害人谅解行为的构成要件和实践运作建议。[④] 凌萍萍提出犯罪被害人承诺的合理利益刑法放弃说，对犯罪被害人承诺运用现有的犯罪构成理论进行出罪化以及轻缓化的模式设定，将犯罪客体与犯罪主观的条件设置作为其产生刑法效力的根本。[⑤] 申柳华阐述了德国犯罪被害人信条学的基本原理。并以诈骗罪为检验领域进行阐述，思考了犯罪被害人信条学在我国刑法理论的具体运用。[⑥] 初红漫为犯罪被害人过错为何应纳入实体刑法研究提供了哲学层面的论证，对犯罪被害人过错与犯罪构成以及犯罪

[①] 截至 2016 年 6 月，上传至中国期刊网（www.chinaqking.com）的题名含有"犯罪被害人"的博士学位论文共 15 篇，不包括因公开出版等原因没有上传至中国知网（www.cnki.net）的部分高校毕业论文，如北京大学的王佳明、申柳华，东南大学黄瑛琦等的博士学位论文，检索时间 2016 年 6 月 20 日。

[②] 参见王佳明《互动之中的犯罪与被害——刑法领域中的犯罪被害人责任研究》，北京大学出版社 2007 年版。

[③] 刘军：《刑法学中的犯罪被害人研究》，博士学位论文，山东大学，2010 年。

[④] 张少林：《犯罪被害人行为刑法意义之研究》，博士学位论文，华东政法大学，2005 年。

[⑤] 凌萍萍：《犯罪被害人承诺研究》，博士学位论文，吉林大学，2010 年。

[⑥] 参见申柳华《德国刑法犯罪被害人信条学研究》，中国人民公安大学出版社 2011 年版。

被害人过错与量刑的关系进行了规范研究,提供了制度设计方案。①车浩博士通过将被害人理解为"法益主体"或"法益承担者",将被害人引入刑法教义学领域中,使之成为一个教义学概念,在此基础上提出了被害人自我决定权和自我答责命题。②除此之外,冯军教授认为,被害人具有独立的和自我答责的法律人格,在刑法意义上,被害人的自我答责是否定他人的行为成立犯罪的基本原则。③

应当指出的是,上述的研究都在刑法总论框架内,尝试将犯罪被害人因素与犯罪成立、过错、刑事责任等传统刑法范畴关联研究,从而提出了一些新的刑法命题和范畴,对丰富和完善刑法理论,扩展规范刑法的研究视域都具有重要意义。虽然受制于刑事法律关系的"国家—犯罪人"的二元结构,未能在根基上解决犯罪被害人的刑法地位问题,未能更新犯罪被害人研究"范式",库恩将这种研究称作"令人迷醉的"扫尾工作,"目的在于稳定地扩展科学知识的广度和精度"④。

(2)程序性犯罪被害人问题研究。主要关注犯罪被害人的刑事诉讼程序性权利、作证制度、诉权、犯罪被害人国家补偿制度等方面,试图构建犯罪被害人相关制度。张剑秋分析了我国刑诉中犯罪被害人诉讼权利亟待解决的问题,并对犯罪被害人补偿和损害赔偿问题进行了论证。⑤谢协昌从宪法学、刑法学、刑事诉讼法学、社会学等视角建构符合犯罪被害人需要的权利保护体系。⑥李贵扬认为犯罪被害人诉讼权利的实现,需要程序上以多方参与和博弈的形式保障实现犯罪被害人与利益相关的表达权;实体上大胆尝试援用民事侵权的一些理论解决犯罪被害人困境。⑦刘文莉研究犯罪被害人的诉权在刑事诉讼程序中的表现形式、具体内容和行使方

---

① 参见初红漫《犯罪被害人过错与罪刑关系研究》,博士学位论文,西南政法大学,2012年。

② 参见车浩《自我决定权与刑法家长主义》,《中国法学》2012年第1期。

③ 参见冯军《刑法中的自我答责》,《中国法学》2006年第3期。

④ [美]托马斯·库恩:《科学革命的结构》,金吾伦、胡新和译,北京大学出版社2003年版,第8页。

⑤ 参见张剑秋《刑事犯罪被害人权利问题研究》,博士学位论文,中国政法大学,2005年。

⑥ 参见谢协昌《犯罪被害人保护体系之研究》,博士学位论文,中国政法大学,2007年。

⑦ 参见李贵扬《刑事诉讼中犯罪被害人权利探究》,博士学位论文,吉林大学,2011年。

式，探讨犯罪被害人刑事诉权的保障问题。①

这类研究具有典型"对策法学"和"移植法学"②的意蕴，大多借鉴国外犯罪被害人保护的理论和制度，结合我国实际主张创设类似制度和保障体系。其最大的实践窘境，同时也是最大的实践意义，在于如何回应和面对中国的犯罪被害人实际需要及其实现的可能性，这也是本书不可回避的重要问题。

（3）对犯罪被害人视角和犯罪被害人保护（包括实体和程序两个方面）持谨慎和批判的"声音"，也不时在"耳畔"响起。张泽涛针对主张增设犯罪被害人的量刑参与权、陈述权和信息知情权等诉讼权利观点，认为："主流学术观点过于强化了对犯罪被害人诉讼权利的保护。因为无论是从西方国家兴起的犯罪被害人权利保护运动之后的立法动态、刑事诉讼的本质及其基本法理，还是从立法与司法实践中的具体做法来看，对犯罪被害人诉讼权利的保护只能限定在物质补偿权与知情权等方面，否则就是过犹未及。"③ 李勇博士也指出，国内"犯罪被害人问题研究着眼于谋求在刑事诉讼中犯罪被害人地位的提升。而忽视了因无法改变的犯罪与刑罚的本质认识、司法的目的与其作为认识活动的性质等方面所决定了其在犯罪被害人问题解决上的难以克服的局限性"④。

其次，经历了地方试点和法规创设，我国以犯罪被害人救助为主要方式的保护体系初步创建，开始初步发挥效力，但实践运行效果不尽如人意。犯罪被害人救助的有关政策和地方性规范，全国层面的有2009年中央政法委、最高人民法院、最高人民检察院等八部委的《关于开展刑事犯罪被害人救助工作的若干意见》；地方试点较早生效的地方法规包括2004年青岛市《刑事案件受害人生活困难救助办法》，2009年江苏省无锡市《刑事犯罪被害人特困救助条例》，2010年宁夏出台首个省级立法《刑事犯罪被害人困难救助条例》，2010年广西百色市《检察机关推进刑事犯罪被害人救助实施意见》，等等。客观地说，受制于观念和刑事法律关系重心所限，目前我国犯罪被害人利益保护总体上仍属于"部分司法机关以改

---

① 参见刘文莉《犯罪被害人刑事诉权研究》，博士学位论文，西南政法大学，2012年。
② 这里的对策法学和移植法学是依据研究思路和方法上的特征而言的，为中性判断和评价。
③ 张泽涛：《过犹未及：保护犯罪被害人诉讼权利之反思》，《法律科学》2010年第1期。
④ 李勇：《犯罪被害人问题：刑事政策的局限与可能》，《学术交流》2010年第4期。

革之名解决疑难案件和提高处理案件效率的副产品。这一方式在总体上保护犯罪被害人利益的效度和量度都是有限的"[1]。表现在：在多地开展的刑事犯罪被害人救助工作中，救助机关不一，有的由公检法联合救助，有的由民政部门来执行；犯罪被害人获得补偿比例少、程序多样、救助标准不一，缺乏统一的规范。与相关制度的建立相较，在刑事观念和刑事法律关系中为被害人存有一席之地的观念更迭，更具基础性和理论创新性。

三 基本概念和分析工具

劳东燕博士在《事实与规范之间：从犯罪被害人视角对刑事实体法体系的反思》一文中坦言："犯罪被害人问题的复杂程度，远远超出我动笔之初的料想，越往后走越觉得心惊胆战。"[2] 作为一种建构理性的犯罪被害人刑事政策提倡，更是令人如履薄冰，而追求即便是一种"片面深刻"[3] 的理论创新的动机促成了本书的选题。基于上述考量，为避免本书在犯罪被害人的"复杂困境"中迷失，有必要先确定本选题的基本概念、分析工具和立场。

（一） 研究的基本概念

1. 犯罪被害人。根据《法学辞典》的解释："被害人是正当权利或合法利益受到犯罪行为或不法行为侵害的人。"[4] 受到犯罪行为侵害的人，存在"被害人""刑事犯罪被害人""犯罪被害人"等不同称谓，其本质在于视角和范围的差异。

本书所称"犯罪被害人"持犯罪学视角，不局限于刑事诉讼中的"刑事被害人"。考虑到现实中存在一定数量的违法行为虽然造成了人身或财产损失，但由于刑法没有将其规定为犯罪（责任能力欠缺、未达犯罪化的数额等情况），因而不能从刑法角度判断其成立犯罪和追究相应

---

[1] 杨正万：《刑事犯罪被害人权利保护论纲》，《中外法学》2007年第2期。

[2] 劳东燕：《事实与规范之间：从犯罪被害人视角对刑事实体法体系的反思》，《中外法学》2006年第3期。

[3] 陈兴良教授在谈及思想成长和进步时评述了片面深刻的重要意义，指出深刻的片面突破平庸的全面，因而在旧的全面面前，它是叛逆，是反动。但正是这种片面所引起的深刻，瓦解了人类的思维定式，促进了思想的成长。参见陈兴良《刑法的启蒙》，法律出版社1998年版，第259—260页。

[4] 《法学辞典》（增订本），上海辞书出版社1984年版，第312页。

责任，但从刑事政策和犯罪学视角看，同样应该对其受害人进行保护和权益的恢复。

因此，犯罪被害人的范围必须进行必要限定。伴随着"被害"一词的抽象化，被害人范围从自然人扩展至法人，再到国家、社会，直至施奈德所言"可能是非物质的、无形的或抽象的（如作为整体的社会、信仰、国家）"[①]，也带来了混淆保护客体和行为客体、伦理规范和刑法规范的逻辑缺陷[②]，不适于作为理论研究的出发点。同时，刑事政策研究中狭义被害人的观点为多数学者所认同。如大谷实在《刑事政策讲义》认为"犯罪被害人是指生命、身体等个人法益受到危害的犯罪的被害人"[③]，任克勤在《被害人学新论》认为"被害人中的自然人是最重要的研究类型"[④]。因此，本书持狭义的被害人说，犯罪被害人是指合法权益直接受到犯罪行为侵害的自然人，既包括个体被害人，也包括群体被害人，若自然人因犯罪行为死亡的，则被害人近亲属亦视为本位意义上的被害人。

2. 刑事政策。正如王牧教授所言："如何界定刑事政策概念问题，本质上是应当坚持何种刑事政策观念的问题。"[⑤] 本书所称刑事政策，在满足"刑事政策是有效地与犯罪作斗争的方略"这个"最大公约数"[⑥]的基本内涵之外，还具有如下观念特征。

开放性。刑事政策的开放性源于关切和回应社会现实需求的政策特性。拉斯韦尔认为："政策科学具有时间的敏感性，注重从现有的事实和状况推测未来的发展趋势；同时也以社会的变迁为研究重点，强调对变化、创新和革命的研究。"[⑦] 刑事政策问题确认、政策方案的规划和执行

[①] ［德］汉斯·约阿希德·施耐德：《国际范围内的被害人》，许章润等译，中国人民公安大学出版 1992 年版，导论第 5 页。

[②] 刘军博士详细剖析了广义被害人说的不足之处，详见刘军《刑法学中的犯罪被害人研究》，博士学位论文，山东大学，2010 年。

[③] ［日］大谷实：《犯罪被害人及其补偿》，黎宏译，《中国刑事法杂志》2000 年第 2 期。

[④] 任克勤：《被害人学新论》，广东人民出版社 2012 年版，第 53 页。

[⑤] 王牧、赵宝成：《"刑事政策"应当是什么？——刑事政策概念辨析》，《中国刑事法杂志》2006 年第 2 期。

[⑥] 储槐植：《刑事政策：犯罪学的重点研究对象和司法实践的基本指导思想》，《福建公安专科学校学报》1999 年第 5 期。

[⑦] Daniel Lerner and Harold D. Laswell, *Policy Science*, Stanford University Press, 1951, p. 14.

等,都需要政策主体根据特定时期的需要进行选择和做出改变。因此,储槐植教授指出,"开放性决定了刑事政策的生命力"①,从世界范围来看,也不存在普适的和一成不变的刑事政策策略和规律,各国都会根据实际动态性地调整刑事政策。

互动性。现代刑事政策强调犯罪现象是国家与市民社会共同的敌人,反犯罪斗争是一种社会公共事务,作为反犯罪策略的刑事政策本身是国家与市民社会做出的公共选择,其效果与公众的利益直接相关。公众不仅是刑事政策效果的受体,而且还决定了刑事政策内容及方向的诉求。因此,社会公众与刑事政策的互动应是刑事政策理论的一个重要范畴。

建构性。刑事政策的建构性是刑事政策主体依据建构理性,在合理地对犯罪的反应中设定价值目标、立场、结构关系等基本属性,主要通过刑事资源分配与行为模式塑造两个进路实现。前者包括对刑事立法政策资源、刑事司法资源和刑事行刑资源的重组和配置等,实现刑事政策主体犯罪抗制范围大小、刑罚圈划定以及处遇手段的选择等意向性;后者通过对防制犯罪模式的目标的设定、方向的指示与路径的选择,表达了政治国家或市民社会等社会公共权威对各种行为的鼓励性或禁绝性态度,以此实现形塑行为人行为模式的意向性。

(二) 研究的分析工具

(1) 布迪厄的"场域(field)—惯习(habitus)"理论。为消除社会学中结构主义确立的主观与客观、整体与个体、制度与行动的二元对立,当代西方社会学家进行了不懈的努力,其中法国社会学者布迪厄创设"场域—惯习"理论,对此做出了显著的贡献。其主要思想是:通过社会学视角剖析个体行动与社会结构,场域和惯习在个体行动与社会结构之间起到了一种桥梁作用,即受惯习影响的个体行动通过场域与社会结构发生着交互作用。

"场域"不仅是布迪厄实践社会学中一个非常重要的概念,也是探讨行动主体和结构之间关系的基本分析单位。布迪厄从"关系的角度进行思考",指出"从分析的角度来看,一个场域可以被定义为各种位置间客观关系的一个网络(network)或一个构型(configuration)"。场域分析涉及三个必不可分的关联环节:"分析与权力场域相对的场域位置","勾画出

---

① 储槐植:《刑事政策:犯罪学的重点研究对象和司法实践的基本指导思想》,《福建公安专科学校学报》1999 年第 5 期。

行动者或机构所占据的位置之间的客观关系结构","分析行动者的惯习";进而强调指出,"惯习(habitus)不是习惯(habit),就是说,是深刻地存在于性情倾向系统中的、作为一种技艺(art)存在的生成性能力"①。司法场域的特定逻辑是由两个要素决定的,"一方面是特定的权力关系,另一方面是司法运作的内在逻辑,前者为场域提供了结构并安排场域内发生的竞争性斗争(更准确地说,是关于资格能力的冲突),后者一直约束着可能行动的范围并由此限制了特定司法解决办法的领域"②。

鉴于理论模型与中国刑事政策的社会结构较为贴切,同时也与本书强调刑事政策与被害人之间互动的主题较为接近,本书选择布迪厄的"场域—惯习"理论为分析框架,就是在刑事政策场域中基于关系视角,在被害人惯习和刑事政策"资源"(主要指权力和司法资源)之间、被害人与犯罪人互动之间、被害人与司法机关之间,遵循惯习和场域的双向关系要求且多维度地展开。

(2)公共治理理论。公共治理是治理理论研究的一个内容,是治理理论在公共事务管理领域的运用。20世纪70年代以来,西方的社会、经济和管理危机,推动了公共管理和公共行政理论研究的范式变革。以"治理"为代表的新理论范式提出了多元的、自组织的、合作的和祛意识形态式的公共治理模式,"良好治理"理念目前已经成为一种引人注目的全球性趋势。

公共治理的实质是建立在市场原则、公共利益和合法性认同基础上的合作。政府的角色不是划桨而是掌舵,不是控制而是协调。在治理主体、治理方式、治理依据等问题上均有别于传统的统治模式。"就我国的实际情形而言,最明显的结果是在一定程度上促成了国家职能与角色的重新定位以及政府与公民社会之间关系的变革"③。

引入公共治理这一分析工具,源于公共治理观念性、实践性变革对刑事政策现代转型的恰当诠释。现代刑事政策在观念上需要实现由威权型的"统治"思维向平权型的"治理"思维的更迭,在刑事政策实践运行中引

---

① [法]布迪厄、[美]华德康:《实践与反思——反思社会学导论》,李猛、李康译,中央编译出版社1998年版,第133、138、143、165页。

② [法]布迪厄:《法律的力量:迈向司法场域的社会学》,强世功译,《北大法律评论》1999年第2卷。

③ 聂平平:《公共治理的基本理念》,《光明日报》2004年8月18日。

入犯罪被害人、社区等非政府主体的参与以适应社会转型时期复杂的犯罪综合治理要求。

四　框架与研究方法

（一）研究框架

本书除导言之外，共分为四个章节。借助"场域—惯习"理论，本书首先从社会学视角考察犯罪被害人、权力、司法资源等行为主体在刑事政策场域中的逻辑性和互动性，揭示被害人在刑事政策结构中"失语"和客体化现状和原因，进而指明被害人惯习的应然建构，本质为一种建构主体性。与此同时，现代刑事政策由统治到治理的转型，为犯罪被害人在刑事政策场域的"发声"带来了机遇，不同于传统单纯强调犯罪人规制的刑事政策类型得以证立：犯罪被害人刑事政策。同时，由于"刑事政策的首要的长期的使命是通过满足人身和财产的安全需要以保障社会整体的和谐和延续"[①]，犯罪被害人刑事政策构成了开放、互动和多元刑事政策体系中的重要组成部分。其基本内涵包括：哲学根基是被害人的主体性存在，主要内容是理性认识和处遇被害人，本质是一种政策衡平。被害人刑事政策的价值论核心是抚慰的正义观，根据情感现象学解析，重新审视被害人情感基础并将其作为被害人情感关照的侧重点，核心内容是回应其心灵感受和精神感受，抚慰的正义观旨在回应被害人心灵感受和精神感受的秩序创建和制度性安排。刑事政策的实践使命要求被害人刑事政策必须直面中国刑事司法中的被害人问题，本书分别对被害人刑事政策在立法、司法和行刑结构中的具体运作规范及其限度进行了举例式的论证，包括危险驾驶和拒不支付劳动报酬罪的立法对比，死刑裁量中的被害人谅解，缓刑有效性建构中的被害人参与等热点实践问题，进而构建防范被害人扩大化刑事政策风险的原则。

（二）研究方法

1. 学科交叉的方法。犯罪被害人现象是一种极其复杂的社会现象，因而需要借助犯罪被害人学、哲学、经济学、心理学等多学科视角观察和分析，学科交叉的方法自然是本书研究方法之首选。具体来说，本书主要

---

① ［法］米海依尔·戴尔玛斯-马蒂：《刑事政策的主要体系》，卢建平译，法律出版社2000年版，第27页。

运用法社会学中的场域—惯习理论、情感现象学和制度经济学等学科和知识分析、解决犯罪被害人刑事政策的构建问题。

2. 实证分析的方法。犯罪被害人是真实和客观存在的，这就要求切实关注犯罪被害人的实际遭遇、心理状态、情感需要等一手的材料，而实证的调查问卷是获取这些素材的最佳方法之一。犯罪被害人是刑事政策中客观存在的一个群体，有时会以媒体聚焦的案件方式出现在公众视野，对这些典型案件中的犯罪被害人的被害性、互动性、群体性进行实证观察和分析，是犯罪被害人刑事政策实践研究的主要方法。

3. 比较借鉴的方法。查阅资料，分析和研究国外和我国台湾地区相关刑事政策体系下犯罪被害人权益研究成果，比较和借鉴国外的理论和实践，不断丰富我国刑事政策视野下犯罪被害人权益的内涵，完善权益救济渠道和空间。

4. 刑事一体化的研究方法。犯罪被害人问题贯穿刑事政策的各个环节，影响刑事立法、司法和行刑的各个阶段，需要融社会学、文化学、刑事诉讼程序为一体展开研究，这既是遵循犯罪被害人主体性地位的要求，也是对刑事一体化研究范式的自觉贯彻和运用。

第一章

超越二元对立：刑事政策场域与犯罪被害人关系论

> 既然存在着一门关于社会的科学，我们就应该希望这门科学不应是对传统偏见的重述，而应使我们以不同于常人的眼光看待事物，因为凡是科学，其目的都在于发现，而凡是发现，都要或多或少地动摇既有的观念。
>
> ——迪尔凯姆，《社会学方法的准则》
>
> 社会学力求在内在性中发现外在性，在对非凡的幻想中发现平凡，在对独特的追求中发现普通，其目的不只是揭露自恋唯我主义的种种骗术；它提供了或许唯一有助于——哪怕只是通过对诸决定因素的领悟——构建某种类似主体的东西，尽管这一建构更受世界力量的支配。
>
> ——布迪厄，《实践感》

刑事政策视野中的犯罪被害人问题研究，基本前提是回答犯罪被害人与刑事政策之间的关系命题。纵观以往的刑事政策，一方面，在理论层面大多秉承"狭义的刑事政策观"[1]或"围绕犯罪和刑罚概念展开，刑事政策概念主要被狭义地使用"[2]；另一方面，在刑事政策实践中，无论镇压与宽大相结合、惩办与宽大相结合、严打还是当下宽严相济刑事政策，刑事政策的指向性都是明确的，即针对犯罪和犯罪人的策略、方针、准则等，可谓之犯罪刑事政策或犯罪人刑事政策，从而形塑了刑事政策基本法

---

[1] 卢建平：《中国刑事政策研究综述》，中国检察出版社2009年版，第5页。
[2] 曲新久：《刑事政策的权力分析》，中国政法大学出版社2002年版，第15页。

律关系"国家—犯罪人"的二元结构。因此，刑事政策理论和实践中的犯罪被害人处于被一个忽略的位置，实质上被刑事法律关系的"结构"排斥，刑事政策的目的仅限于"犯罪预防和犯罪人处遇，并且以犯罪原因和对策为中心，在医疗模式和正义模式的形式下，片面地展开研究"①。但是，由于刑法涉及财产、自由乃至生命的剥夺，就必须要考虑到个体、国家和社会之间的形形色色的联系，撇开上述联系而仅仅考虑刑法条文的规定，不仅是不够的，甚至可能是危险的。

然而，诚如胡萨克谈及正统刑法理论发展前景时所言："有时，重视一种理论所排斥的东西比重视该理论所包含的东西更有意义。正统刑法理论中最值得注意的地方，也许就是该理论所忽略了的内容"②，因为被忽略之处的观察和探求，才"能于平常之事中发现问题，能于无声处闻佳音"③。正是在此意义上，借助社会学个体与结构关系分析原理考察刑事政策中长期被忽视的犯罪被害人，观察其在刑事政策中的存在样态，揭示作为个体的被害人与刑事政策之间的关系如何，就成了反思和改进刑事政策理念，促成刑事政策实践创新的重要基础问题。

第一节 个体与社会：社会学分析的两种进路

个体与结构、个人与社会的关系（即行动与结构的关系）问题，"一直就是社会科学的一般理论最为棘手的老问题"④，人类历史上先贤先后在哲学、伦理学、社会学等领域做出自己的解答，并在此基础上创设了令人印象深刻的学说和理论。从知识论上看，个体行动与社会结构的关系是社会学的核心研究领域之一。"面对这两条道路，我们究竟应该怎样选择？我们应该成为至善至美和自给自足的生命体呢，还是相反，成为整体的一

---

① ［日］大谷实：《刑事政策学》，黎宏译，中国人民大学出版社2009年版，第16页。
② ［美］道格拉斯·N.胡萨克：《刑法哲学》，谢望原等译，中国人民公安大学出版社2004年版，第346页。
③ 苏力：《制度变迁中的行动者——从梁祝的悲剧说起》，《中外法学》2003年第2期。
④ 苏国勋：《当代西方著名哲学家评传》（第十卷），山东人民出版社1996年版，第552页。

个部分，或有机体的一个器官。"① 在此，涂尔干提出了主体与客体、个人与社会、行动与结构两条道路的选择问题，对其的不同回答促成了社会学不同学说和理论的发轫。20世纪以来，社会学中的结构主义和后结构主义思潮与方法，代表了两种对个体和社会结构关系截然不同的分析和回答。

本质上说，犯罪被害人与刑事政策之间的关系是这一问题在刑事政策领域的反映，如果遵循最基本而又朴素的法理要求，"法律不是用来滋生法学概念的，而是用来解决社会问题的，不是在创建各种法学理论体系中完善的，而是在应对各种复杂局面中丰富发展起来的"②，那么不难看出，基于实践面向和人类活动的共性，社会学知识体系中个体行动与社会结构分析进路的梳理，可以为认清被害人与刑事政策之间的现状和应然趋势提供较为妥当的理论支撑和方法论指引。

一 二元对立：结构主义的理性建构

(一) 结构和社会结构

1. 结构（structure）

从词源学来看，各国语言中使用"结构"概念由来已久，词义也较为接近。《辞海》中，结构是"各个组成部分的搭配和排列或建筑物上承担重力或外力的部分的构造"，一般用来表示物质系统内各组成要素之间的相互联系、相互作用的方式；英文中，意指事物的结构是各个组成部分的互相关联及其组合方式；拉丁文里，这个词原先写作"structum"，意思是指"经过聚拢和整理，构成某种有组织的稳定统一体"③。不难发现，中西方词源学意义上的结构概念，都直接反映了一定自然科学取向的认识和归纳方式，这一特点源于结构观念上的自然属性。结构观念最初是一个数学的概念，其形成和数学的集合论密切相关。

作为一种观念和方法论意义上的"结构"，最初由索绪尔、列维-斯特劳斯在语言学和人类学的运用开启，其后扩散到其他人文社会科学领

---

① [法] 埃米尔·涂尔干：《社会分工论》，渠东译，生活·读书·新知三联书店2000年版，第4页。
② 强世功：《中国法律社会学的困境与出路》，《文化纵横》2013年第5期。
③ 赵一凡：《结构主义》，《外国文学》2002年第1期。

域。索绪尔认为语言要素和符号关系的基本原则是"从总体来考虑符号"①，并且，"这个至关重要的总体结构恰恰是我们无法直观的东西。捕捉一种抽象的语言系统结构，正是后来结构主义理论逻辑中最关键的思想本质"②。列维-斯特劳斯在人类学研究中清晰地界定了结构的要义。"要配得上结构这个名称，模型必须绝对满足以下四个条件：首先，结构显现了系统的特征。其次，所有模型属于一个包含各种转变的组合。再次，以上提到的这些特性让人可以预见模型在某一要素发生变动时将会如何起作用。最后，要建立模型，它就必须具有能够覆盖所有观察到的事实。"③皮亚杰概括地指出，"结构是一个由种种转换规律组成的体系，这个转换体系作为体系（相对于其各成分的性质而言）含有一些规律"④。

可以看出，由自然科学延伸至社会科学中的"结构"观念具有一个共同的特点，即认为在大多数的表面现象下面，有一个潜在的、深层的、普遍的结构在起作用。结构可以来自语言，可以来自人的大脑生理，可以来自文化，也可以来自生产关系，但它们共同的一点是强调个人在这个结构面前的被决定性，这种结构特性对社会科学的研究产生了深远的影响。

2. 社会结构

结构观念与社会学一旦结缘，促使人们关注生活中的社会结构问题，并由此开始了影响深远的思维变革。在社会学以及相关的学科中，社会结构是一个使用极为广泛，同时也是使用极为混乱的一个概念。同时，社会结构指向一个社会生活的制度和关系元素的复杂表达，从经典社会学家到现代功能主义者以及当代的许多社会学家，都极为重视对社会结构的研究，社会结构的概念居于社会学研究的最核心之处。

拉德克利夫-布朗受涂尔干观点影响，认为社会结构是制度化的角色和关系中的人的配置，是"在由制度即社会上已经确定的行为规范或模式所规定或支配的关系中，人的不断配置组合"⑤。富永健一指出："所谓社

---

① ［瑞士］索绪尔：《普通语言学教程》，高名凯译，商务印书馆1980年版，第163、167页。

② 张一兵：《索绪尔与语言学结构主义》，《南京社会科学》2004年第10期。

③ Clande L. vi-strauss, *Anthropologie Structurale*, Paris Plon, 1958, p.306.

④ ［瑞士］皮亚杰：《结构主义》，倪连生、王琳译，商务印书馆1984年版，第2—3页。

⑤ ［英］拉德克利夫-布朗：《社会人类学方法》，夏建中译，山东人民出版社1988年版，第148页。

会结构，可以定义为：构成社会的如下各种要素间相对恒常的结合。"①郑杭生认为："社会结构是指社会中各种社会地位之间相互关系的制度化或模式化体系。"② 尽管存在表述的细节差异，但这些观点一致强调宏观结构因素对人的行动的单向强制作用，也因此难逃"结构决定论"之嫌。同时，社会学的历史中一直有两种不同的社会结构观念长期共存，即洛佩兹所言的"制度结构观念和关系结构观念"，前者中"社会结构被看做是由那些定义人们行为期望的文化或规范模式所组成，通过这些期望，行动者能把握彼此的行为并且组织起相互之间的持久关系"；后者中"社会结构被看做是由社会关系自身所组成，也就是被理解为行动者和他们的行动之间的因果联系和相互独立性以及他们所占据位置的模式"③。

历史上，不同的社会结构学说本质是在制度和关系、宏观和微观两极中摇摆，且主要是指宏观和制度化的社会关系模式。而实际上，社会结构中宏观与微观、主观与客观、制度与关系之间的相对重要性，就在于那些从一种状态到另一种状态变更的某事物，并且对其归纳也是不可能的。其方法论意义在于：社会结构意味着主客观之间、制度和关系之间不是截然对立和单向强制，而是可以相互补充、互相转化的社会学分析框架。

（二）结构主义

1. 结构主义的脉络

从发生学来看，结构主义是一曲"文学革命"与"思想革命"的协奏，索绪尔从语言学中"发现"了"结构"，而俄国人雅克布森则在语言学研究中第一次使用了"结构主义"这个名词，经列维-斯特劳斯的发展，至20世纪50年代，结构主义扩展到文学批评、神学、社会学、历史学、哲学等领域，散发生成一系列的结构主义知识谱系。

何谓"结构主义"？顾名思义，可以简单概括为"一种试图揭示人类活动的一般结构的努力"④，《大英百科全书》1977年版曾下过如下定义："结构主义是对于社会、经济、政治与文化生活的模式的研究。研究的重

---

① [日] 富永健一：《社会结构与社会变迁：现代化理论》，董兴华译，云南人民出版社1988年版，第19页。
② 郑杭生、李路路：《社会结构与社会和谐》，《中国人民大学学报》2005年第2期。
③ [英] 洛佩兹、斯科特：《社会结构》，允春喜译，吉林人民出版社2007年版，第4页。
④ [美] 乔治·瑞泽尔：《后现代社会理论》，谢立中等译，华夏出版社2003年版，第40页。

点是现象之间的关系，而不是现象本身的性质。"从这一定义中，我们可以看出结构主义所探讨的重点是社会各种现象之间的关系问题。如果不可求一个完美的定义，可以认为"结构主义是指一种以形式主义符号学为方法，以探索对象内在结构为目的的科学主义思潮"。

在哲学史上，哲学家们都宣称自己发现了唯一的真理，其研究中心从"神意""自然元素"到"绝对精神"不断变换，在这个意义上，哲学史也是一个又一个"中心"不断置换的历史，只是，这次的中心变成了"结构"。在颠覆和突破的意义上，弗朗索瓦·多斯曾指出："结构主义是对西方历史上一个特定时刻的抗争与回应。在一定程度上，它表达了自我仇恨，表达了对传统西方文化的拒绝。这里所说的自我仇恨是指结构主义对笛卡尔以来一切主体哲学的贬谪和拒斥。"[①] 英国学者特伦斯·霍克斯评价指出，"结构主义基本上是关于世界的一种思维方式"，"这种思维方式对结构的感知和描绘极为关注"，在这种思维方式看来，"事物的真正本质不在于事物本身，而在于我们在各种事物之间构造，然后又在它们之间感觉到的那种关系"。[②]

2. 结构主义建构的个体鸿沟

首先，结构主义开辟了一个新的启蒙方向，用一个共同的思维方式拆除了不同学科之间的"藩篱"。正如梅洛-庞蒂所言："社会事实既不是物也不是观念，而是一些结构……于是任务在于延伸我们的理性才能理解在理性之前并超越理性的另外一些东西。"[③] 结构主义的好处，不仅"在于它高度重视事物的整体性及其内在组合关系"，还在于"它对数学逻辑方法的借用，也方便人们对世界的宏观认识与微观分析"[④]。布迪厄将结构主义的这一创新之处，概括为"结构方法"，即"将关系思维方式引入社会科学"[⑤]。

其次，结构主义在个体与社会结构之间划定了一条不可逾越的鸿沟。

[①] [法] 弗朗索瓦·多斯：《从结构到解构：法国20世纪思想主潮》（上卷），季广茂译，中央编译出版社2003年版，序第4页。
[②] [英] 特伦斯·霍克斯：《结构主义和符号学》，瞿铁鹏译，上海译文出版社1997年版，第8—9页。
[③] 尚杰：《从结构主义到后结构主义》（上），《世界哲学》2004年第3期。
[④] 赵一凡：《结构主义》，《外国文学》2002年第1期。
[⑤] [法] 布迪厄：《实践感》，蒋梓骅译，译林出版社2012年版，第5页。

涂尔干肇始了社会整体的优先位置——结构的自主性问题，认为社会事实不是个人意愿所能左右的，社会对个体具有制约性，其基本含义在于表明，制度是外在于人的，制度的意义在于其规范作用。① 列维-斯特劳斯声称："结构主义不是创造人，而是把人消融掉。"② 笛卡尔以来的主体性哲学，被消解成了恰如法国著名剧作家贝克特的《等待戈多》中的那个"不在场的戈多"：只要他不出场舞台上的情形就是那样荒诞；不出场的戈多还是死亡；他明天再不来别人就要上吊；不出场的戈多还是沉默，在等待他时候人们无话可说，或者人们有权从头到尾保持沉默；戈多是一个永远也达不到的"我"。

由此，个体与所处的结构关系问题上的客观主义立场得以形成。其主要内容就是把人变成了一个抽象的元素或者符号，就完全消解了人在社会生活中的中心地位和能动性。布洛克曼认为生活在结构的世界里，就是说"不是在一个个性的、历史过程的、多多少少是自由决定的、视野敞开的世界里，而是在一个规划的世界里，一个被看成一份音乐总谱（列维-斯特劳斯语）的世界里，或者一个符号阵列中（拉康语）"③。因为他们既然强调结构是人们无意识创造的一种精神模式，那么人的能动性和创造性就都是无关紧要的了。

二 二重性：后结构主义的个体复归

（一）后结构主义的个体复归

20世纪70年代开始，后结构主义"以结构观念的一系列二元对立作为突破口，进而揭示二元对立是人赋予对象的，而不是对象本有的，它是一种构想的结构，是一种人为的游戏"④，用一句形象的话总结就是："我们在受制约中创造了制约我们的世界"，从而将人的主体性和能动性从结构主义的"牢笼"中解放出来，为社会结构理论开创了新的发展阶段。

---

① 涂尔干以惩罚的变迁为例，论证了惩罚从感情对抗到制度和规则下有组织运用的合理性，这一过程中，"用一个团体的审慎考虑代替了个人判断"。参见［法］埃米尔·涂尔干《社会分工论》，渠东译，生活·读书·新知三联书店2000年版，第48—59页。

② 参见朱立元、张德兴《现代西方美学流派评述》，上海人民出版社1989年版，第277页。

③ ［比］布洛克曼：《结构主义：莫斯科—布拉格—巴黎》，李幼蒸译，商务印书馆1980年版，第14页。

④ 萧俊明：《从结构主义到后结构主义：一种文化思考》，《国外社会科学》2001年第5期。

消解形而上学传统,[①] 成了后结构主义的显著标志。结构主义社会学的基本前提和观念在于,认为社会行动者与其背后的社会深层结构之间可以清晰地划分出一条界线,且社会结构形塑了行动者的角色和地位等;而在后结构主义看来,这种区分不过是在重申生成与存在、意见与真理、表现与实在、现象与本体等传统形而上学的区分,是"身份决定论"或"血缘决定论"的变种而已。后结构主义认为,在每个社会中行动者与社会结构是完全相互依赖的,不仅仅是社会结构必然要左右行动主体并在行动主体上显现自身,而且行动主体往往要反抗、打破乃至否弃社会结构的所谓逻辑。为此,吉登斯的结构化理论、布迪厄的"场域—惯习"实践理论都在不同程度上对上述问题进行了阐述和论证,其中以布迪厄社会实践理论最具代表性。

吉登斯在《社会结构》一文中指出,社会科学和学科史中研究的基础是行动与结构的关系,在这个问题上反对任何一种决定论:无论是结构决定行动,还是行动构成结构都是没有意义的。因为二者都"没有为理论反思找到一个恰当的起点,实际上,应集中关注于被再生产的实践"[②]。遵循"社会科学研究的主要领域既不是个体行动者的经验,也不是任何形式的社会总体的存在,而是在时空向度上得到有序安排的各种社会实践"[③] 的基本架构,吉登斯提出了结构化理论的要点:"结构就是一再组织起来的规则和资源,外在于时间空间,是主体缺场的;而结构不断涉入其中的社会系统则是主体在场且由其种种活动构成的。"[④] 吉登斯将社会学的二元对立问题从认识论上升到本体论高度,这一点无疑具有非常重要的意义。正如特纳所言,"吉登斯对社会学的最有力的批判之一是对社会理论中二元论——如微观与宏观理论、主体(人)与客体(结构)、个人

---

① 从严格意义上看,应该是"解除形而上学的中心作用",因为"消解"(decentre)一词原本的意思是"去除中心化或消除……中心"的意思,后来在中文的使用中逐渐简化为"消解",从字面上反倒看不出与"中心"的关系。不过,这在理解上似乎并未造成太大的妨碍。

② [英]安东尼·吉登斯:《社会学方法的新规则》,田佑中译,社会科学文献出版社2003年版,第53页。

③ [英]安东尼·吉登斯:《社会的构成》,李猛等译,生活·读书·新知三联书店1998年版,第61页。

④ 于海:《结构化的行动,行动化的结构——读吉登斯〈社会的构成:结构化理论大纲〉》,《社会》1998年第7期。

与社会、主观主义与客观主义,以及类似的引起巨大争论的二分法——的驳斥。"① 吉登斯试图从本体论上解决这个问题,重建社会理论的出发点,这无疑是找到了解决问题的方向。

吉登斯追随马克思的著名论断:"人们自己创造自己的历史,但是他们并不是随心所欲地创造,并不是在他们自己选定的条件下创造,而是在直接碰到的、既定的、从过去继承下来的条件下创造。"② 运用实践统摄下的结构化理论克服社会学的二元对立,做出了独特而令人印象极其深刻的贡献。同时,不得不指出的是,吉登斯虽然也认为"人类能动行为的领域是受到限制的"③,然而,正如有学者评价的,"由于偏好哲学(诠释学)对主体能力的高估,使他不能同样强调结构之重要性,就显示其学说顾此失彼,难以平衡的缺陷"④,使得吉登斯的结构化理论带有了一定程度的"意志论"色彩。

(二) 布迪厄的"场域—惯习"理论

皮埃尔·布迪厄(Pierre Bourdieu,1930—2002),生于法国南部的贝恩亚,高等师范学校毕业后在阿尔及利亚服兵役,并自此开始社会学研究。1981年任法兰西学院唯一的社会学教授,创建了"生成性结构主义"(也称"实践理论")的独特思想风格和理论研究新视野,成为法国当代最有声望的社会学家,其实践理论被认为是超越二元论最有价值的理论之一。在观察视角上,布迪厄认为要有效描述实际生活中发生的事,使获得的知识具有实践性,就不能作为旁观者以一种与生活保持一定距离,跳出现实生活之外的方式去认识世界。应避免客观主义以"局外人"的眼光看世界和主观主义从"局内人"的角度看待社会生活的做法,通过参与生活实践来获得对社会世界的认识。这样,实践能使客观主义和主观主义达到一种和谐与整合。

布迪厄运用场域、惯习、资本三个概念及其相互关系理论,为消解个体与社会结构之间的关系做出了令人瞩目的贡献。从外部揭示行动者在社会空

---

① [美] 特纳:《社会学理论的结构》,吴曲辉等译,浙江人民出版社1987年版,第563页。
② 《马克思恩格斯选集》(第一卷),人民出版社1995年版,第585页。
③ [英] 安东尼·古登斯:《社会学方法的新规则》,田佑中译,社会科学文献出版社2003年版,第53页。
④ 洪镰德:《社会学说与政治理论:当代尖端思想之介绍》,扬智文化事业公司1998年版,第149页。

间所占据的位置的"场域",即实践空间,回答的是行动者在哪里实践的问题;从内部揭示构建行动者和各种性情倾向的"惯习",即实践逻辑,回答的是行动者如何实践的问题;以及行动者行动的动力资源的"资本",即实践工具,回答的是行动者用什么实践的问题。在此基础上,"场域""惯习"和"资本"三个概念也是不可分割的,"它们各有侧重地向我们展示社会结构和心智结构的对应,突显文化隐蔽的符号权力使社会行动者认可社会等级结构和资本的不平等分布的'幻象'(illusion)"[①]。

1. 场域(field)

"场域"不仅是布迪厄实践社会学中一个非常重要的概念,也是布迪厄从事社会研究的基本分析单位。布迪厄的场域概念既受物理学中磁场论的启发,也与现代社会高度分化的客观事实有关,其理论前提和整体判断是:"社会科学的真正对象并非个体。场域才是基本性的,必须作为研究操作的焦点。"[②] 在此基础上,布迪厄从不同层面阐述了场域的内涵。

场域是一个客观关系构成的系统。布迪厄说:"'现实的就是关系的':在社会世界中存在的都是各种各样的关系——不是行动者之间的互动或个人之间交互主体性的纽带,而是各种马克思所谓的'独立于个人意识和个人意志'而存在的客观关系。"[③] "各种场域都是关系的系统。"[④] "根据场域概念进行思考就是从关系的角度进行思考。"[⑤] 因此,"从分析的角度看,一个场域可以定义为在各种位置之间存在的客观关系的一个网络,或者一个构型"[⑥]。"一个场域的结构可以被看作不同位置之间的客观关系的空间,这些位置是根据他们在争夺各种权力或资本的分配中所处的地位决定的。"[⑦]

场域是一个相对独立的社会空间。在布迪厄看来,场域是一种社会空间,不是地理空间。布迪厄说:"我们可以把场域设想为一个空间,在这

---

① 刘喆:《布迪厄社会学思想研究》,硕士学位论文,武汉大学,2005年。
② [法] 布迪厄、华德康:《实践与反思——反思社会学导论》,李猛、李康译,中央编译出版社1998年版,第146页。
③ 同上书,第133页。
④ 同上书,第144页。
⑤ 同上书,第132页。
⑥ 同上书,第134页。
⑦ 同上书,第150页。

个空间里，场域的效果得以发挥，并且，由于这种效果的存在，对任何与这个空间有所关联的对象，都不能仅凭所研究对象的内在特质予以解释。"① 因为"关系系统独立于这些关系所确定的人群"②。在布迪厄看来，场域不仅是一种社会空间，而且是相对独立性的社会空间；相对独立性既是不同场域相互区别的标志，也是不同场域得以存在的依据。场域的相对独立性表现为不同的场域具有不同的"逻辑和必然性"即"每一个子场域都具有自身的逻辑、规则和常规"。③

场域是一个动态的空间。布迪厄认为场域是动态和斗争的空间，场域中存在着积极活动的各种力量，它们之间的"博弈"使场域充满活力。布迪厄说："作为一种场域的一般社会空间，一方面是一种力量的场域，而这些力量是参与到场域中去的行动者所必须具备的；一方面，它又是一种斗争的场域；就是在这种斗争场域中，所有的行动者相互遭遇，而且，他们依据在力的场域结构中所占据的不同地位而使用不同的斗争手段，并具有不同的斗争目的。与此同时，这些行动者也为保持或改造场域的结构而分别贡献他们的力量。"④ 因此，场域始终都是具体的实际活动的场所，"场域在本质上是历史的和现实的、实际的和可能的、有形的和无形的、固定下来的和正在发生的以及物质性的和精神性的各种因素的力的关系网"⑤。

场域理论不仅是理论，更是一种方法。布迪厄认为，场域分析有几个必不可少的环节。"首先，必须分析与权力场域相对的场域位置"，"其次，必须勾画出行动者或机构所占据的位置之间的客观关系结构"，"除了上述两点以外，还有第三个不可缺少的环节，即必须分析行动者的惯习"。⑥ 这就提供了场域分析的基本步骤和环节。

2. 惯习（habitus）

布迪厄进行社会研究的出发点，"就是把社会看做是社会中的人及其

---

① ［法］布迪厄、华德康：《实践与反思——反思社会学导论》，李猛、李康译，中央编译出版社1998年版，第138页。

② 同上书，第145页。

③ 同上书，第142页。

④ 高宣扬：《当代法国思想五十年》（下），中国人民大学出版社2005年版，第514页。

⑤ 宫留记：《布迪厄社会实践理论》，博士学位论文，南京师范大学，2007年。

⑥ ［法］布迪厄、华德康：《实践与反思——反思社会学导论》，李猛、李康译，中央编译出版社1998年版，第143页。

文化的复杂交错所构成的有机生命体"①，而在场域里活动的行动者并非是一个一个的"物质粒子"，而是有知觉、有意识、有精神属性的人；场域不是一个"冰凉凉"的"物质小世界"，每个场域都有属于自己的"性情倾向系统"——即惯习②。由于惯习是布迪厄用来弥合主客观之间、行动者与社会结构之间沟壑的重要概念，布迪厄赋予了惯习如下特征。

惯习的能动性。布迪厄强调："我说的是惯习（habitus），而不是习惯（habit），就是说，是深刻地存在在性情倾向系统中的，作为一种技艺（art）存在的生成性（即使不说是创造性）的能力，是完完全全从实践操持的意义上来讲的，尤其是把它看作某种创造性艺术。"③ 布迪厄之所以用惯习而不用习惯，在于惯习能反映行动者的能动性。从惯习的形成上看，"习惯"多指行动的反复性、机械性、被动性和再生产性。惯习"是持续的、可转换的性情倾向系统，倾向于被建构的结构（structured structures），发挥具有建构能力的结构（structuring structures）功能"④。

惯习的生成性。布迪厄认为，惯习来自个人和群体长期的实践活动，经过一定时期的积累，经验就会内化为人们的意识，去指挥和调动个人和群体的行为，成为人的社会行为、生存方式、行为策略等行动和精神的强有力的生成机制。惯习"作为一种生成的自发性，在与不断变化的情境的临时遭遇中确定自身，它遵循着一种实践的逻辑，这种逻辑虽然含糊，带有大约的性质，但却确定了与世界的联系"⑤。惯习之所以能有特定持久的效力和发挥作用，是因为它在行动者的意识和语言运作之前发生效力，且不以人的意志而转移，具有鲜明的生成性。

惯习的实践性。惯习是行动者的实践逻辑，即惯习是个体的主体性与

---

① 高宣扬：《当代法国思想五十年》（下），中国人民大学出版社 2005 年版，第 484 页。

② 法文"habitus"在中文中大体有三种译法，陶东风、包亚明把它译为"习性"，高宣扬把它译为"生存心态"，李猛、李康等大多数学者则把它译为"惯习"，上述译法，虽然文字不一样，但表示的意思基本一致，本书采用的是最常见的译法。

③ ［法］布迪厄、华德康：《实践与反思——反思社会学导论》，李猛、李康译，中央编译出版社 1998 年版，第 165 页。

④ ［美］戴维·斯沃茨：《文化与权力：布尔迪厄的社会学》，陶东风译，上海译文出版社 2006 年版，第 117 页。

⑤ ［法］布尔迪厄：《科学的社会用途——写给科学场的临床社会学》，刘成富、张艳译，南京大学出版社 2005 年版，第 19 页。

社会的客观性的相互渗透,是主体实践性地认识社会的一种认知结构。布迪厄指出:"历史行为——即艺术家、科学家的行为,或与工人、小公务员行为一样多的政府成员的行为——的源泉不是与社会相对抗的活跃的主体——就好像那一社会是一个外在建构的客体似的。其源泉既不存在于意识之中,也不存在于事物之中,而是存在于社会活动两个舞台间的关系之中,即存在于事物中客观化的历史与身体中具体化的历史两者间的关系之中。前者以制度化的形式存在,后者以我称做习性的持久的性情系统形式存在。"① 行动者与社会世界之间的关系是社会活动的两个维度之间的关系,而不是两种相分离的存在之间的关系。即社会活动的实践形塑了惯习,惯习又在实践中促成了场域的结构变迁。

因此,惯习概念和原理最具方法论意义的结论或许是:社会行动者在社会结构中"并不是一个有意识的思想活动——通过对由筹划构成的各种可能性之间进行精心的选择,明白无误地确定自己的目标——而是惯习的实践运作的结果。……是在作为社会塑造的生物个体性的惯习与历史遗留的客观结构之间的关系中确定自身的"②。

3. 资本 (capital)

布迪厄的资本概念来自马克思和韦伯,是对前两者资本概念的内涵和外延的深化和进一步诠释。布迪厄对资本曾经下过一个"马克思式"定义:"资本是积累的(以物质化的形式或'具体化的''肉身化的'形式的)劳动,当这种劳动在私人性,即排他的基础上被行动者或行动者小团体占有时,这种劳动就使得他们能够以物化的或活的劳动的形式占有社会资源"③,把资本作为一般等价物看待,后来布迪厄将资本界定为行动者的社会实践工具,赋予资本更多意义。

资本具有多样性。布迪厄不是将资本设想为单纯经济意义上的资本,而是理解为名目繁多的资本,包括了"通过它的积累,可以使国家对不同场域和在其中流通的不同形式的资本施展权力"的"中央集权资本"或

---

① [美] 克雷格·卡尔霍恩:《习性、场域和资本:历史特性的问题》,载薛晓源、曹荣湘主编《全球化与文化资本》,社会科学文献出版社 2005 年版,第 78 页。

② [美] 华康德:《论符号权力的轨迹:对布迪厄〈国家精英〉的讨论》,载苏国勋、刘小枫编《社会理论的政治分化》,上海三联书店 2005 年版,第 362 页。

③ [法] 布尔迪厄:《文化资本与社会炼金术:布尔迪尔访谈录》,包亚明译,上海人民出版社 1997 年版,第 189 页。

"元资本"①，以及经济资本、社会资本、文化资本和布迪厄特意强调的"符号资本"等。在现实的场域分析时，资本从来都是具体的、特殊的资本，"当我们提到特殊资本的时候，这意思是说资本只是处在与某一特定场域的关系之中才是有效的，并因此总是处在该场域的诸多限制之中"②。由此，可以认为布迪厄所言资本，"是指在不同的社会等级制度中决定社会行动者在该社会中的地位和他们在社会关系中相应的分配形式的各种力量，这些力量是构建社会空间的基本原则"③。

资本具有权力性。布迪厄将资本与权力联系在一起，甚至有时候简单将二者等同。一方面，行动者拥有资本的数量和类型决定了他在社会空间的位置，也就决定了他的权力："资本，意味着对于某一（在某种给定契机中）场域的权力，以及，说得更确切一点，对于过去劳动积累的产物的权力（尤其是生产工具的总和），因而，也是对于旨在确保商品特殊范畴的生产手段的权力，最后，还是对于一系列收益或者利润的权力。"④ 另一方面，资本与场域相依存，资本赋予了某种支配场域的权力，"赋予了某种支配那些体现在物质或身体上的生产或再生产工具的权力，并赋予了某种支配那些确定场域日常运作的常规和规则，以及从中产生的利润的权力"⑤。正因为资本的权力性及其对行动者和场域的上述作用，资本便成为行动者的场域活动工具和中介，争夺特定场域的资本成为行动者体现自己存在的主要方式。

资本具有可转换性。布迪厄认为，不同资本类型的可转换型赋予了场域结构变化和斗争的动力，"由在这个被研究的宇宙中有活力的属性来给出——能够赋予其持有者以力量、权力并因而赋予其持有者以利润的那些属性……根据我的经验调查，这些基本的社会权力首先是各种不同类型的经济资本；其次是各种不同类型的文化资本，或更好的信息资本；第三是两种联系非常之紧的资本形式；社会资本，包括建立在关系和群体成员身

---

① ［法］布迪厄、华德康：《实践与反思——反思社会学导论》，李猛、李康译，中央编译出版社1998年版，第156页。
② Bourdieu P., *Sociology in Question*, London: SAGE Publications, 1993, p. 73.
③ 宫留记：《布迪厄社会实践理论》，博士学位论文，南京师范大学，2007年。
④ Bourdieu P., *Language and Symbolic Power*, Harvard University Press, 1991, p. 230.
⑤ ［法］布迪厄、华德康：《实践与反思——反思社会学导论》，李猛、李康译，中央编译出版社1998年版，第139页。

份基础之上的种种资源,以及象征资本,即一旦不同类型的资本被理解为和被认为是合法的时候它们所采取的形式"[①]。根据需要变换资本成了行动者的场域行动策略,因为资本既是现代社会中进行权力斗争的工具,也是争夺的对象。经济资本、文化资本、社会资本和象征资本之间可以相互兑换,现代社会的法律不但保证各种资本所有者的合法性和正当性,也规定、保障和维持各种资本之间的斗争和兑换的程序,为此,各个阶级争夺立法权或扩大立法中的影响力成了诸多现代社会资本转换的趋势和规律之一。

如果用布迪厄本人的话来概括其个体与社会结构研究方法的主旨,以其在圣迭戈大学一次题为"社会空间与符号权力"的演讲或为适例:"就结构主义或结构主义而言,我指的是,不仅仅在诸如语言、神话等的符号系统中,而且还在社会世界自身中,存在着独立于行动者意识和欲望之外的客观结构,这些结构能够引导或者限制行动者的实践或者表征。就建构主义而言,我指的是,一方面,组成了我称为习性的那些感知、思维和行动的模式,存在着一个社会起源;另一方面,某些社会结构,特别是我称为场域和群体的,尤其是我通常称为社会阶级的社会结构,也存在着一个社会起源。"[②]

第二节 "场域—惯习"视域中的刑事政策与犯罪被害人

一 刑事政策的场域分析

(一)刑事政策场域的概念

受刑事一体化思维的深刻影响,治理犯罪的相关事项深度融通已成为现代刑事政策研究方法论的自觉选择,因为"历史经验告诉我们,任何人都

[①] [美]克雷格·卡尔霍恩:《习性、场域和资本:历史特性的问题》,载薛晓源、曹荣湘主编《全球化与文化资本》,社会科学文献出版社2005年版,第72页。

[②] Bourdieu P., *In Other Words: Essays Toward a Reflexive Sociology*, Stanford: Stanford University Press, 1990, p.123.

不可能根据某个单一的、绝对的因素或原因去解释法律制度"①，刑事政策也不能例外。布迪厄的"场域—惯习"理论，不仅是一种理论，更是一种分析方法和工具。作为一种"社会学思维"，"场域—惯习"分析方法"是一种力量，一种抗固化的力量，它促使压抑在固定结构下的世界又灵活起来；它表明它是一个与目前现状完全不同的世界"②。正是在突破固有思维禁锢的意义上，"场域"范式分析成为"照亮"现代刑事政策这个"一个带有许多大厅、房间、凹角、拐角的大厦"的另一盏"探照灯"。

布迪厄的《法律的力量——迈向司法场域的社会学》一文，开启了将场域分析引入法律领域的先河。布迪厄认为司法场域形成的关键在于，要有一个相对独立于外在约束的司法体得以出现的自主的社会世界。"如果我们想理解法律的社会意义，那就不能忽略这一世界，因为正是在这一世界中，司法的权威才由以产生并得以行使。"同时，司法场域是一个完整的社会世界，在实际中它相对独立于外在的决定因素和压力，但是必须认识到决定司法场域运行的两个因素，一方面是特定的权力关系，另一方面是司法运作的内在逻辑。"前者为场域提供了结构并安排场域内发生的竞争性斗争（更准确地说，是关于资格能力的冲突），后者一直约束着可能行动的范围并由此限制了特定司法解决办法的领域。"③ 分析布迪厄的司法场域论述，不难发现，场域分析是建构和生成性，绝非经验和逻辑性的。因此，从建构性和生成性角度看，刑事政策场域的概念，符合下列场域的一般内涵。

刑事政策是一个从事犯罪抗制的独立社会空间。布迪厄认为："每一个场域都拥有各自特定的利益形式和幻想，场域创造并维持它们。"④ 场域独立性是指具有自身逻辑必然性的客观关系的空间或网络，而它们自身特有的逻辑和必然性也不可化约成支配其他场域运作的那些逻辑和必然

---

① ［美］博登海默：《法理学——法律哲学与法律方法》，邓正来译，中国政法大学出版社1999年版，第198页。

② ［英］齐尔格特·鲍曼：《通过社会学去思考》，高华等译，社会科学文献出版社2002年版，绪言第20页。

③ ［法］布迪厄：《法律的力量——迈向司法场域的社会学》，强世功译，《北大法律评论》1999年第2卷。

④ ［法］布迪厄、华德康：《实践与反思——反思社会学导论》，李猛、李康译，中央编译出版社1998年版，第159页。

性。尽管学界关于刑事政策有令人眼花缭乱的诸多界定，但不可否认的是，"无论怎样定义其概念，刑事政策的主旨在于探讨国家如何有效合理地组织对犯罪的反应"①。人类历史上，任何国家和社会都必须应对犯罪问题，因而应对犯罪的政策刑事政策实践具有悠久的历史，也因此刑事政策抗制犯罪的逻辑必然性得以构建起一个关系网，成为国家组织对犯罪的反应系统中的一个分支。同时，刑事政策又独立于国家组织犯罪反应系统中的其他方式，形成了自己独特的治理空间。费尔巴哈"将心理学、实证哲学、一般刑事法及其刑事政策作为刑事法的辅助知识，赋予了刑事政策的独立地位"②，开始了绵延至今的刑事政策与刑法、犯罪学相对独立的理论分野和实践经验。

刑事政策是一系列客观关系组成的网络或综合体。布迪厄的场域概念所要表达的，"主要是在某一个社会空间中，由特定的行动者相互关系网所表现的各种社会力量和因素的综合体"③。场域一方面依靠行动者关系网所表现出来的社会力量和因素得以维持，另一方面这种社会力量和因素的性质也决定了场域的特性，从而与别的场域区别开来。例如，经济场域是靠某一个特定社会空间中的人与人之间的经济利益关系，靠人们之间的金钱、货币和商品交易关系来维持。刑事政策场域是靠特定社会空间中国家和社会与犯罪现象之间的刑事权力关系，靠刑事立法、司法等关系来维持的。由此，在刑事政策空间中的行动者，包括犯罪嫌疑人或被告人、被害人、公安机关、检察院、法院、社区等。在这个空间中，犯罪不是犯罪人的"独角戏"，犯罪抗制也不是国家的"独奏"，而是交织着犯罪人—被害人、犯罪人—司法机关、司法机关—被害人、司法机关之间复杂互动关系的"协奏曲"。上述行动者为争取或确保他们在刑事政策空间中的位置，依靠各自拥有的资本，在相互竞争中型构出一个客观的关系空间。

刑事政策是围绕刑事权力竞争的空间。布迪厄看来，贯穿社会场域和行动者的动力学原则，就是行动者个人和群体之间的权力关系。曲新久教授回溯了从刑事政策思想的产生到现代刑事政策学的建立，找到了一个

---

① 劳东燕：《刑事政策与刑法关系之考察》，《比较法研究》2012年第2期。
② [日]大谷实：《刑事政策学》，黎宏译，中国人民大学出版社2009年版，第8页。
③ 高宣扬：《布迪厄的社会理论》，同济大学出版社2004年版，第139页。

"共同的线索或者说问题就是,支撑于刑事政策背后的权力"①。权力是刑事政策的本质所在,政策系统和刑事政策系统从来就是围绕着权力的运行来展开的,刘远教授将这一权力概括为"刑事权力","刑事权力就是一种政治权力","具体地说,刑事权力是种表征集体或共同体整体性的权力"。② 刑事权力运行过程中的竞争可能发生在所有行动者之间。例如,2012年7月18日的《南方都市报》报道了这样一起案例:近日,深圳市罗湖区法院审判了一起强奸案,一名案发时年仅16岁的男孩与13岁的女孩恋爱同居,在双方家长都未追究的情况下,男孩被公诉机关提起公诉,一审被判强奸罪,处有期徒刑1年3个月。③ 该案一出,立即引发了社会的热烈讨论,更是被诸多网友称为"具有警示意义的典型强奸案",一时间舆论矛头直指刑法中奸淫幼女的规定,双方家长不予追究和司法机关强势介入这样一对"悖论"背后掩盖着的,就是司法机关和被害人对刑事权力争夺那双"看不见的手"。除此之外,犯罪被害人和犯罪人之间,司法机关之间、司法机关与犯罪人之间,犯罪人与社区之间等,都会围绕刑事权力依靠各自所掌握的资本进行竞争。

综上,可将刑事政策场域界定为:国家在合理组织对犯罪的反应中建构的,以犯罪人、犯罪被害人和司法机关等行动主体之间的互动为内容,以刑事权力竞争和争夺为灵魂的客观关系网络和空间。④

(二) 刑事政策场域的基本因素

这里称刑事政策场域的"基本因素",而不是基本"结构"或者"构造"⑤,旨在用"基本因素"指涉场域的动静态兼具、共历时同存的特质。

---

① 曲新久:《刑事政策的权力分析》,中国政法大学出版社2002年版,第10页。
② 刘远:《刑事政策哲学解读》,中国人民公安大学出版社2005年版,第31页。
③ 孙云晓:《未成年人谈恋爱何以谈出强奸案?》(http://blog.sina.com.cn/s/blog_475b16640102e5p3.html)。
④ 必须要指出的是,传统刑事政策受刑法家长主义和实证主义思维影响,强调国家合理组织对犯罪现象反应的主旨,其基本立场是权力主导下犯罪抗制的单极性和法益保护抽象性。本书基于社会学范式,对刑事政策场域的分析重在揭示社会因素与结构之间的互动和建构关系,试图发现为传统刑事政策内涵所遮蔽、对刑事政策建构和运行具有积极意义的社会因素,从而在社会现实观照下检视和反思传统刑事政策的萌蘖。
⑤ "结构"和"构造"这里可视为结构主义观察思维的延伸,正是布迪厄所要极力避免和克服的,宋志军博士认为,刑事证据场域的"构造"包括主体、时间、空间、资本、程序等内容。参见宋志军《刑事证据契约论》,博士学位论文,中国政法大学,2008年。

正如布迪厄认为的，只有"从共时性观察和分析的观点来看，也就是说，只有从静态的观点去观察，场域才表现为结构化的社会空间"①，因此，无论是"结构"还是"构造"都存在静态观察的"短视"一面，也无法满足布迪厄对"开放式概念"（open concepts）②的选择。

刑事政策场域的基本因素是行动者型构的多面向关系网络。在布迪厄看来，场域概念的直接目的就是要改变"没有将行动者纳入一个更为能动的体系，行动者的能动性没有得到充分的体现"③的结构主义诟病，将"行动者"而不是"主体"引入场域。构成场域的基本因素是"参与到专门资本的分配斗争中去的那些行动者同行动者，或者，机构同机构之间的力的关系的状况"④。必须要强调的是，这里所称关系，"不是行动者之间的互动或个人之间交互主体性的纽带，而是马克思所谓的独立于个人意识和个人意志而存在的客观关系"⑤。

刑事政策场域的行动者，不同于传统所称的刑事政策主体⑥。场域的观念提醒我们："即使人们在构建一个场域时不能不借助个体，社会科学的真正对象也并非个体……这并不意味着个人只不过是梦幻泡影或者他们并不存在：他们确实存在，不过是以行动者（agent）——而不是生物性的个体、行为人或主体——的方式存在。"⑦ 如果将场域比作一个"游戏"，⑧ 那么行动者就是指在刑事政策"游戏"空间内，为了自身的利益，运用其所拥有的各种资本争夺资源，以维护或改进其所处位置的个体或机

---

① 高宣扬：《布迪厄的社会理论》，同济大学出版社2004年版，第138页。
② ［法］布迪厄、华德康：《实践与反思——反思社会学导论》，李猛、李康译，中央编译出版社1998年版，第32页。
③ 刘拥华：《布迪厄的终生问题》，上海三联书店2009年版，第60—61页。
④ 高宣扬：《布迪厄的社会理论》，同济大学出版社2004年版，第139页。
⑤ ［法］布迪厄、华德康：《实践与反思——反思社会学导论》，李猛、李康译，中央编译出版社1998年版，第133页。
⑥ 在刑事政策主体问题上，尽管部分学者认为包括制定主体和执行主体，但更多学者认为刑事政策的主体即刑事政策制定主体，或者称为刑事政策权力的掌权者，即国家、市民社会不是刑事政策的主体。参见刘远《刑事政策哲学解读》，中国人民公安大学出版社2005年版，第63页；梁根林《刑事政策：立场与范畴》，法律出版社2005年版，第14—15页。
⑦ ［法］布迪厄、华德康：《实践与反思——反思社会学导论》，李猛、李康译，中央编译出版社1998年版，第146页。
⑧ 布迪厄在论述场域时，经常将其比喻成游戏，以使得阅读者有第一感的直观把握。

构。由此，不难看出，刑事政策"游戏"的参与者，包括国家（往往以司法机关为代表）、犯罪人、犯罪被害人、社区等。而上述行动者或游戏者，依据其所拥有的资本数量和由此形成的力量，占据了游戏中的不同位置，在此基础上形成了一个纵横交织、互相角力的客观关系网络或型构。

据此，刑事政策场域的基本因素包括下列几组主要客观关系网络，它们可以是支配型关系，可以是对立型关系，抑或是协作型关系。无论怎样，它们的交织和互动赋予了刑事政策场域生命力，决定了刑事政策场域的紧张状态。

1. 支配型关系

支配型关系是刑事政策场域的规定性关系，也是与其他场域区别的关键所在。刑事政策场域中，支配型关系是在掌握刑事权力的行动者或机构与其他行动者之间发生的，表现为刑事政策立法、司法和行刑权力行使过程中，对相关行动者特别是犯罪人、被害人的单一维度的压制关系。

刑事权力对犯罪人的支配是刑事政策的永恒主题，其存在形态是显在和直接的。刑事政策的假想敌是特定社会严重越轨者——犯罪人，这一点已经为人类从古至今的刑事政策实践不断证明，一定程度上可以说，刑事政策的演变历史就是刑事权力对犯罪人打击、压制关系紧张和变动的历史。无论是我国古代的"宽猛并济""三世三典说"，还是新中国成立后先后出台的"镇压与宽大相结合""严打"，抑或是域外"三振出局法案""两极化"等刑事政策实践中，贯穿其中的支配型关系构成了其中的主线。作为刑事政策场域中的核心关系，刑事权力对犯罪人的支配以"大写"的法律语言展示在世人眼前，各国刑法开宗明义地将犯罪惩治作为立法目的。这一支配关系的内容就是刑事权力行使的过程，一般认为包括刑事政策中犯罪圈和刑罚圈的划定和变化，犯罪人对这一过程是被动直接接受和无力抗拒的。

而刑事权力对被害人的支配型关系是刑事政策场域的一个"隐秘"[1]，其存在形态是潜在和间接的。从社会理论的角度看，现代社会的许多制度

---

[1] 作为一种相对激进的权力观点，福柯所关注的是"结构关系、制度、策略与技术"，而不是"具体的行动原则和它们所涉及的现实的人"，在这种逻辑演绎中，福柯借助"隐秘"一词来表现现代权力体系的符号生产过程，意在表达符号系统具有天然的抽象化、合理化和遮蔽性特征，需要通过符号解读才能揭示出隐藏在符号系统运作机制背后的权力机理。参见［英］史蒂文·卢克斯《权力：一种激进的观点》，彭斌译，江苏人民出版社2012年版，第82—85页。

建构都是借助某种"格式化""程式化""类型化"的做法来实现的——整个社会以抽象的、非人格的方式运行,它要求把一切不能计算的、不能量化的因素排除在制度的领域之外,刑事政策以及相关的刑事法制度构建亦是如此。这一制度建构过程正如莫里森所言,是一种纯粹的抽象或自我制度化,"实证主义在认识论上具有规避法律范畴的愿望:人们怎样创造出一种科学,这种科学可以不把分析另一种学科,也就是刑法作为其目标吗?这种可以不负责地界定刑法学科吗?而且,刑法思想体系似乎就是一种纯粹抽象的或者正式的自我制度化,而不是关注表现真实特征的真正的人"①。正是在刑事政策建构过程中,真实、具体和个别的被害人被刑事权力有意无意地隐藏起来,虚幻、抽象和普遍的法益或社会危害性概念得以衍生开来,后者以间接方式体现被害人的"隐性"存在。时至今日,现代刑事政策场域出现了以刑事权力逻辑为中心,过于追求理论内部自洽性的倾向,在刑法教义学中表现得最为明显,有必要在刑事政策场域中重新"发现被害人",因为刑罚权发动的最终目的不是惩罚犯罪人,也不是限制国家权力,而是保护被害人。对此,马蒂准确地揭示了现代刑事政策场域中应关照的"小写正义"和运动规律,"虽然国家不怎么乐意,但刑事政策的运动是客观存在的,而且趋势是将保护受害人放在首位,而不是把惩罚犯罪人放在首位"②。

必须指出的是,刑事政策场域中的支配型关系不是静止和僵化的铁律,而是暗流潜涌和充满着变动可能。因为场域并不是"表示某种固定不变的'社会结构',同样也并不是表达行动者的行动路线及其行动结构"③,而是围绕权力资源争夺的动态空间,在场域中"占有这些权力就意味着把持了在这一场域中利害攸关的专门利润的得益权"④,所以刑事政策场域支配型关系表面静止和僵化的背后,是被支配方利用其所能够掌握的社会资源积极影响和干预刑事权力的激烈争夺和交锋。在这个意义上

---

① [英]韦恩·莫里森:《理论犯罪学——从现代到后现代》,刘仁文等译,法律出版社2004年版,第105页。
② [法]米海依尔·戴尔玛斯-马蒂:《刑事政策的主要体系》,卢建平译,法律出版社2000年版,第27页。
③ 高宣扬:《布迪厄的社会理论》,同济大学出版社2004年版,第146页。
④ [法]布迪厄、华德康:《实践与反思——反思社会学导论》,李猛、李康译,中央编译出版社1998年版,第134页。

说，作为被支配方的犯罪人和被害人整合自身各种资源（比如，经济资本、象征资本）去影响和参与刑事权力的运行过程构成了支配关系的另一种维度，一种强调动态和互动的多向维度。针对司法实践中的被支配方（包括犯罪人、被害人及其家属等）积极利用网络、媒体等社会和道德资源争夺和影响刑事权力的现象，2010年和2014年最高人民法院有关量刑指导性意见均明确指出，把握不同时期不同地区的经济社会发展和治安形势的变化；贯彻宽严相济的刑事政策，做到该宽则宽，当严则严，宽严相济，罚当其罪，确保裁判法律效果和社会效果的统一。上述被支配方的积极互动和争夺，需要居于支配地位的刑事权力的正视和规范引导，方能化解"媒体审判"的刑事司法恶名。

2. 对立型关系

对立型关系或称对应性关系构成了刑事政策场域的基础性关系。因为场域是一个"高度配对"[①]的关系性型构，其中每个位置的变化都会改变其他位置的边界。据此，刑事政策场域的对立型关系可分为犯罪人和被害人、司法机关和犯罪人两组，在这个三方组成的两组关系中，任何一方的场域位置变化都必然带来其余两方的利益影响。

犯罪人和被害人的对立关系在性质上可归为社会事实范畴，特定社会的犯罪行为在人群中划分出犯罪人和被害人并将二者截然对立起来，可谓之事实型对立。犯罪是人类历史上重要现象，正如迪尔凯姆指出的，"犯罪不但存在于某些社会，而且存在于一切社会，没有一个社会可以例外。可以说在任何社会，任何时候，都有这样的一些人，他们做出的一些行为举动是要受到惩罚的"[②]。因此，犯罪人和犯罪被害人的对立是人类与生俱来的固有现象，人类社会与威胁社会成员或者社会秩序的越轨行为做斗争，最初的斗争是简单、自发和非理性的，是犯罪人和被害人之间的直接对立和交锋，个案中被犯罪行为所侵害的被害人合法利益构成了两个行动者之间紧张关系的根本原因。源于事实层面对立，死刑案件实践中"被害人家属谅解书"成了犯罪人和被害人对立直接交锋的"战场"。从被害人

---

① 这个表达源自组织社会学，用来表明组织系统中各种要素之间的紧密联系，在高度配对的系统中，部分的干扰会引发整个系统的反应。

② [法]迪尔凯姆：《社会学方法的准则》（第二版），胡伟译，华夏出版社1999年版，第53页。

的视角来看,谅解书是当下被害人(包括家属)参与刑事司法的"最后一根救命稻草",往往在赔偿数额和情感满足等问题上积极主张,在现实中承受着"生命不堪之重";从犯罪人视角看,一纸谅解书意味着犯罪嫌疑人生与死的天壤之别,犯罪人及其辩护人往往会尽力满足被害人家属要求,换取量刑上的减轻处罚。由此不难看出,现代刑事政策实践中犯罪人和被害人的对立,源于事实,又限于法律框架之内。

司法机关和犯罪人的对立关系在性质上可归为法律范畴,现代的犯罪处遇机制从法律上划定了司法机关和犯罪之间的权利义务界限,使得二者在刑事法范围内对立起来,可谓之法律型对立。必须指出的是,刑事政策场域的司法机关与犯罪人的对立关系,尽管在内涵上与刑事法律关系有重合之处,但两者在外延上还是有明显区别。刑事法律关系的诸多观点背后[①],存在着一个基本的外延:"研究国家如何对犯罪人正确适用刑事责任和行使刑罚权,以及如何保障犯罪人的刑事实体权利"[②],而刑事政策场域的司法机关与犯罪人的对立关系意在表明,国家和司法机关出现之后,才开始了人类正式、系统、理性地抗制犯罪活动,司法机关和犯罪人之间围绕刑事权力行使的争夺和对立构成了这一活动的全部内容。

3. 协作型关系

协作型关系网络是刑事政策场域重要的基本因素,表现为司法机关内部之间、司法机关和社会力量之间(往往表现为社区)为抗制犯罪被害人保护开展的协作、联动关系。从发生学上看,协作型关系发端于针对对立型关系处遇过程中,即"社会公共权威为防控犯罪而对刑事资源进行的配置"过程之中[③],严励教授将这一资源的配置过程称为刑事政策的调配功能,包括了内部调整和外部调整两个方面。[④] 正是在刑事场域中资源的配置和调配过程中,衍生了协作型的关系。

司法机关之间面对犯罪抗制主旨命题,如何建立起高效、合理和公正的协作关系,就成了现代刑事政策的一个重要问题。我国《刑事诉讼法》

[①] 关于刑事法律关系的诸多概念和争议,参见张小虎《刑事法律关系的构造与价值》,中国方正出版社1999年版,第28—32页。

[②] 童伟华:《犯罪客体研究——违法性的中国语境分析》,武汉大学出版社2005年版,第48页。

[③] 侯宏林:《刑事政策的价值分析》,中国政法大学出版社2005年版,第107页。

[④] 严励:《中国刑事政策的建构理性》,中国政法大学出版社2010年版,第175页。

第3条明确了司法机关的内部分工,对刑事案件的侦查、拘留、执行逮捕、预审,由公安机关负责。检察、批准逮捕、检察机关直接受理的案件的侦查、提起公诉,由人民检察院负责。审判由人民法院负责。除法律特别规定的以外,其他任何机关、团体和个人都无权行使这些权力。在分工负责的基础上,《刑事诉讼法》详尽规定了司法机关内部在抗制犯罪过程中的客观关系,其核心是刑事权力的阶段性运用及其权力监督问题。为贯彻党中央提出的宽严相济刑事政策精神,构建和谐社会,司法机关不断强化和扩展分工协作的力度。2007年最高人民检察院《关于在检察工作中贯彻宽严相济刑事司法政策的若干意见》指出,检察机关应当加强与公安机关、人民法院、司法行政机关等部门的联系与协调,建立经常性的协调配合工作机制,共同研究在刑事诉讼活动中贯彻宽严相济刑事司法政策的具体工作措施。2010年最高人民法院《关于贯彻宽严相济刑事政策的若干意见》要求法院在审判业务之外,要在律师辩护代理、法律援助、监狱提请减刑假释、开展社区矫正等方面加强与司法行政机关的沟通和协调。

同时,司法机关与社会力量之间的协调和合作关系日渐成为刑事政策的新亮点。社会力量进入刑事政策场域的呼声缘于李斯特的著名结论:最好的社会政策就是最好的刑事政策,表现在各国的刑事政策实践中社会因素和力量不断丰富和完善其存在样态。这是因为,"现代社会的高度规制化已经导致了社会主动性空间产生了逐渐萎缩的倾向,在一些发达的资本主义国家,许多规则甚至侵入了个人的私人空间,在防范社会犯罪的同时也严重制约了个人的自由与行动。这种规则引起了社会的不满和反弹……因此,政府不得不做出适当调整,来协调与社会的关系"[①]。社会力量进入刑事政策场域并与司法机关发生协作关系,是运用其所拥有的社会资本力量完成的,即所谓"嵌入社会网络中的、以社会关系和社会结构为依托的资源"[②]。实践中主要是通过刑罚执行社会化的方式体现出这一关系,最高人民法院在《关于贯彻宽严相济刑事政策的若干意见》中要求各级法院充分发挥被告人、被害人所在单位、社区基层组织、辩护人、诉讼代理人和近亲属在附带民事诉讼调解工作中的积极作用,协调各方共同做好调解工作,促进社会和谐。相较于司法机关内部关系的明确性和封闭性,

---

[①] 孙关宏、胡春雨、任军锋:《政治学概论》,复旦大学出版社2003年版,第222页。
[②] 魏东:《刑事政策学》,四川大学出版社2011年版,第14页。

刑事政策场域中的司法机关与社会力量之间的关系具有模糊性和开放性，一方面存在着消解"刑事范畴特殊性"[①]的风险，另一方面又为刑事政策场域的斗争和运行提供了更多的可能性，丰富了刑事政策的视野。

(三) 刑事政策场域分析的启示

关系论思维方式下建构的场域理论，尽管如布迪厄本人所言，"相对的说不很精致，甚至难以避免具有某种程度的含糊性"[②]，但它仍给社会学带来了一次思想领域的变革，更使人们研究的目光投射到了结构与行动、宏观与微观的交织、互动地带，为刑事政策提供了新的解释范式，提供了认识刑事政策特征的崭新视角。

1. 广义性立场

所谓立场，一般指认识和处理问题时所处的地位和所持的视角，刑事政策的立场也基本如此，主要指刑事政策研究时所持的视角和视野。当前刑事政策研究中，主要存在两种基本立场：一种是广义的刑事政策立场，如法国的安塞尔、马蒂，俄罗斯的 Босхолов 和国内马克昌、肖扬、曲新久、卢建平、刘远、严励、魏东等学者；[③] 另一种是狭义的刑事政策立场，如德国的耶塞克、李卫红等学者。[④] 狭义说的视角立足于刑事法范畴，在刑法内寻求犯罪抗制的规范进路，刑事政策的手段局限于刑罚为主的刑事手段，表现为"将刑事政策视为惩罚犯罪、保护人民的刑法政策或策略，或者等

[①] 马蒂教授运用历史性考察刑事政策运动，认为刑事政策的领域里刑法实践是被其他的社会控制的实践所包围着，包括非刑事的、非惩罚性、非国家的实践方式，出现了刑事范畴的分崩离析趋势。参见［法］米海依尔·戴尔玛斯－马蒂《刑事政策的主要体系》，卢建平译，法律出版社 2000 年版，第 3—7 页

[②] 高宣扬：《布迪厄的社会理论》，同济大学出版社 2004 年版，第 145 页。

[③] 可参见［法］马克·安塞尔《新刑法理论》，卢建平译，香港天地图书有限公司 1990 年版；［法］米海依尔·戴尔玛斯－马蒂《刑事政策的主要体系》，卢建平译，法律出版社 2000 年版；［俄］С. С. Босхолов《刑事政策的基础》，刘向文译，郑州大学出版社 2002 年版；马克昌《刑事政策学》，武汉大学出版社 1992 年版；肖扬《中国刑事政策和策略问题》，法律出版社 1996 年版；曲新久《刑事政策的权力分析》，中国政法大学出版社 2002 年版；卢建平《刑事政策与刑法》，中国人民公安大学出版社 2004 年版；刘远《刑事政策的哲学解读》，中国人民公安大学出版社 2005 年版；严励《中国刑事政策的建构理性》，中国政法大学出版社 2010 年版；魏东《刑事政策学》，四川大学出版社 2011 年版。

[④] 参见［德］耶塞克《德国刑法教科书》，徐久生译，中国法制出版社 2001 年版；李卫红《刑事政策学的重构与展开》，北京大学出版社 2008 年版。

同于党和国家处理犯罪问题、对待罪犯时一些具体的政策措施"①。基于场域视阈下的刑事政策立场,有着明显不同于狭义立场的特征。

从刑事政策场域内部看,刑事政策中的基本因素不限于以刑法手段为代表的支配型关系。刑事政策场域是国家在合理组织对犯罪的反应中建构的,以犯罪人、犯罪被害人和司法机关等行动主体之间的互动为内容,以刑事权力竞争和争夺为灵魂的客观关系网络和空间。这就意味着:一方面,刑事政策场域是行动者以自己的各种资本参与刑事权力争夺形成的客观关系网,行动者的多元及其拥有资本的多样性导致了刑事政策内部的多维度关系;另一方面,刑事政策的基本因素包括支配型关系、对立型关系、协作型关系等几种。不考虑社会因素和力量的存在及其关系样态,一味强调单一支配关系的刑事政策场域,恰如"从制度上力图让历史终结的范例……是场域的病态状况"②。因此,刑事政策的视野和手段不应局限于刑法范畴,才能使刑事政策场域正常运行和运转。

从场域之间关系看,刑事政策场域需要与其余社会场域发生广泛联系。"场域概念最基本的因素,就是多面向的社会关系网络"③,表明刑事政策场域不是完全独立和自足的,而是在不断和权力场域、道德场域、舆论场域的互动中相对独立存在的。特别是权力场域,拥有"垄断合法性的符号暴力",处于诸场域关系的顶层,以其无可置疑的能量影响着其余社会场域,当然包括刑事政策场域。这一点深刻地提醒人们,如果过于狭隘地界定刑事政策的作用界域和刑事政策学的研究对象,必然会"妨害我们合理而有效地组织对犯罪的反应,并且会窒息刑事政策学的生命与活力,甚至会影响其作为一门独立的刑事科学的存在"④。

因此,场域视阈下的刑事政策研究应当突破刑罚制度及其抗制犯罪效果的狭隘范畴,放眼于一个社会整体的反犯罪战略和犯罪控制对策,开放、多元的广义刑事政策的立场应成为刑事政策学的出发点和方法论基础,也为犯罪被害人在刑事政策中的"有所作为"开放了理论空间。新

---

① 卢建平:《刑事政策与刑法》,中国人民公安大学出版社2004年版,第131页。

② [法] 布迪厄、华德康:《实践与反思——反思社会学导论》,李猛、李康译,中央编译出版社1998年版,第141页。

③ 高宣扬:《布迪厄的社会理论》,同济大学出版社2004年版,第138页。

④ 时延安、薛双喜:《中国刑事政策专题整理》,中国人民公安大学出版社2010年版,第443页。

中国成立以后很长一段时期的刑事政策实践，是在消灭犯罪和大范围削减犯罪目标指引下的运动式刑事政策（如惩办与宽大相结合、严打等刑事政策），其典型弊端就是不当目标设定下的"维稳怪圈"，成为各级司法机关和人民政府的沉重负担。近年来，社会治安综合治理目标指引下的宽严相济刑事政策之提倡，其前提就是重构刑事政策运行的广义立场，正视犯罪现象及其规律，综合运用多种策略抗制犯罪。

2. 权力运行象征性

场域中的相互关系是靠权力的关系维持并实际展现出来。场域意味着为参与场域活动的社会行动者的实践同周围的社会经济条件之间提供一个关键性的中介环节，就是说，"对置身于一定场域中的行动者（知识分子、艺术家、政治家，或建筑公司）产生影响的外在决定因素，从来也不直接作用于他们身上，而是只有先通过场域的特有形式和力量的特定中介环节，预先经历了一次重新形塑的过程，才能对他们产生影响"①。这就提出了场域运行中的重要特征，即权力的象征性问题，权力合法性形式的获得问题。因为场域中，"权力是作为整个社会资本再分配的仲裁者和控制者而存在的，权力的中心任务便是把各种资本转换成象征资本，以便使其自身接受某种看不见的和隐蔽的隶属关系"②。借助这一转化过程，权力以象征性的面貌展现在行动者面前，营造了使行动者"一种心神的投入，投入游戏，又被游戏牵着鼻子走"的"幻象"。③ 现代社会中，布迪厄进一步揭示指出："国家掌握着向其被统治者强制性地灌输和反复灌输持续的合法观点及合法区分标准的手段；而这些观点和区分标准是同国家的结构相适应的。国家就是集中和实行象征性权力的最好场所。"④ 刑事政策的早期发轫，就源于权力运用技术和策略的需要，福柯称之为"建构关于惩罚权力的新结构与新技术"，目的在于："确定新的策略以对付变得微妙而且在社会中散布得更广泛的目标；寻求新的方法使惩罚更适合对象和更有效果；制定新的原则以使惩罚技术更规范，更精巧，更具有普遍

---

① [法] 布迪厄、华德康：《实践与反思——反思社会学导论》，李猛、李康译，中央编译出版社1998年版，第144页。

② 宫留记：《布迪厄社会实践理论》，博士学位论文，南京师范大学，2007年。

③ [法] 布迪厄、华德康：《实践与反思——反思社会学导论》，李猛、李康译，中央编译出版社1998年版，第158页。

④ 高宣扬：《当代法国思想五十年》（下），中国人民大学出版社2005年版，第526页。

性；统一惩罚手段的使用；通过提高惩罚的效率和扩充其网路来减少其经济与政治代价。"①

刑事政策场域中刑事权力运行，存在着典型的象征性逻辑。刘远教授从鲍曼的"知识/权力"关系出发，分析指出刑事权力同样在"知识/权力"关系的无限自我生长过程中走向知识化、理论化。其学科使命体现为"除整合罪名之类的立法技术运用之外，法律权力运用法律科学于立法和司法之中，还可以对公共道德规范发挥明确、限制、剔除、引导等能动作用"②。在这一学科使命的实现过程中，刑事权力和刑事政治联姻，用象征性的方式完成了对道德的能动。现代政治社会中，刑事权力不同于基于武力的"赤裸裸的权力"③，是"共同体所拥有的一种用来解决其内部发生的具有整体秩序意义的个人冲突的武力"④，其权力运行方式不能简单、粗暴，而是借助一系列犯罪成立、刑事责任、刑罚等实体话语范畴和刑事逮捕、起诉和判决等程序话语范畴来实现，具有典型的象征性色彩。从内容上看，刑事政策中权力的象征性运行，包括"自上而下"和"自下而上"两个方向的运行路线。从中西方刑事政策实践历史来看，刑事政策的权力运行主要通过刑事资源分配与行为模式塑造两个进路实现。前者包括对刑事立法政策资源、刑事司法资源和刑事行刑资源的重组和配置等，实现刑事政策主体犯罪抗制范围大小、刑罚圈划定以及处遇手段的选择等意向性；后者通过对防制犯罪模式目标的设定、方向的指示与路径的选择，表达了政治国家或市民社会等社会公共权威对各种行为的鼓励性或禁绝性态度，以此实现形塑行为人行为模式的意向性。从权力运行方向上看，各国刑事政策实践中均包括"自上而下"和"自下而上"两个象征性运行路线。

刑事权力自上而下的象征性运行方向，主要体现在刑事立法和制度构建方面，具有较为隐蔽的特点。正如韦伯所言，"社会霸权群体通过社会

---

① ［法］米歇尔·福柯：《规训与惩罚》，刘北成、杨远婴译，生活·读书·新知三联书店1999年版，第99页。
② 刘远：《刑法本体论及其展开》，中国人民公安大学出版社2007年版，第280页。
③ 参见［美］丹尼斯·朗《权力论》，陆震纶、郑明哲译，中国社会科学出版社2001年版，第45页。
④ 刘远：《刑事政策的哲学解读》，中国人民公安大学出版社2005年版，第35—36页。

公正论来制造他们自己特权的神正论"①。按照韦伯的观点，社会公正论的目的在于，通过运用社会公正策略使霸权及其基础得以合法化、为此处在支配地位的资本拥有者通过一系列的隐蔽策略，特别是以立法的方式来完成权力隐蔽化和制度化的使命。以被害人在犯罪抗制中的变迁为例，最初的犯罪反应为私人的权力，所谓"以牙还牙"的复仇正是表明了这一点。国家产生后，刑事与权力对犯罪有组织的正式反应逐渐演变成为政治国家的专属权力，借助刑法和刑事诉讼法构建了一个封闭的网络。在这一网络中刑事权力以象征化的方式建构了新的话语和主体，在刑法规范中只见抽象的"法益"或"社会危害性"，不见真实、具体犯罪被害人，刑事法律关系被认为是国家和犯罪人之间的权利义务关系；刑事诉讼中犯罪被害人以"证人"身份参与其中，处于客体化的地位，即便在附带民事诉讼中也是如此，因为主诉还是以国家的名义提起的，犯罪被害人因此失去了话语权，成为刑事法中"被遗忘的人"。

刑事权力"自下而上"的象征性运行方向，主要体现在刑事司法环节中，往往容易引起社会关注。场域中，"权力不是单维度和单向性的，也不是某种实质性的因素，而是一种力的关系，是在各种不同的社会关系网中存在的多维度的力量"②，刑事司法场域中，每个行动者都是追逐利益最大化的理性人，刑事司法实践就是在一个关系性空间中展开的竞争与争斗的行动，表面上行动者在其中争夺法律符号化的各种资本，如公平、正义、权利等，实质是一场自下而上地追逐刑事权力的"运动"。例如，在刑事伤害或杀人案件中，犯罪人及其辩护人一个很重要的事后补救措施就是获得被害人或其家属的谅解，往往在民事赔偿部分予以满足被害人方的要求，寻求被害人或其家属的谅解书，从而换取刑事司法判决中量刑的从轻或减轻结果。表面上看来，作为行动者的犯罪人运用其自身拥有的经济资本，被害人方则利用其被害地位带来的道德优势和社会资本去寻求自身理解意义上的"法律公正"，可是行动者最终的目标指向都是自下而上地尽力影响和靠近垄断性刑事权力，这里即为量刑权。

3. 有限自主性

场域的自主性是学科独立和运行的前提，它决定了场域的"逻辑和必

---

① [法]布尔迪厄：《国家精英——名牌大学与群体精神》，杨亚平译，商务印书馆2004年版，第459页。

② 高宣扬：《布迪厄的社会理论》，同济大学出版社2004年版，第154页。

然性"。布迪厄认为,每一个具体场域都"是具有自身逻辑和必然性的客观关系的空间……而这些小世界自身所特有的逻辑和必然性也不可化约成支配其他场域运用的那些逻辑和必然性"①。例如,在一个具有相对自主性的科学场中,类似于经济场中的"生意就是生意",它所遵循的游戏规则是为真理而真理,在其中,经济资本、社会资本都不起作用,唯一起作用的就是科学资本或学术资本。因而,刑事政策场域的自主性源自"场域中相互面对的各种特殊力量之间的距离、鸿沟和不对称关系"②,具体而言,是特定社会国家针对犯罪现象运用刑事权力而形成的支配性关系,强调刑事权力对犯罪现象的压制和支配就构成了刑事政策场域自主性的逻辑规定性和必然性。有学者根据治理理论,将刑事政策自主性作用的部分称为"专治领域",是"国家专有的犯罪抗制场域",认为"尽管刑事法网开始不断由封闭转为开放……专属于国家掌控的犯罪治理领域仍然没有改变"。③

刑事政策场域自主性是有限度的。布迪厄认为,自主性最强的场域是科学场域,其次是高层次的艺术场域,自主性程度最低的是政治场域。虽然法律有着严密的规范体系、司法分工与司法组织,并日益趋向韦伯的"形式合理性",但法律场域仍较少自主性,因为法律场域解决的完全是整个社会场域的事情,法律场域并不能摆脱社会力量与世俗权力力量的渗透。"法律场域正是这样一个相对独立的场域,既有自身行动的内在逻辑,又是一个自主性很低的场域,即仍是一个分化不彻底的领域,还未摆脱其他场域的限制与影响。"④ 刑事政策场域作为法律场域中的一个特定空间,也具有这个特点,刑事政策的实践,已经并仍在不断证明这一点。例如,媒体和舆论对刑事司法政策的影响,经由药家鑫、李昌奎等案件的讨论而不断升级,证实了一个日渐清晰的基础命题:在刑事政策场域中,除刑事权的自主运行之外,"公众的看法与司法体系之实践之间巨大的差

---

① [法] 布迪厄、华德康:《实践与反思——反思社会学导论》,李猛、李康译,中央编译出版社1998年版,第134页。

② 同上书,第139页。

③ 卢建平、莫晓宇:《刑事政策体系中的民间社会与官方(国家)——一种基于治理理论的场域界分考察》,《法律科学》2006年第5期。

④ 邓玮、董丽云:《布迪厄:用场域理论研究法律》,《学术探索》2005年第5期。

异的存在会破坏刑事司法制度的合法性基础"①，公众的看法，就是在这个意义上形塑对刑事政策场域施加影响和渗透力量的"在场"。

揭示刑事政策场域有限度性的自主性，不仅契合了诠释刑事政策实践的需要，更具开拓刑事政策理论创新的方法论意义。从历史上看，刑事政策从来不是一维存在和自为发展的，而是与社会其他因素不断融合演变而来的。从李斯特将刑事政策定义为"国家与社会据以组织反犯罪斗争的原则的总和"起，到安塞尔所称"刑事政策是由社会，实际上也就是由立法者和法官在认定法律所要惩罚的犯罪，保护高尚公民时所作的选择"②，西方刑事政策的发展历程启示我们："治理犯罪要立足于刑事法治但决非限于刑法实践，不仅是打击，更要预防，并且预防犯罪不是仅靠刑罚的威慑，必须将传统的刑罚政策与现代社会政策相结合，在关注刑罚问题的同时，关注社会问题和社会政策。"③ 我国台湾学者许春金教授早也提出，"只重视'刑事立法政策'，显然与现代社会防制犯罪之现况不符，并且无法满足刑事司法系统结合民间力量防制犯罪之需求"④。反观当下，我国刑事政策的理论研究"走向了单纯对现行刑事政策的注释和解说"⑤，就是囿于刑事政策的场域自主性逻辑，而无视其自主性的限度性所致。

二 建构的行动者：刑事政策场域中的犯罪被害人样态

"样态"一词，也称为样态逻辑，本为康德在传统的"数量""性质""关系"等范畴之外提出的一个全新的逻辑判断范畴，包括可能与不可能、存在与不存在、必然与偶然三组逻辑判断。其内涵特点是涉及逻辑具体内容的一种逻辑判断范畴，从而推动逻辑学从传统形式逻辑走向现代辩证逻辑。社会科学领域的"样态"一词，大多在表现形式、状态的抽象意义上使用这一名词。作为犯罪现象的重要组成主体，犯罪被害人的存在样态即为抽象化的被害人存在整体状态，按照逻辑判断的原义即犯罪被害

---

① [美] 迈克尔·桑德尔：《公正——该如何做是好？》，朱慧玲译，中信出版社 2011 年版，第 2 页。

② [法] 马克·安塞尔：《新刑法理论》，卢建平译，香港天地图书有限公司 1990 年版，第 12 页。

③ 卢建平：《论刑事政策（学）的若干问题》，《中国刑事法杂志》2006 年第 4 期。

④ 许春金：《刑事政策与刑事司法》，三民书局 2011 年版，第 7 页。

⑤ 严励：《中国刑事政策的建构理性》，中国政法大学出版社 2010 年版，序第 12 页。

人在某一语境中的可能与否、存在与否、必然与否的判断结果总和，在刑事政策实践中犯罪被害人会随着社会制度演变和法治理念更迭而呈现出不同的样态。

(一) 个体、主体和行动者

个体是与群体相对应的个人原初存在形态。一直以来，社会中的个体及其存在方式问题，都是社会学关注的重心所在。在霍布斯所谓的自然状态或罗尔斯的"无知之幕"指涉的原初状态下，个体是作为孤立和自我的存在的，本性是冲动和放任的，其行为的意义是非社会性的；这种原初意义上孤立和绝对自我的个体，在与其他个体的互动中，逐渐产生了群体意识和规则行为，形成了社会性行为，其个体的行为对象就不仅仅限于自身，而是切实地影响了他人和社会群体，"其结果是，在非社会的个体行动的基础上，社会秩序得以建构，社会行动得以规范，社会延续得以维持"①。不得不指出的是，社会学抽象意义上的个体及其行为性质的一般性阐述，并没有揭示出个体对社会结构影响的作用方式及其限度问题，而正是后者构成了社会哲学和社会心理学的立基之本，Stone 称之为"社会的持续和个体独特性的悖论"问题②，而 Alexander 谓之"行动和社会秩序的悖论"问题。③ 这里的个体，用来强调孤立、冲动和自我放任的个人世界中非社会性的一面，与强调团结、理性和自我约束的群体社会世界中社会性因素相区别开来，作为概念而言，尚属于描述性和标签化的。

主体是哲学视阈中个体抽象存在的基本形态。哲学理论中，在二元对立的范式下抽象出主体和客体、物质和意识等系列对立的范畴，用来指涉社会中的个体及其主观方面。"主体或自我这个概念在近代哲学中是被当作知识的以及意愿和行动的原始原则来使用的"④，是经由个体形象抽象和升华而来的范畴，自笛卡尔"我思故我在"的哲学启迪以来，主体成了一个具有强大吸引力的标志和符号，建立在个体主体性基础上的理性主义和现代性得以发轫。20 世纪的后现代哲学消解了主客体对立的理性基

---

① 方文：《社会行动者》，中国社会科学出版社 2002 年版，第 1 页。

② G. P. Stone, H. A. Farberman, *Social Psychology Through Symbolic Interaction*, Ginn-Blaisdell, 1970, p. 1.

③ J. C. Alexander, *Neofunctionalism and After*, Blackwell Publishers, 1998, p. 95.

④ [德] H. 科尔滕：《主体性哲学——近代哲学的本质规定》，余瑞先译，《国外社科信息》1991 年第 15 期。

础，引发了主体性哲学走向多尔迈所谓的"主体性黄昏"①，经由现象学的重塑，当代西方哲学在主体性问题上力图超越认识论、超越自我意识的主体性、摆脱意识哲学的方法论唯我论，完成了主体性迈向主体间性的转变。从哲学的演变历程中可以看出，尽管存在诸多不同学说，但为较多人接受的毋宁是：人的主体性是人作为活动主体的质的规定性，是在与客体相互作用中发展的人的自觉自主、能动和创造的特性，也就意味一种能动性的价值。对此，郭湛教授评述道："真正的主体性是人的本性及其实现的理想状态。人们对于主体性的关注也就是对于人本身的关注，是对人的存在及其意义的关注，这种深切的自我关注不可能轻易地被消解掉。"②因此，从价值的角度看所谓的主体是指："在事物的关系网络中处于中心的地位，对其他事物起主导支配作用，具有自主性和能动性的存在者。"③这里的"主体"，强调的面对客观世界时，作为抽象的个体具有的主观能动性和创造性能力。从本质来说，建立在个人主体存在及其对外意义基础上的主体性哲学，在其"宏大叙事"的背后从来也不能消解的是真实、具体的个人存在。

结构主义中的行动者是虚置和被动的存在形态。正如布迪厄所评述的那样，结构主义的客观"规则"完全遮蔽了个人的主观意愿，"将一切社会和文化都看作结构性的制度和规则的总和，个体行动者不过是结构的承担着和被动执行者而已"④。例如，在帕森斯的结构功能主义中，行动者的概念是虚置的，其行动理论的两个假设是："其一，行动的环境是事先建好或界定的，并且行动者的行为走向也改变不了它；其二，行动者只不过是同样地认清处境，遵循同样规则，做出同样的行动"⑤ 这种超越历史、永恒的共时性结构，自然无法诠释行动者的主观内在及其外化的影响

---

① 参见［美］弗莱德·R.多尔迈《主体性的黄昏》，万俊人等译，上海人民出版社 1992 年版，第 16—30 页。

② 郭湛：《主体性哲学：人在存在及其意义》（修订版），中国人民大学出版社 2011 年版，第 6 页。

③ 李楠明：《价值主体性——主体性研究的新视域》，社会科学文献出版社 2005 年版，第 244 页。

④ 张意：《文化与权力符号——布尔迪厄的文化社会学导论》，中国社会科学出版社 2005 年版，第 7 页。

⑤ Heritage, J., *Garfinkel and Ethnomethokology*, Cambridge: Polity Press, 1984, p.108.

问题，被戏称为"被下了文化麻醉药"（cultural dope）的行动者。① 晚近的阿尔都塞，仍承继了结构主义有关"行动者在结构中具有被动"的观念，无论专注于何种结构，行动者仅仅是填塞在结构中的一个位置，只能坐等结构的支配、约束和崩溃。"这种被动性说明，结构马克思主义在方法论上，依然采用结构决定论取向。"② 可以看出，结构主义视阈下，结构优先的客观主义立场掩盖了个体的存在及其意义，个体作为虚幻的和被隐藏的样态存在于其中。

行动者是场域中的主体。当代社会的社会结构呈现为一种非常活跃的紧张网络，任何一个社会成员或部分，都关联着整个社会结构的运行和变动；反之，社会整体或部分，也在时刻影响着社会中的每个成员，从而二者无时无刻不处于一种紧张的力量较量和制衡过程之中。这一紧张、较量的过程，布迪厄称为"场域"，场域和行动者之间存在着紧密的逻辑联系。布迪厄所称的场域，不是僵死的结构或"空洞的场所"，而是一种游戏空间，"只是因为存在着行动者，才有了行动，才有了历史，有了各种结构的维续或转换"③，因此参与行动的"游戏者"就成了不可或缺的要素。布迪厄反对用那种唯经济主义的观点理解行动者，认为行动者的选择受制于一定的历史结构、制度结构。"行动者之所以是行动着的、有效力的，也只是因为他们并没有被化约为通常那种根据个体理念而理解的个人；同时，这些行动者作为社会化了的有机体，被赋予了一整套性情倾向。这些性情倾向既包括了介入、进行游戏的习性，也包含了介入和进行游戏的能力"④，而后者，就是行动者的"惯习"。由此，行动者的惯习之中，既体现了特定社会客观条件的映射，又蕴含了个体主观性的外化能力；前者可谓之"结构化的结构"，后者即"产生结构的结构"。⑤ 而社会行动者与世界之间的关系，也随之确定下来：不是主体与客体之间的关

---

① 参见吕炳强《凝视与社会行动》，《社会学研究》2000年第3期。

② 周怡：《社会结构：由"形构"到"解构"——结构功能主义、结构主义和后结构主义理论之走向》，《社会学研究》2000年第3期。

③ [法]布迪厄、华德康：《实践与反思——反思社会学导论》，李猛、李康译，中央编译出版社1998年版，第20页。

④ 同上。

⑤ 布迪厄在此指出了惯习的双重结构化特征，意在强调惯习的两种结构之间既有区别又有联系的转化性。参见高宣扬《布迪厄的社会理论》，同济大学出版社2004年版，第122—124页。

系，而是社会建构的知觉与评判原则（即惯习）与决定惯习的世界之间的"本体论契合"。

（二）共时性的行动者：刑事政策场域中的犯罪被害人

刑事政策的场域分析是一种共时性分析工具。布迪厄曾指出，场域"分析的目的，就在于揭示跨历史的恒定因素，或者说，去揭示那些在一个明确而又有相当长度的历史时期内保持不变的诸结构之间的一系列关系"[①]。刑事政策的场域分析就具有这一特点。刑事政策场域中，各个主体行动的利益考量、相互博弈等过程中显示出刑事政策运作的最为真实的生存逻辑。在这一空间中，司法机关和司法官员办理案件的主要着眼点在于所谓的"案结事了"；犯罪人为了获得轻判而表达自己的忏悔或立功等各种做法；被害人采取甚至是游走在"合法边缘的方式"[②]是为了获得自己利益的最大化；学者在学术利益与社会责任感的夹缝中采取各种行动和呼吁；民众为了获得安全感或者道德感而针对犯罪现象进行宣泄和评判，等等。虽然各种行动者的生存逻辑看起来是"混乱"和"各自为政"的，但仍展现出行动者在一个共时性的空间内，围绕某个特定犯罪现象，为了自身的利益，运用其所拥有的各种资本争夺资源，以维护或改进其所处位置的积极行动。在这一过程中必须要指出的是，并非每个行动者都熟知刑法或刑事诉讼法，因此其表达方式可能是非正式甚至是非理性的，但其本质是一种共时性的"交流"；同时，更为重要的是，这些看似混乱的行动背后的关系网络和围绕刑事权力的资源争夺，形塑了刑事政策场域赖以存在的真实基础。

由此，犯罪被害人在刑事政策场域中以共时性的行动者样态存在。在刑事政策场域的型构和运行中，犯罪被害人贯穿在刑事政策的基本因素之中。不管是居于刑事权力核心的支配型关系、对立型关系，还是协作型关系中，犯罪被害人都以自己的方式存在并积极参与关系实践。只是，"现代刑事学科理论体系，含犯罪学、刑法学、刑事诉讼法学、刑事政策学

---

① ［法］布迪厄、华德康：《实践与反思——反思社会学导论》，李猛、李康译，中央编译出版社1998年版，第113页。

② 集中体现在犯罪被害人及其家属的谅解书的出具上漫天要价的方式，特别是死刑案件中，犯罪人及其辩护人为避免死刑立即执行的判决结果，获取这一谅解书成为最重要甚至唯一的"策略"，而从另一个层面来看，被害人及其家属的"漫天要价"，也同样因为在策略选择余地极度狭小的空间中不得不做出的或者唯一的选择。

等,是以犯罪为中心构建起来的学科群"①,犯罪被害人在其中的行动方式多限于非正式的渠道和途径,这也引发其行动的两个特点:其一,犯罪被害人的行动方式不易为制度化的刑事司法所接纳,很难在刑事权力的争夺中取得较好的位置,往往被视为非理性和情绪性行动;其二,或许出于"溢出效应"②,犯罪被害人的行动较易获得场域资源争夺中道德和舆论资本的支持,从而形成对权力资本的压力。

同时,犯罪被害人的行动促成了刑事政策场域的更新和变革。作为刑事政策场域的行动者,与司法机关和其他行动者都发生这样或那样的联系并形成相应的基本关系,从而赋予犯罪被害人在刑事政策立法政策、司法运行和后续评估中的存在并发挥一定作用的能力。与矫正主义下的刑事司法不同的是,1970年以后,西方部分国家中的被害人的利益感受,逐渐成为刑事立法的基础,甚至是以被害者的名字命名,如著名的梅根法案(Megan's Law),是以当时遭到有性侵害前科的罪犯奸杀的小女孩 Megan Kanka 为名③;刑事司法政策运行中,"不少重刑措施都是以保护社会大众(潜在的被害人)的安全为名"④,被害人及扩大的犯罪被害人共同体实际上影响着刑罚圈的严苛还是松弛;而社会公众的被害恐惧指数,被当作国家刑事政策是否有效的评估和衡量标准之一,德国从1991年开始了"德国人的恐惧"的长期调查,其中"成为犯罪被害人的恐惧"一项百分比被列为刑事政策调整的指标之一。⑤ 作为刑事政策场域的行动者,犯罪被

---

① 高维检:《刑事三元结构论:刑事哲学方法论初探》,北京大学出版社2006年版,第9页。

② 所谓"溢出效应"(spillover effect),用来表示一个组织在进行某项活动时,不仅会产生活动所预期的效果,而且还会对组织之外的人或社会产生影响。这里用来指涉犯罪被害人参加刑事诉讼中,由于媒体或舆论介入而带来的、为刑事司法不能提供的道德同情和舆论支撑等资源。

③ 1994年7月,居住在美国新泽西州某一市郊的小女孩 Megan Kanka,被一名有过两次性侵害犯罪记录的前科犯 Jesse K. Timmendequas 所奸杀,而社区却对潜伏在身边的危险前科毫不知情,引起了犯罪被害人家属和社区民众的广泛愤怒。这一事件直接促使了新泽西州的立法者采取性侵害加害人社区登记公告制度即梅根法案的出台。随后,受其影响,美国社会的妇女运动推动了这一立法的全国化,绝大多数的州都相继采取类似做法,以保护潜在的被害人。

④ 李佳玟:《在地的刑罚·全球的秩序》,元照出版有限公司2009年版,第75页。

⑤ 参见卢映洁《犯罪与被害:刑事政策问题之德国法制探讨》,新学林出版股份有限公司2009年版,第14—18页。

害人能够发挥上述作用的原因或许正如马蒂所言:"一切刑事政策的运动都是因为某个基本关系发生了变化。这一变化会引起刑事政策从一种模式转变为另一种模式,从一种变量变成另一种变量。"①

(三) 历时性的行动者:刑事政策历史中的犯罪被害人

(1) 刑罚执行者的被害人。人类社会最初形态的原始社会中,当有犯罪行为时,其处理方式根据发生范围也不同。对于氏族成员间的纷争,"由氏族长老来定夺,不过,所有这些惩戒与定夺的理由、方式和发落程度,全都在权力拥有者的自由裁量,因而根本没有'刑法'的存在"②,这里的不存在犯罪,也就没所谓的犯罪被害人;对于各部落之间发生的纷争行为,则由各部落间相互解决,主要是针对"宗教犯罪"和"军事犯罪"行为的解决举措促成了刑法和刑罚的发端。犯罪被害人得以进入人类早期的刑事政策实践之中,其行动方式则诉诸暴力复仇方式,如血亲复仇及血族复仇,共同对外的报应情感的基础是血亲和血族联系;随后,以血缘为基础的复仇关系逐渐为"以牙还牙、以眼还眼"③的对等复仇和赎罪方式取代。这一阶段,犯罪被害人及其氏族成员往往是刑罚的发动者和执行者。

(2) 犯罪追诉者的犯罪被害人。随着社会发展和国家组织机构的产生和完善,执行刑罚之司法权成为国家主权的一部分,犯罪被害人不再是刑罚的执行者,但仍有较大权利,处于犯罪追诉者地位。许多不是侵害国家法益的犯罪,是否将犯罪诉诸国家司法机关取决于被害人的个人意愿,基本实行不告不理的告发制度。

(3) 被遗忘的犯罪被害人。现代刑事诉讼制度建立之后,犯罪被认为是对整个国家和社会造成伤害,除少数轻微犯罪行为仍保留被害人自诉权之外,对犯罪的惩处权为国家垄断,"刑事程序的建构是对于有犯罪嫌疑之被告贯彻所谓的国家刑罚权,也就是国家以其刑罚追诉机关(即警察

---

① [法] 米海依尔·戴尔玛斯-马蒂:《刑事政策的主要体系》,卢建平译,法律出版社2000年版,第209—210页。

② [德] 韦伯:《法律社会学》,康乐、简惠美译,广西师范大学出版社2005年版,第19页。

③ 源于摩西受上帝之命,成为在埃及做奴隶的以色列人的领袖。他发布法令:"The punishment is to be a life for a life, an eye for an eye, a tooth for a tooth, a hand for a hand and a foot for a foot."(要以命偿命,以眼还眼,以牙还牙,以手还手,以脚还脚),参见《圣经·旧约·申命记》第19篇。

与检察官）进行追诉，也只有国家被准许使用合法且物质性的权力"①。因此，刑事诉讼中的"被害人在案件侦查中是参考人，在审判中是证人，即被害人不过是被作为证明方法的一种而已"②。同时，受实证主义的影响，"刑法思想体系似乎就是一种纯粹抽象的或者正式的自我制度化，而不是关注表现真实特征的真正的人"③。其表现方式主要是罪刑法定原则的确立，提升了犯罪人在刑事政策中的地位，犯罪人渐成刑事政策的重心，与之相反，犯罪被害人成了刑事政策中被遗忘的人。

（4）重回视线的犯罪被害人。对被害人缺乏重视和进行保护的状态在第二次世界大战以后不断遭到批评，"大多数人担心遭受犯罪侵害远远甚于担心遭受不公正逮捕和监禁"这一事实引发了社会各界对犯罪被害人的重视。基于人道主义的考虑，学界对这种状况进行了反思，"认为减轻被害人的痛苦和损失是社会应负的人道主义的责任，社会帮助无端被犯罪侵害的人是正义的要求"④，受此思潮的影响，在刑事政策领域掀起了一场"重新发现被害人"的社会运动，并逐渐引发了一系列相关制度变革。而犯罪被害人再一次居于刑事政策变革的中心地带，正如2002年英国司法改革白皮书所宣称的那样，"本国的人民希望有一个有利于实现司法公正的刑事司法制度。他们认为犯罪的被害人应当成为这一制度的核心"⑤。

（四）犯罪被害人与刑事政策关系的启示

刑事政策场域分析以及作为行动者的犯罪被害人与刑事政策的共时性分析和历时性梳理，为我们认清刑事政策与犯罪被害人关系及刑事政策发展趋势提供了独特的视角和些许启示。

1. 刑事政策应当关注犯罪被害人

犯罪被害人在刑事政策中的存在样态揭示了，在很长的历史时期内，

---

① 卢映洁：《犯罪与被害：刑事政策问题之德国法制探讨》，新学林出版股份有限公司2009年版，第336页。

② ［日］森际康友：《司法伦理》，于晓琪、沈军译，商务印书馆2010年版，第148页。

③ ［英］韦恩·莫里森《理论犯罪学——从现代到后现代》，刘仁文等译，法律出版社2004年版，第105页。

④ 陈光中、［加］丹尼尔·普瑞方廷主编：《联合国刑事司法准则与中国刑事法制》，法律出版社1999年版，第240页。

⑤ 最高人民检察院法律政策研究室：《所有人的正义——英国司法改革报告》，中国检察出版社2003年版，第1页。

被害人都是主体性的存在，刑事政策有必要关注。从具体犯罪行为来看，正如被害人学研究表明，"犯罪人并非生活在真空之中，犯罪与被害是一体两面的，犯罪从来就不是犯罪人的'独角戏'，而是犯罪人与被害人互动的'二人转'"①。在具体的犯罪现象中，认为犯罪被害人是客观、真实、具体的，不是抽象的法益侵害或者犯罪客体背后的"虚拟存在者"。因而，关注犯罪被害人才能更好地揭示犯罪现象，为抗制犯罪及其对策研究提供基础。从刑事政策理论看，作为集中体现反犯罪诸策略，系统集成反犯罪诸机制，全面整合反犯罪诸主体的刑事政策体系，理应是一个开放的系统和多元的平台，从这一意义上说，刑事政策的主体不仅仅包括国家，还应当然地包含非国家力量的存在。犯罪被害人由此得以进入了开放的、多元的刑事政策体系，并日渐成为其中的重要组成部分。

关注犯罪被害人符合刑事政策运动的趋势和多元化的刑事政策价值选择。在马蒂教授看来，由于"刑事政策首要的长期的使命是通过满足人身和财产的安全需要以保障社会整体的和谐和延续"②，因此，"虽然国家不怎么乐意，但刑事政策的运动是客观存在的，而且趋势是将保护受害人放在首位，而不是把惩罚犯罪人放在首位"③。刑事法学之中，作为事实现象知识体系的犯罪学，强调犯罪互动和在谴责被害人的层面上探讨被害人问题；作为规范知识体系的刑法学，被害人是被抽象的法益侵害或犯罪客体所掩盖的，只在被害人承诺和被害人过错的规范意义上探讨被害人问题。由于前两者的研究视野和方法限制，作为价值知识体系的刑事政策学对被害人的关注就显得尤为重要和迫切。刑事政策可以通过导向、调配和符号功能等直接功能和其他间接功能的发挥④，系统协调犯罪被害人、犯罪人、刑事司法之间的关系，达到现代社会追求多元化价值平衡的目标。

---

① 刘军：《事实与规范之间的被害人过错》，《法学论坛》2008年第5期。

② [法] 米海依尔·戴尔玛斯-马蒂：《刑事政策的主要体系》，卢建平译，法律出版社2000年版，第27页。

③ 同上书，第242页。

④ 严励教授将刑事政策功能分为直接功能和间接功能。他敏锐地指出，直接功能如导向功能、调配功能和符号功能，间接功能是指刑事政策适用过程中随附加资源的投入而产生的功能，如国家给予被害人以适当的经济补偿等方式引导社会关注被害人，关注弱势群体。参见严励《刑事政策功能的科学界定和运行》，《华东政法大学学报》2010年第6期。

2. 刑事政策体系具有动态性

犯罪被害人在刑事政策中的存在样态变化，反映了政策主体针对社会变迁和观念而做出的不同价值选择，揭示了刑事政策体系立足于社会现实需求的动态性特征。马克·安塞尔也指出，"刑事政策是由社会，实际上也就是由立法者和法官在认定法律所要惩罚的犯罪，保护高尚公民时所作的选择"①。其中，刑事政策问题的确认、刑事政策方案的规划和刑事执行政策等，都需要政策主体根据特定时期的需要进行选择和做出改变。从世界范围来看，也不存在普适的和一成不变的刑事政策策略和规律，各国都会根据实际动态性地调整刑事政策。近年来，法国的刑事政策在人道主义和安全倾向双轨制运行的同时，逐渐加大对恐怖犯罪和新型犯罪的严厉打击力度，适应社会的安全需要占据上风。② 21世纪以来，俄罗斯刑事政策基本思想是刑事镇压的人道化思想，这种趋势（作为独特的对应体）取代的是在其发展的苏维埃时代末期至后苏维埃初期全面加重刑事政策的惩罚要素的思想，这样的趋势变革，是与俄罗斯经济结构的变更，社会对普遍民主自由主义价值的接受，法律的非意识形态化的社会现实相适应的。③

从政策学观点来看，刑事政策体系的动态性源于政策科学的"发展建构"属性。拉斯韦尔认为："政策科学具有时间的敏感性，注重从现有的事实和状况推测未来的发展趋势；同时也以社会的变迁为研究重点，强调对变化、创新和革命的研究。"④ 公共政策本身被视为社会大系统中的一个次级系统。"作为一个次级系统或者因子，公共政策既被视为一种自变量，亦被视为一种因变量。"⑤ 刑事政策亦具有这一公共政策属性。当它是自变量的时候，人们关注的是它对刑事立法、司法系统及其功能的影

---

① ［法］马克·安塞尔：《新刑法理论》，卢建平译，香港天地图书有限公司1990年版，第12页。
② 参见［法］雅克·博里康、朱琳《法国当代刑事政策研究及借鉴》，中国人民公安大学出版社2011年版，187—197页。
③ 参见［俄］科罗别耶夫《全球化条件下俄罗斯的刑事政策：现代的趋势与前景》，潘效国译，载何秉松主编《新时代曙光下刑法理论体系的反思与重构——全球性的考察》，中国人民大学出版社2008年版，第322—323页。
④ Daniel Lerner, Harold D. Laswell, *Policy Science*, Stanford University Press, 1951, p. 14.
⑤ 白钢、史卫民主编：《中国公共政策分析》（2007年卷），中国社会科学出版社2007年版，第299页。

响，是它对社会治安环境及其改变的影响。当它是因变量的时候，人们关注的则是政治系统和社会环境对政策形成过程的影响。在实际的政策过程中，作为自变量和因变量的公共政策，是在同一个政策过程中存在和变换的，是动态变化的。

至此，本书从社会学的个体与社会结构分析入手，运用布迪厄反思社会学范式检视习以为常的刑事政策空间，揭示了刑事政策场域中一个建构的行动者：犯罪被害人。其刑事政策意义在于，突破了传统刑事政策"国家—犯罪人"的刑事法律关系模式，更为重要的是，为刑事政策场域的犯罪被害人研究开放了空间。应该指出的是，这一初步推论并非定论，而是"促使更多的人拿起反抗符号支配的武器"[①]，是促成犯罪被害人问题理解深入的一个"助推器"。因为，"所有理解的成果就是这样产生的。理解的每一步使得回归到前面阶段成为必要。我们从前以为完全理解了的东西，透出我们从前忽视了的新的问题的端倪。过程永未结束；但在经历这一过程的路上，我们会受益匪浅"[②]。从这一意义上看，本章的分析和诠释，正在揭开强调犯罪抗制、倚重垂直维度的传统刑事政策体系的巨大帷幕的一角，一个多维度、动态和富有生机的刑事政策场域开始慢慢呈现；那个躲在黑暗角落的犯罪被害人感到一缕阳光直射进来，一个洪亮的声音同时响起：那个门开了！

---

① ［法］布迪厄、华德康：《实践与反思——反思社会学导论》，李猛、李康译，中央编译出版社1998年版，前言，第11页。

② ［英］齐尔格特·鲍曼：《通过社会学去思考》，高华等译，社会科学文献出版社2002年版，第20页。

第二章

行动者策略与逻辑：犯罪被害人刑事政策本体论

> 我怎样能够遵从一条规则？——如果这不是关于原因的一个问题，那么它就是关于我以我的方式遵从规则的一种合理性。
>
> 如果我用尽了正当理由，我就到了尽头，我的底牌就被亮开。那么我就会说："这就是我要做的"。
>
> ——维特根斯坦，《哲学研究》

如果说刑事政策的场域分析解开了束缚在犯罪被害人身上的"结构性"禁锢，重塑了被害人在刑事政策场域中建构的行动者角色，这只是完成了关系论层面的诠释和论证。更进一步回应本书主旨需要深入刑事政策场域之中，探寻被害人策略及其背后的实践逻辑，把握被害人策略的价值基点及其与刑事政策场域中其余行动者的关系，才能为刑事政策提供一种水平维度的建构力量和合法性基础，从而促成犯罪被害人刑事政策的本体性构建。

由此，采取不同于一般社会关怀意义上犯罪被害人补偿或救助的刑事政策，试图摆脱道德优势支配下的"他者"视角，沿着布迪厄"行为如何才能被规范而又不成为遵守规则的产物"[1]的思考出发点，真正地去"凝视"和"发现"被害人行为策略，反思在现有制度背景下行为策略的实践逻辑，才能实现一种有别于传统刑事政策的被害人"行为规则"，从而在被害人策略和刑事权力重构的互动张力中为刑事司法制度创新提供可

---

[1] [法]布尔迪厄：《文化资本与社会炼金术：布尔迪厄访谈录》，包亚明译，上海人民出版社1997年版，第65页。

能的"知识创新"。因为如果我们承认,"一个时代知识生产,并不完全是知识之外的社会实践单方面可以决定的,也不只是知识内在逻辑力量作用的结果,而毋宁说它是满足社会需要的程度与知识的内在逻辑两方面互相作用的结果"①,那么,犯罪被害人刑事政策不仅仅是政策建构证成与否的单纯理论问题,更是面对中国刑事司法语境下制度供给紧迫需求的实际命题。

第一节 行动者策略与刑事政策

一 策略和行动者策略

1. 策略（strategy）

根据辞海,策略的内涵有:"①谋略;手段:讲究策略。②与'战略'相对。为实现战略任务而采取的手段。既有稳定性,又有较大的灵活性,随着客观形势的变化而变化。"一般认为,社会生活中的策略多用来表示手段、方法和谋略,是行为人为实现特定目标,而制订的若干对应的方案,并且,在实现目标的过程中,根据形势的发展和变化来制订出新的方案,或者根据形势的发展和变化来选择相应的方案,最终实现目标。因此,一般意义上的策略具有目的性和变动性的特质。

经济学博弈论中将各博弈方的决策内容称为策略,通常是指"对行为取舍、经济活动水平等的选择"②。各博弈方可以选择的全部策略或策略选择的范围称为策略空间,它是定义一个博弈时需要确定的最重要的基本方面。根据研究问题的内容和性质,不同博弈中各博弈方可选策略的数量存在差异,并据此分为有限博弈和无限博弈。从性质来看,经济学博弈策略一直以"理性人"假设解释和预测人的行为,随着行为经济学的发展及与心理学交叉研究的兴起,有关博弈决策策略的心理学研究在理性决策和非理性决策方面均有涉及。

与之不同的是,布迪厄实践社会学视野下的策略,是指"客观趋向的'行动方式'的积极展开,而不是对业已经过计算的目标的有意图的、预

---

① 魏建国:《法学研究如何学术——学术史方法的重申》,《北方法学》2014年第2期。
② 谢识予:《经济博弈论》,复旦大学出版社2007年版,第26页。

先计划好的追求；这些客观趋向的'行动方式'乃是对规律性的遵从，对连贯一致且能在社会中被理解的模式的形塑，哪怕它们并未遵循有意识的规则，也未致力于完成由某位策略家安排的事先考虑的目标"①。布迪厄试图用这一概念来摆脱意象论和功利主义的"误读"，避免那种将个人的理性选择作为行动指引的意识哲学的目的论，而是将"行动者描绘成一种无意识的状态、一种适得其所的状态"②。这里，布迪厄阐述了行动者策略基本前提：策略不是行动者有目的有预谋地理性追求既定目标，而是根据实践发生的情境，积极部署的"行动方案"；不是行动者理性思考的产物，而是行动者的惯习与资本互动关系的外在表现。

但是，这并不意味着行动者总是无能为力和盲目的，相反，行动者可以根据惯习的实践逻辑而灵活采取"策略"。特定场域中的行动者，依据自身惯习所产生的"行为方式并不像根据某种规范原则或固定格式推演出来的行为那样，具有严格的规律性，事实上也不可能如此"③。惯习作为一种生成性的自发性，它在与不断变动的各种情境的即时遭遇中得以确定自身，并遵循一种实践逻辑，尽管这种逻辑多少有些含混不清，但它却体现了人们在现实生活中的实践现状，表征了行动者特定的行为逻辑。惯习和场域的约束并不能完全决定人的思想、选择和行动，而只是建议、引导、限制其实践行动。因此，社会生活实践才给行动者留下了很大的自由发挥空间。从而，即使这些策略不是建立在对客观条件有足够了解的基础上，不是通过有意识地针对得到清晰的系统阐释的目标而产生的，但这种策略最终表明是客观的适合于环境的④，也就是布迪厄所谓"惯习没有排除能动者的策略性计算"⑤。在这个意义上，策略就是行动者通过惯习表现出来的，为了扩大资本量和占有场域中的最有利位置而对游戏走向的一种判断，即使有悖特定社会的法律或政策规范要求，但它是符合特定场域中行动者逻辑的行为方式选择，需要给予一定的尊重和理解。这是因为，

---

① [法]布迪厄、华德康：《实践与反思——反思社会学导论》，李猛、李康译，中央编译出版社1998年版，第27页。

② 刘拥华：《布迪厄的终生问题》，上海三联书店2009年版，第68页。

③ 宫留记：《布迪厄社会实践理论》，博士学位论文，南京师范大学，2007年。

④ [法]布尔迪厄：《文化资本与社会炼金术：布尔迪厄访谈录》，包亚明译，上海人民出版社1997年版，第12页。

⑤ Ritzer, Goodman, *Modern Sociological Theory*, Peking University Press, 2004, p.393.

"行动者采取的策略,取决于他的位置,但位置不完全决定策略。即使客观结构和主观结构都一样,这个行动方案也可以人人不同"①。

进一步探究可以发现,场域中的各种资本既是行动者竞争的目的,又是竞争的手段。社会场域存在着各种形态的资本,各种行动者制定以及运用策略的目的,都是试图改变资本的原有分配状况,以便使资本的分布及其走向,有利于策略制定者的利益。诚然,其他行动者及其阶层,并不会心甘情愿地把自己置于他人制定的策略之下。"他们可以努力改变不同颜色的符号标志的相对价值,改变不同类型的资本之间的兑换比率;办法可以是运用各种策略,以极力贬低作为他们对手力量所在的那种资本形式(如经济资本)的价值,而努力维持他们自己优先拥有的资本种类(如司法资本)。"② 因此,场域中的资本从来不是以静止状态而存在的,而是动态的,处在不断的斗争和变动过程中。"作为维持场域的基本形式,资本的动态状况决定了场域的变动性及其生命力和动力学基础。但是,场域中的资本的状况及其走向,归根结底,又决定于资本竞争和较量中行动者运用的实际策略。"③

至此,可以认为策略是指"是从实际斗争的需要,并根据行动者对于整个场域各种力的相互关系的状况,和行动者对力量关系及其可能改变的方向的估计而制定出来的"④。借助"策略"概念,布迪厄一方面描述了场域中各个社会地位的行动者手中所握有的资本及其相互关系的状况;另一方面,揭示了行动者的策略斗争意义所在,它不仅决定着资本及其拥有者的社会命运,还决定着整个资本再分配及场域中行动者社会地位的变化动向。因此,场域的斗争策略对于场域本身的命运及其运作逻辑具有决定意义,或许正因为如此,布迪厄把"策略"形象地比喻成"场域赌注游戏的走向"。

2. 行动者策略

如何看待行动者主体,构成理解他(她)们采取的策略的前提和基

---

① 林易:《布迪厄实践理论论述》,《东方论坛》2009年第5期。
② [法]布迪厄、华德康:《实践与反思——反思社会学导论》,李猛、李康译,中央编译出版社1998年版,第137页。
③ 宫留记:《布迪厄社会实践理论》,博士学位论文,南京师范大学,2007年。
④ 宫留记:《资本:社会实践工具——布尔迪厄的资本理论》,河南大学出版社2010年版,第206页。

础。近代主体性理论把主体理解为自我意识，自笛卡尔"我思故我在"肇始，将主体看成统一、同一、普遍和绝对自我；认为主体是神秘不变的本质，是能够独立存在的、独立于过程的存在论实体，开启了主体哲学"大写的人"的确立过程。近代以来，从福柯的"人之死"，罗兰·巴特的"作者之死"，到拉康的"镜像自我"，克里斯蒂娃的"过程主体"等，对主体性哲学的反思、批判和颠覆渐成了当代西方哲学的核心，其精神内核在于否定现代性进程中的大写的主体和纯粹意识的主体，并要求关注身体源初经验的个体，向自我关照的个体伦理回归。正是在这一过程中，主体哲学完成了"大写的人"向"生存的人"的蜕变。布迪厄复活①了"惯习"概念，旨在提醒人们：场域中的行动者主体，是具体、真实、受资本数量和所处位置决定的人。在此前提和框架下，行动者策略具有生成性、不自由性的双重性特点。

（1）生成性

行动者策略是"物质与符号利益的最大化"的创造性活动。在讨论前资本主义社会的婚姻模式的时候，布尔迪厄写道：亲属关系是"指向物质的与象征的利益的满足，并通过参照一整套经济社会状况而组织的策略（有意识和无意识的产物）"②。对于行动者而言，"从一开始，这些策略就是根据局部的条件和特殊的需要创造和组织起来的。它们是零零碎碎地出现的，并没有一种系统的策略把它们融合成一种庞大而严密的整体"③。行动者是在一种非有意识的、非系统的方式策略过程中最大化地来获取自己需要的目的，行动者追逐策略，他们的选择是更加心照不宣的、更加实践性与倾向性的，反映了累计的资本与相应的倾向——这种倾向产生于过去的经验、现在的机遇、行动者活动于其中的场域制约的相遇。④ 行动者的策略具有了生成性，行动者以自己的策略型构了场域及其自己在场域中的位置。

---

① 布迪厄自己承认，惯习是个古老的概念，它源于亚里士多德，也曾为圣托马斯等人使用，但是布迪厄运用这一概念旨在表明"社会主体不同于瞬间精神"，从而赋予了惯习概念全新的内涵。参见［法］布尔迪厄、夏蒂埃《社会学家与历史学家：布尔迪厄与夏蒂埃对话录》，马胜利译，北京大学出版社2012年版，第82页。

② Bourdieu, P., *Outline of a Theory of Practice*, Cambridge University Press, 1977, p.36.

③ ［法］米歇尔·福柯：《权力的眼睛》，严锋译，上海人民出版社1997年版，第162页。

④ 李德：《新生代农民工婚姻报告》，上海交通大学出版社2011年版，第9页。

同时，行动者策略又形塑了场域及其界限。特定场域或关系网络的存在，并非是自然给定的，甚至也不是社会给定的，是行动者通过一个劳动过程（某种创建和维持性的劳动过程），特别是经过行动者不断投资、长期经营，以及有意识地笼络、交往和反复协调，才能形成的。这也在另一个侧面证实了场域边界的动态性，行动者的策略既受制于场域的竞争逻辑，又在策略竞争中开放了场域的游戏空间。

（2）不自由性

看似行动者自我选择和决定的策略行为，背后存在着现象和本质之间的悖论，根源于行动者的惯习、拥有的资本数量及其场域竞争逻辑等因素的深刻影响，本质是不自由的。布迪厄认为，社会场域中的行动者在制定和运用策略时，需要兼顾惯习、资本、场域中的位置三个方面的因素。更准确地说，行动者的各种策略及其确定行动的各种因素，"既是在所考察时刻他的资本的数量和结构的函数，和这些因素向他所保证的游戏机会的函数，也是这一资本的数量和结构随时间而演进的函数，即他的社会轨迹的函数，在于客观机会的确定分配之间久已形成的关系中构成的性情倾向（惯习）的函数"①。

上述影响因素可以分成两个侧面：主观性侧面，意指惯习中蕴含着"生物个体中精神结构的起源"②，即个人将社会世界的结构内化并变为指导行为、举止、倾向等过程，它决定了行动者选择的前提和基础；客观性侧面，包括了行动者的资本和场域中的位置，分别意指行动者策略决定时"实实在在的力量"和"相对的力量"③，二者结合在一起构成了行动者"拥有在此场域中发挥作用所必需的禀赋"④。其中，资本不仅仅是资源，更重要的是权力，是行动者借以在场域中发挥作用的权力，也是行动者借以占据某种位置并因而可以支配场域的权力。

至此，可以认为，特定场域中行动者策略的双重性背后隐藏着理性的

---

① ［法］布迪厄、华德康：《实践与反思——反思社会学导论》，李猛、李康译，中央编译出版社1998年版，第137页。

② ［法］布尔迪厄、夏蒂埃《社会学家与历史学家：布尔迪厄与夏蒂埃对话录》，马胜利译，北京大学出版社2012年版，第81页。

③ ［法］布迪厄、华德康：《实践与反思——反思社会学导论》，李猛、李康译，中央编译出版社1998年版，第137页。

④ 同上书，第146页。

实践逻辑。在一则"依法收贷"案的法社会学分析中，有学者提出"关系/事件"的分析视角，认为事件是一系列复杂的关系构成，凑近事件去观察人们在事件中展开的各项策略以及这些策略得以施展的条件，才能揭示看似矛盾的行动者策略背后深深地嵌入着行动者的行动逻辑。[①] 这就提醒我们：行动者的策略不是理性建构的产物，不是纯粹的感性冲动，而是一种经验和可以理解的实践逻辑。进一步来说就是：社会生活场域中的行动者策略和实践逻辑，型构了场域运行的规律性认知，表征了场域的整体性规则，更为重要的是完成了权力关系的重构。

二 犯罪被害人的策略与实践逻辑

犯罪被害人策略及逻辑探究的是刑事政策规范创设的前提和基础。有学者根据中国社会的独特经验事实，提出了个体策略与社会规范关系的假设："一个真实社会的建构（social construction of reality）是一个自主的行动者与社会规范结构相权宜的产物。"[②]也就是说，社会个体关注的问题如何能将自己的主观意图或计策同外在规范调适起来，既能在行动的边界上不违反形式上的合理性，又能实现自己主观策略性的介入。其方法论意义在于，社会规范的创设必须要尊重和体现个体的行动策略及其逻辑，对于刑事政策场域的犯罪被害人来说，更是如此。必须要看到的是，刑事政策场域中各个行动者的策略和逻辑，共同形塑了刑事政策的运行规则，作为刑事政策场域中长期被压抑的交流渠道，倾听其"声"，凝视其"行"，是准确理解和评价被害人行为的基础，更为重要的是，为构建一个互动、水平维度的刑事政策规范体系提供了科学性与合法性。

同时，刑事政策场域需要在交流和沟通中产生理解和科学性。"一个场域，交流渠道越是畅通，越是能把各种不可言明的动机转化为合乎科学的行为，也就越发具有科学性。"[③] 因此，必须重视刑事政策场域中行动者的策略及其行动逻辑，不能一味按照司法机关的行动逻辑和价值标准评

---

① 参见赵晓力《关系/事件、行动策略和法律的叙事》，载王铭铭、王斯福编《乡土社会的秩序、公正与权威》，中国政法大学出版社1997年版，第463—464页。

② 翟学伟：《个人地位：一个概念及其分析框架——中国日常社会的真实建构》，《中国社会科学》1999年第4期。

③ ［法］布迪厄、华德康：《实践与反思——反思社会学导论》，李猛、李康译，中央编译出版社1998年版，第234页。

判其他行动者的策略行为。在此意义上，政策及刑事政策在本质上不能理解成事先安排的，而是人们行动策略和行动逻辑的产物。

本书选取2014年引发广泛关注的安徽阜阳被害人父亲自杀改判案，力图采用法社会学的浓描法（thickly descriptive method）观察和分析，这一方法的核心在于关注动态的司法过程，从而不仅能揭示法律文本的局限，还能使我们洞察案件的细枝末梢。当然，必须要指出的是，本书无意对案件真相和判决本身做出评判，而是通过调研法官以及查阅有关文献的方式，揭示犯罪被害人（亲属）在刑事司法中的策略运用及其逻辑。

基本案情

1996年8月，安徽省涡阳县大周庄发生一起命案，村民周继鼎一家五口深夜被砍，其女当场死亡。案发后，因被指与周继鼎家存在矛盾，同村村民周继坤、周家华、周在春、周正国、周在化作为嫌疑人被警方抓捕，随后检方提起公诉。

1998年10月6日，该案第一次开庭。五被告人当庭否认故意杀人，指侦查阶段存在刑讯逼供，并当庭亮看伤情。因为"矛盾点多"，尤其是控方证人当庭翻证，否认目击，阜阳市中院审委会（涡阳县原属阜阳市）于1998年10月15日下午讨论了该案，"所有委员众口一词，这个案件应该无罪"。当时担任该案审判长的巫继成日前在接受记者采访时回忆，"我可以这样说，它是个冤案，当时审委会委员众口一词定无罪，连列席的副检察长也没话说"。

但一天之后，周继鼎以自己的生命为代价，逆转了这场判决。

1998年10月16日，周继鼎冲入巫继成的办公室，质问巫继成该案是否要宣告无罪，并突然掏出一个装有剧毒农药的小瓶子将农药喝了下去，阜阳市法院紧急将其送医抢救。

周继鼎在医院抢救三天后最终死亡。"人一死，麻烦就来了"，巫继成说，审委会开始重新讨论该案。

阜阳市中院审委会不得不重新复议该案，并改变原先决定：判处两人死刑、一人无期、两人15年有期徒刑。而安徽省高院的发回重审，也只是让阜阳市中院将判决降低一格：两人死缓、一人无期、两人15年有期徒刑。最终，安徽省高院二审裁定维持了这一判决。

2014年7月，这个陈年旧案被各大门户网站以《冤案背后的被害人施压：窗户纸该捅破了》《安徽司法恶例：被害人父亲法院自尽 被告无罪变死刑》等标题公布开来，引起了社会的广泛关注。对此，安徽高院昨日回应，因该案发生已近20年，现已责成相关部门立即调取该案全部卷宗，组织专门人员认真进行审查，相关审查结果出来后将及时向社会公布。

结合刑事政策场域分析和行动者策略原理，可将刑事政策场域中犯罪被害人的行动策略概括为如下几个方面。

1. 问题化策略及其逻辑

问题化策略是指犯罪被害人将个人被害事件上升为政治或公共问题的策略，意图引发社会认同和关注，从而影响刑事权力的运行。应星在大河移民上访事件研究中，指出农民要使自己的具体问题纳入政府解决问题的议事日程中，就必须不断运用各种策略和技术把自己的困境建构为国家本身真正重视的社会秩序问题，把移民自身的生存困境和不公遭遇建构为危及社会稳定局面因而是政府无法回避、推诿、拖延和敷衍的紧要问题。[①] 这种问题化策略被视为"弱者的反抗力学"中重要的一种技术，紧要之处在于事件的"再建构"过程。郭建教授考察我国古代民间社会的法律意识时也发现，"把事情闹大，既是一种诉讼策略，又是一种行动策略"[②]，在这一策略的支持下，被害的小民百姓可以采取慌状、缠讼、自杀等多种诉讼技巧来引起官府的重视。不得不指出的是，被害事件的问题化往往是犯罪被害人最重要的策略选择。尽管布莱克的研究表明，"忍受或许是对不法、不当、伤害或者其他违法行为最通常的反应"[③]。绝大多数遭受伤害经历的人都没有寻求外部救济措施的欲求，而是选择了忍受。但是一旦犯罪被害人选择拒绝忍受，他们在刑事司法中往往运用问题化策略，以争取其相应利益。

本案中，我们看到，法律问题已经不再仅仅是一个法律问题，周继鼎

[①] 参见应星《大河移民上访的故事：从"讨个说法"到"摆平理顺"》，生活·读书·新知三联书店2001年版，第317—318页。

[②] 郭建：《中国法律思想史》，复旦大学出版社2007年版，第211—212页。

[③] Donald Black, *Sociological Justice*, New York: Oxford University Press, 1989, p. 76.

以在法官办公室自杀的方式来表达对即将无罪判决的结果的"强烈不满"[1]，将这个应在刑事程序内消解的案件"扩大化"和"问题化"，已经超越了司法机关管辖和处理的范围，进入市、省人民政府的边界，它甚至已经溢出法律的边界而演化为一个政治问题。或许从后续的改判结果来看，似乎一定程度上满足了周继鼎的要求，但是，几乎是与此同时，原来即将被无罪释放的几个犯罪嫌疑人，却因这一策略分别获两人死缓、一人无期、两人15年有期徒刑的刑罚。司法机关出于息事宁人的妥协和摆平策略，客观上造成了新的"被害人"（五名罪犯），他们的亲属和家人每年都去安徽省高院申诉，试图在司法程序内再审此疑点重重的案件，但却被告知没有新证据，不予立案。其中个别家属开始了漫长的上访之路，数次进京到最高人民法院申诉鸣冤。本案中，两组看似不同的对判决不满的做法，也带来了不同的法律后果，但却有一个"被害人"[2]共同的策略选择：问题化。

从本案出发并不限于此的分析可以发现，两个因素促成了被害问题的问题化策略产生：被害人的有意促成和被害事件与政治、公众需求在特定时期的契合。

首先，问题化策略源于被害人有意促成权力自上而下的关注和介入。犯罪被害人在刑事政策场域的基本关系网络中居于被支配或弱势的对立方位置，场域位置的相对较低现状，意味着被害人要想接近刑事权力，必须借助居于相对较高位置的资源力量。现代社会中的政治和公共问题，是国家关注的核心利益所在，也更易影响作为场域元资本的国家权力的干预和介入，从而将被害人原本自下而上的权利追求转化为自上而下的权力行使，极大地提高了被害人权利的实现可能性。本案中的周继鼎"悲愤自杀"及其伴随的重大社会影响，使得原本已有定论的法律范畴内案件，演变成为一个公共事件甚至政治事件，期间阜阳市政法委、安徽省政法委多次组织协调案件处理，客观上引起了国家权力的介入。

---

[1] 相对于缠讼和谎状，自杀基本上是被害人在绝望和期待中采取的极端措施，不能称为严格意义上的诉讼策略，更多地反映行为人的最愤慨的情绪和态度，郭建教授也认为，自杀仅仅给死者家属采取诉讼或申冤行动提供了机会和借口。参见郭建主编《中国法律思想史》，复旦大学出版社2007年版，第213页。

[2] 需要指出的是，这里的"被害人"，是指社会学意义上，依据事情引发和结果之间的事实关联做出的判断，并非法律上的认定和界说，也不是全文通常意义上使用的犯罪被害人内涵。

其次，犯罪被害"同质性"[①]为政治化和公共化提供了"机会之窗"。同质性是指组织所面对的公众在基本性质上所具有的共同性，主要表现为组织所面对的公众因面临某个共同或相似的问题而形成。公众的同质性决定了公共关系中的公众总是具体的、特殊的、可以定量化的。犯罪被害的同质性意指社会公众面对被害可能的被害风险和已然的被害人时表现出来的恐惧、同情等共同的情感体验。各国的刑事政策实践已经证明，犯罪被害认同是推动刑事政策立法的重要政治基础。根据 Henrik Tham 的研究，从 1970 年到 1995 年，瑞典的犯罪被害人讨论已经达成共识，很少有反对的声音，特别是有关男性对女性施暴的。这种政治上的协商一致体现在：政府向议会提出了自己的条例法案，而反对派也提出了自己的条例法案，但是无论他们来源如何，所有的犯罪政策条例草案都强调对被害人提供支持的重要性。[②] 这种被害"同质性"成为一种重要的政治力量，"几乎每一位政治家都将'严厉打击犯罪'的承诺作为竞选的新基石"[③]，政治需要与被害人的诉求在这一点上紧密地结合起来，促成了被害事件上升为政治、公共问题的策略发端。

问题化策略及其背后的行为逻辑是合法逻辑。问题化策略的表象是将原本的法律问题扩大为政治或社会问题从而促成法律问题的公正解决，其本质在于，被害人试图借助法律之外的因素和力量靠近或影响刑事权力，从而获得相关问题在法律范畴内的解决，行为逻辑属于合法逻辑。在司法实践中，无论刑事司法实践中犯罪被害人行动多么宏大抑或低微，将个体事件问题化的动机存在着差异，但不能不指出的是，其着眼点仍然希望能用法律手段解决问题，从性质来看，属于停留在一种体制内的"合法反

---

① 这里的被害同质性是指，经历某类犯罪侵害受害者身上所呈现出特点，个人有相似的经历或者相似的，它们在犯罪认识和被害情绪等方面表现为一个同质的群体。我国台湾学者将其称为"被害共同体"。参见李佳玟《在地的刑罚·全球的秩序》，元照出版有限公司 2009 年版，自序，第 1 页。

② Henrik Tham, "The Emergence of the Crime Victim: Sweden in a Scandinavian Context", *Crime & Justice*, Vol. 40, No. 1, 2011.

③ [美] 安德鲁·卡曼：《犯罪被害人学导论》（第 6 版），李伟等译，北京大学出版社 2010 年版，序第 1 页。

抗",从社会学角度看属于"对制度的制度化拒斥"①。问题化策略及其逻辑的法治意义在于:犯罪被害人的合法逻辑应在刑事政策场域中予以积极的回应和保障,在制度和法律框架内提供妥当的救济和解决渠道。这既是观照当下刑事政策实践的直接需要,更是构建理性法治的必经之路。

当然,必须指出的是,被害人的问题化策略逻辑的背后隐含着一个重要的法律现象:民众渴望司法公正和迷信权力之间的二律背反。正如有学者指出的,问题的症结在于"我们日常所置身于其中的话语系统与我们所建构起来的司法制度及其实践之间无法兼容,甚至还存有尖锐的对立和激烈的冲突所导致的"②。这一对立和冲突的长期实践现状,对当下中国法治进程而言,它既是一种制度供给不力下犯罪被害人的无奈选择,更是权力魅影下刑事司法负重潜行的真实写照,亟须在刑事政策视野中高度重视和积极化解。一般而言,犯罪被害人的正当合法诉求如果能够通过正常的法律渠道获得解决,就不会去也用不着去通过各种诉讼策略、千辛万苦地利用各种法律外的因素来维护自己的权益。因而,认识和解读犯罪被害人策略及其逻辑的一个基本原则在于:策略就是行动者通过惯习表现出来的,为了扩大资本量和占有场域中的最有利位置而对游戏走向的一种判断,即使有悖特定社会的法律或政策规范要求,但它是符合特定场域中行动者逻辑的行为方式选择,需要给予一定的尊重和理解。

2. 资本策略及其逻辑

资本策略是指犯罪被害人积极获取利用其在刑事政策场域中的各种资本,包括道德资本、媒体资本、政治资本等。从语境论角度分析,任何一种法律制度和观念都是针对产生该制度、观念的社会所面临的常规问题及

---

① 美国社会学家默顿提出"对制度性规则的制度化拒斥"概念,他指出对制度性规则的抗拒,当它们属于下列情况时本身即被制度化:是相当明确的行为类型;被大多数人所采纳,而不是只被分布于各地的成员私下接受;在组织形式上,有相当完备的社会机制,它由暗中合作的参与者构成,包括社会中的执法者;以及很少受到制裁,即使受到制裁,也多是象征性的,主要是为了重申规则的尊严。这些制度化拒斥行为的发生,或者是因为一个团体面对现实危机,要求采取与长期存在的规范不同的目标取向或适应性行为;或者是因为新提出的规范(最明显的是新的立法)与长期存在的社会习性和情感发生矛盾。对制度的制度化拒斥反映了规范与广泛的社会需求之间的不协调。参见[美]罗伯特·默顿《社会研究与社会政策》,林聚任译,生活·读书·新知三联书店2001年版,第86页。

② 方乐:《转型中国司法知识的理论与诠释》,人民出版社2013年版,第244页。

其社会、自然条件而做出的一种回应。"法律场域中的行动是行动者不断利用与转换各种不同资本进行权力争夺的一个动态过程。"① 具体来说,在案件诉讼过程中,当事人都或多或少地运用各种资本,争取案件的胜诉。因为,"人们知道有资本的人会占优势,并且资本、经历和技能将在决定谁能赢得这个法律游戏中起重要作用"②。

道德资本往往是犯罪被害人最重要的内在资本。《楞严经》云:"错乱修习,犹如煮沙,欲成嘉馔,纵经尘劫,终不能得",认为世间万物皆逃不开伦理道德的规律约束。一般认为,道德资本是指道德投入生产并增进社会财富的能力,是能带来利润和效益的道德理念及其行为;在内涵上包括明文规定的各种道德行为规范体系和制度条例,又包括无明文规定的价值观念、道德精神、民风民俗等。从性质来说,道德资本是行为人内在最根本的资本,它不具有固定的形态,更多表现为一种思维方式和行为方式,是生活中积累起来的最本质的"资本"。经济学上将道德资本视为人力资本和实物资本后的"第三种资本",而法学将道德资本往往视为影响法律运行及其效果的重要社会因素,刑事法领域更是如此,在一些"热点案件"中,真正凸显的"道德立场的策略选择,以及支持这些立场和选择的社会力量之对比、倾轧、聚散"③。

本案中被害人父亲法院服毒自杀,具有典型的诉冤的道德主义色彩,其实际效果在于强化自己道德上的正当性,而将对方置于道德上的劣势地位。我国古代诉讼中,这种诉冤的道德主义行为往往和被害人的身体伤残行为相伴随,笔者在对本案调研时得知,20多年来,阜阳以自杀方式诉冤或表达愤慨或影响定罪量刑的其实不止周继鼎一人,1994年阜南县(阜阳市下属县)女法官王某与卢某琐事争吵后自杀,卢某因此获刑;2001年76岁的李某因民事执行久拖不决在阜阳市颍泉区人民法院大门的铁栏杆上上吊自杀等。对这类极端涉司法现象,已经引起了法院内部的高度关注,2012年时任阜阳中院院长在安徽高院网"院长论坛"的一篇文章中写道:"极少数当事人及案外群众,以自残、自杀、拉横幅标语、穿

---

① 邓玮:《法律场域的行动逻辑》,上海大学出版社2010年版,第132页。

② [美]苏珊·索比:《为什么美国人相信法治》,王晓蓓译,载郭星华、陆益龙编《法律与社会》,中国人民大学出版社2004年版,第154页。

③ 冯象:《政法笔记》,江苏人民出版社2004年版,第44页。

丧服丧衣、拦法院车辆等方式，甚至以进京赴省上访为名，胁迫法院照顾其意愿。"① 而从全国范围看，被害人以死相逼的涉司法案件也一定程度上存在，苏力在《送法下乡——中国基层司法制度研究》一书中，就分析过一个以死相逼，迫使法院做出符合当事人意愿的行政诉讼案件。② 这就表明，尽管本书以个案细节方式透视被害人自杀诉冤的策略，但其一定程度上实际代表了一种司法实践中的常见现象。

从诉讼策略和学理出发，道德话语和策略是司法中常见的方式。有日本学者将之称为诉冤的道德主义策略，其研究表明，大量清代诉讼文书在"叙述对方如何无理、自己如何不当地被欺侮的冤抑之情上花费大部分篇幅"，而打官司就是"两造在一个权威（地方官）面前相互指责对方的'不法不当'的一种行为"③。现代刑事司法中，犯罪被害人往往采取这种诉冤的道德主义策略，运用语言或行动彰显被害人受到不法伤害的"悲惨遭遇"甚至"申冤无门"的道德弱者形象。其本质在于，当事人力求通过这种话语或行动对事件的情境以重新界定与塑造，从而构造出一种新的权力支配关系。在此意义上，我们认为，以死相逼的道德资本原理在于："逼迫他人自杀的人是会受到法律谴责的，在这种正义感情下，对于感到被逼入绝境的人来说，自杀成为最后的攻击性抵抗手段。扬言要自杀，并故意让他人看到为自杀而作的准备工作，仅此而已就可以成为进攻的手段，周围的人必须把这件事当作至关重要的事情来对待。这一点足以让法院下达判决时犹豫不决。"④ 其背后角力双方其实是：当事人（或者一定程度上的社会公众）对司法的期待与司法制度的规范化运行。由此，被害人的诉冤策略或泛道德化话语，"就不只是一种客观现实，也不只是一种主观建构，而更是一种主客观的互动进程"⑤。

---

① 戚怀民：《正确衡平法治与传统观念间冲突》（http://www.ahcourt.gov.cn/sitecn/yclt/44729.html）。

② 苏力：《送法下乡——中国基层司法制度研究》，中国政法大学出版社2000年版，第129页。

③ ［日］寺田浩明：《权利与冤抑——清代听讼和民众的民事法秩序》，载王亚新、梁治平编《明清时期的民事审判与民间契约》，法律出版社1998年版，第215页。

④ ［日］高见泽磨：《现代中国的纠纷与法》，何勤华等译，法律出版社2003年版，第196页。

⑤ 方乐：《转型中国司法知识的理论与诠释》，人民出版社2013年版，第247页。

媒体资本是犯罪被害人最常借助的外在资本。尽管在媒体与司法问题上，学者关注的焦点存在差异①，但多数学者和公众赞同这样一个基本判断：在当代中国，传媒是公民获得救济的最为重要和有效的途径。在这个意义上，曾有人指出，若要影响案件的结果，与其说聘用一个律师，还不如雇用一个新闻人（hiring a journalist）。②从媒体资本运行机制上看，一方面，它通过重构案件细节、塑造法律事实、提供知识、制造公共舆论等环节对个案产生影响；另一方面，在存在法律漏洞的疑难案件中，传媒对司法的影响是表象，其后反映的是支持不同主张的力量的较量。犯罪被害人借助媒体资本的意义在于，刑事案件（特别是具有唤起公共参与的典型案件）经由传媒的表述，把一个普通的被害事件表述为一个公共话题，通过重构某些行动细节，塑造了当事人的道德无辜和"楚楚可怜"的影像，强化了对"犯罪恶行"的厌恶和压制情绪。这样，传媒在日常生活的微观层面无意识地塑造了一种法律权利的话语。③

一般认为，通过舆论与媒介的"表达"是社会成员在面对不利于自己的制度安排时所可能采取的最基本的一个策略。④ 本案中，2014年6月26日，张侠（当年被判入狱的五人之一周继坤的妻子）到安徽省高院申诉，但被告知没有新证据，不予立案。张侠每年都去申诉，每年都得到一样的答复。她不知道如何向狱中的丈夫解释，只是觉得"肯定要坚持"。制度性救济缺失的困境，引发了"张侠们"寻求媒体帮助的念头，在澎湃新闻网报道此案之前，他们将本案案情多次上传到一些论坛和社区，只是没有能够引起较大的反映。2014年7月22—23日，以澎湃新闻网、新浪、凤凰新闻等数十家门户网站集中刊发案情和一些细节的方式，一个16年前的陈年旧案出现了转机：安徽省高院在媒体报道后的8个小时，在其官方微博上正式回应道："澎湃新闻网刊发《安徽司法恶例：被害人

---

① 我国司法与传媒关系研究在司法体制改革语境下展开，探讨焦点包括传媒与司法关系的制度构建、传媒对司法监督理念或传媒对民主制度的推进等方面。参见李雨峰《权利是如何实现的——纠纷解决过程中的行动策略、传媒与司法》，《中国法学》2007年第5期。

② B. L. Liebman, "Watchdog or Demagogue? The Media in the Chinese Legal System", *Columbia Law Review*, Vol. 105, No. 1, 2005.

③ 参见［美］道格拉斯·凯尔纳《媒体文化》，丁宁译，商务印书馆2004年版，第339页。

④ 项飚：《跨越边界的社区：北京"浙江村"的生活史》，生活·读书·新知三联书店2000年版，第86页。

父亲法院自尽被告无罪变死刑》后,引起我院领导高度重视,因该案发生已近20年,现已责成相关部门立即调取该案全部卷宗,组织专门人员认真进行审查,相关审查结果出来后,我院将及时向社会公布。"

由此,我们可以看出,资本策略其背后的行为逻辑主要是合理逻辑。资本策略的本质在于,被害人试图借助法律之外的因素和力量靠近或影响刑事权力,从而获得相关问题的解决。这一策略的运用在我国刑事政策实践中较为常见,表现在犯罪被害人将借助道德、社会舆论、政治力量等寻求问题的合理解决。资本策略印证了刑事政策场域的自主性较弱特征,容易为政治和社会因素干预其独立运行,更为重要在于,它揭示了被害人在刑事政策场域中的重要行动逻辑:在刑事政策场域内部资本和竞争逻辑不利于被害人实现其目的的情况下,扩大事件影响力,引入场域外部资源接近或影响刑事权力的运行就成为合理的逻辑选择。其逻辑运作原理在于:资本既是现代社会中进行权力斗争的工具,也是争夺的对象,道德资本、媒体资本、政治资本等之间可以相互兑换。

当然,这里的"合理"逻辑,限于被害人行动策略选择的视角,并非社会整体秩序意义上的,带有明显的个体化和不稳定化特点,需要在刑事司法过程中予以抑制和引导。事实上,必须承认的是,尽管基于犯罪被害人个体视角的合理逻辑策略不完全符合法治精神,甚至违背诉讼程序等规则,但如果不反思这一现象背后的制度性弊端,不深入考察被害人行为时所处的地位和选择可能性,就无法理性和心平气和地看待被害人策略的"个体合理性"。正是在这个意义上,我们认为就微观而言,当个体在遭受他人的侵害时,依赖何种方式解决纠纷更为理性,他/她本人拥有最终的选择权。这也解释了在发生国家法上的刑事案件(如强奸)时,当事人宁愿选择和解的原因。

如上所述,揭示犯罪被害人行动者在刑事政策中的策略斗争的意义在于,它不仅决定着犯罪被害人个体的法律命运,还决定着整个刑事权力场域中行动者社会地位的变化动向,为刑事政策内容和方向变革提供了新的判断依据。这一分析具有如下几点启示。

1. 提倡判断被害人策略的"视角"完整性

提倡视角完整性,是客观看待犯罪被害人策略的方法论要求,即要求"事先视角"和"事后视角"相结合结合判断犯罪被害人策略,避免视角的单一和狭隘。从法理上看,"事先"与"事后"这对概念源自法与经济学学科，其内涵在于："事后"的视角乃是回溯（backward looking）的，它会提出如下问题："谁干了坏事？谁干了好事？哪一方的权利受到了侵害？"而在法理学领域内，我们可能会将其与法律形式主义联系在一起；"事先"视角乃是前瞻（forward looking）的，它考虑的问题是"这个规则在将来会产生什么影响？某个判决会带来好的结果还是坏的结果？大致上，法律理论中的事先视角与道德理论中的结果论进路——或者说功利主义、福利主义进路存在一定的关联"[①]，在法理学上，可以将事先视角与法律工具主义或者法律现实主义联系在一起。某种意义上看，正是二者的视角及其考量对象的差异，导致了法律理论上结果论和道义论进路之间的重要理论分歧，其方法论意义在于：如何认识和看待犯罪被害人策略，避免过于侧重结果主义和道德主义而影响其客观性。

法律领域的被害人策略判断核心要素是规范性。阿伦特政治哲学的判断理论认为，政治场域的判断包含作为"事先"视角的行动者判断与作为"事后"视角的旁观者判断。政治行动者"身处活生生的历史之流中，即身处'事中'……只要结局尚未出现，就只能以一种'事先'的眼光来看自己的行动，而根本无法以'事后'的方式来看"[②]；而旁观者作为行动观察者，其"进行'旁观'只是一种'事后'的眼光，而其条件则是将活生生的生活之流或历史之流截断"[③]。两者比较之下，行动者判断是个别性的，而且会因实践境况而不断变化，蕴含着不稳定；而旁观或反思是事后的、静止的，因此能够形成一般的、关涉全局的观点。阿伦特的理论提醒人们，对于刑事政策场域中的犯罪被害人策略，不能单纯地按照旁观者的事后视角来冷静判断，也不能简单赞成被害人基于情感和冲动做出的任何策略行为。因此，现代刑事政策的理性建构，或许"只能以这种双重视角及其相互转换来与他者分享共同世界"[④]，其理论旨趣与其说在于"维持社会秩序，即促进构成社会的个人和团体之间的和谐、维护社会

[①] ［美］劳伦斯·索伦：《法理词汇：法学院学生的工具箱》，王凌皞译，中国政法大学出版社2010年版，第1页。

[②] 王南湜：《改变世界的哲学何以可能（下）——一个基于行动者与旁观者双重视角的构想》，《学术月刊》2012年第2期。

[③] 同上。

[④] 侯振武：《论阿伦特两种判断概念之间的张力——一种基于行动者与旁观者双重视角的考察》，《理论探讨》2014年第2期。

安全、保障国民安定地生活"①。不如说在于运用刑事政策场域中的行动者视角及其相互转换，从而实现行动后果的规范性法律判断。

2. 正视被害人策略及其逻辑内容的实践性

上述分析，一方面，从外部揭示了犯罪被害人在社会空间所占据的位置的"场域"，即实践空间，回答的是被害人在哪里实践的问题；另一方面，从内部揭示构建被害人和各种性情倾向的"惯习"，即被害人的策略实践逻辑，回答的是被害人如何在刑事政策场域中行动的问题，以及被害人行动的动力资源的"资本"，即策略工具，回答的是被害人用什么实践的问题。

总的来看，刑事政策场域中的犯罪被害人逻辑体现为合法逻辑、合理逻辑之间的不停切换，不同案件中被害人策略及其实践逻辑的重心会有所侧重。这就要求处在刑事权力顶端的刑事政策应正视犯罪被害人策略及其行为逻辑，在实践中相应采取妥协与平衡、回应和引导的运行逻辑。犯罪被害人作为刑事政策场域的行动者刚开始参与的逻辑很简单，通过参与达成既定目标，但是参与的若是集体行动（例如，食品、环境等刑事集体被害案件中）就会面临目标多元化行动中的选择差异问题。如何保障自己的利益？这里的犯罪被害人不仅会受困于一般性的参与公平性问题和合作难题，还会因在参与中掺杂阶层、身份矛盾而引发新的冲突。犯罪被害人群体的行动逻辑很难完全依赖个体理性，更无法期待一次参与能解决权力分配问题，一个可行的思路或许在于：嵌入社会结构中即时地去建构行动逻辑。这就提出了犯罪被害人策略的实践性和经验性的问题。

被害人策略形塑了刑事政策的实践基础。在布尔迪厄看来，策略之所以重要，是因为策略的制定及运用，反映了场域中各个社会地位的行动者手中所握有的资本及其相互关系的状况，而且，行动者策略斗争的结果，决定着资本及其拥有者的社会命运，还决定着整个资本再分配，以及场域中行动者社会地位的变化动向。诚如历史和现实一再告诉人们的，面对犯罪抗制的时代使命，任何人手中都没有关于未来的真理，甚至"我们有义务满足于时不时地从在目前看来对我们一切最好的选择项中盲目选择而锻铸我们自己的历史。但是，就历史而言，我们永远也不能坚守先前的成功经验。因为，我们都是历史中的人"。由此我们也许可以更深地理解霍

---

① ［日］大谷实：《刑事政策学》，黎宏译，中国人民大学出版社2009年版，第4页。

姆斯的名言："法律的生命从来也不是逻辑，法律的生命是经验。"① 本案中，必须要指出的是，并非每个行动者都熟知刑法或刑事诉讼法，因此其表达方式可能是非正式甚至是非理性的，但其本质是一种共时性的"交流"；同时，更为重要的是，这些看似混乱的行动背后的关系网络和围绕刑事权力的资源争夺，形塑了刑事政策场域赖以存在的实践基础。

3. 谨慎看待被害人策略及其实践逻辑的权力主导性。

这里的"权力"包括刑事政策场域内部位居顶层的刑事权力和外部政治体系中的行政权力两个方面，前者需要维持和保障，后者需要保持适当距离。

就刑事政策内部而言，刑事权力的主导是场域运行的根本所在。作为一种对内的武力，刘远教授认为刑事权力是"共同体所拥有的一种用来解决在其内部发生的具有整体秩序意义的个人冲突的武力"②。它构成了犯罪人、犯罪被害人和司法机关等行动主体之间的互动的原动力，刑事法律关系也以刑事权力为核心而构建起来。无论从历史还是现实来看，这种刑事权力的主导型是现代法治的基础和必要保障，而具体到犯罪被害相关问题的解决上，必须高度重视刑事权力的主导性作用，围绕刑事权力规范性使用和运作来保障犯罪被害人的权益，避免被害人情绪直接转化为政策内容而可能导致的刑罚民粹主义（punitive populism）③ 风险。

刑事政策场域与外部的行政权力之间应保持适当距离。必须指出的是，我国是一个法律场域弱自主性的社会，法律从功能上来说，是在国家治理工具的意义上使用的，因而法律的实践往往受到权力场域的影响与左右，司法运作的逻辑类似于行政的逻辑。正因为如此，刑事政策中的犯罪被害人也往往利用这种权力之间的交叉与重叠，将司法诉讼问题化，将法

---

① Oliver Wendell Holmes, *The Common Law*, Little Brown and Company, 1945, p. 1.
② 刘远：《刑事政策哲学解读》，中国人民公安大学出版社 2005 年版，第 37 页。
③ 民粹主义（populism，也译平民主义）意指平民论者所拥护的政治与经济信条，是社会科学语汇中最没有精确定义的名词之一，也可以被当成一种政治哲学或是政治语言。刑罚的民粹主义主要特征在于，刑罚政治中如今存在一股特别民粹的潮流，轻视专家与专业精英，而崇尚"人民""常识"，主张"回归基本"。犯罪政策上的强势声音不再来自专家甚至实务工作者，而是来自那些"长期受苦""被亏待"的人们，尤其是"被害者"以及恐惧与焦虑的大众。参见刘涛《民粹主义之于刑事司法审判——读 Alan M. Dershowitz 最好的辩护》，《社会科学论坛》2012 年第 11 期。

律问题社会化，以获得问题的解决。尽管在来源上，行政权力与刑事权力均源自国家权力这个"垄断合法性的暴力符号"①，但基于刑事政策场域的自主性和刑事权力运行独立性的考量，行政权力的干预和影响都应是适度和有限的，二者之间需要保持适当距离，否则其影响是恶劣和难以磨灭的。例如，引发广泛诟病的法院"承诺死刑案"就是中级人民法院刑事权力与行政权力保持不当距离的反面典型，2012年，河南平顶山为了阻止一起故意杀人案的被害人亲属上访与自杀，竟然"承诺"对该案的犯罪嫌疑人判处死刑，并与被害人家属签"死刑保证书"，引发了社会公众对司法的广泛关注和不信任。②究其本质原因，就在于法院没有与外部的行政权力之间保持适当距离，受制于被害人策略的牵制而做出了不当行为。

第二节　行动者规则：犯罪被害人刑事政策

刑事政策场域中的犯罪被害人策略及其实践逻辑提醒我们：行动者的策略不是理性建构的产物，不是纯粹的感性冲动，而是一种经验和可以理解的实践逻辑。更为重要的是，它表明：刑事政策场域的活动不再是单一的犯罪抗制一极，而是内在地蕴含着犯罪被害人策略、司法机关策略、犯罪人策略等以行动者主体为标志的不同策略活动的系统、复杂活动。现代社会中，为人熟知的刑事政策是司法机关、犯罪人为主体的策略及其逻辑活动，它占据了刑事政策场域运动的主导地位，并形成了"国家—犯罪人"二元对立的刑事法律关系，而同样作为刑事政策场域行动者的犯罪被害人行动策略活动及其逻辑分析却付之阙如，显然背离了刑事政策场域运动的实际。

由此，在布迪厄的行动者策略、逻辑的范式进路下，厘清犯罪被害人的行动者主体哲学基础，理性看待犯罪被害人的情感要求，合理平衡场域中的

---

① ［法］布迪厄、华德康：《实践与反思——反思社会学导论》，李猛、李康译，中央编译出版社1998年版，第153页。

② 《"死刑保证书"保证了什么——河南新版"赵作海案"考问维稳之惑》（http://news.xinhuanet.com/legal/2012-06/06/c_123242230.htm）。

基本因素之间的关系，为刑事政策提供一种水平维度的建构力量和合法性基础，就成为犯罪被害人刑事政策本体性构建的主要内容。按照形式逻辑的真实定义①方法，犯罪被害人刑事政策的基本内涵可以从以下几个方面揭示。

一 哲学基础：群体主体性与交互主体性

主体性问题由来已久，传统的哲学观点认为，人的主体性是人作为活动主体的质的规定性，是在与客体相互作用中发展到的人的自觉自主、能动和创造的特性。犯罪被害人在刑事政策场域中以积极建构的行动者样态存在，在刑事政策场域的型构和运行中，犯罪被害人贯穿在刑事政策的基本因素之中，不管是居于刑事权力核心的支配型关系、对立型关系，还是协作型关系中，犯罪被害人都以自己的方式存在并积极参与关系实践，因此，犯罪被害人作为一个刑事政策范畴的建构主体日渐清晰起来，其意义在于："犯罪被害人的相对于国家的公法主体地位的确立，是将犯罪被害人引入刑事法律关系的逻辑前提，同时也构成在刑事实体法领域引入犯罪被害人视角的正当性根据。"② 从理论和实践经验中看，犯罪被害人在刑事政策中的主体性存在，既是哲学层面的，又是方法论层面的，具有如下两个特征。

1. 群体主体性

被害人学近几十年的发展表明，作为一个社会群体的被害人，在整体上具有了共同体的特征。③ 即一个由不同个体组成的团体；每一个成员通常都具有相同的利益或者经历，具有共同的诉求；共同体的不同个体之间一般具有互动关系，遵守共同的规则或者法律；成员一般（但不是必需

---

① 形式逻辑中，定义是揭示概念的内涵的逻辑方法。按照定义的不同侧面，分为真实定义和语词定义，其中真实定义又称为事物定义或者属加种差的定义，可以较好地揭示事物的本质或者固有属性，为社科研究常用定义方法。参见金岳霖《形式逻辑》，人民出版社2005年版，第41—45页。

② 劳东燕：《事实与规范之间：从犯罪被害人视角对刑事实体法体系的反思》，《中外法学》2006年第3期。

③ 被害人学创始人之一的门德尔松，1975年提出整体被害人学的（general victimology）的提法，借以让被害人学走出被害人促成理论的犯罪学狭隘视域，进而建立起独立的被害人学科。参见申柳华《德国刑法被害人信条学研究》，中国人民公安大学出版社2011年版，第40—41页。

的）居住在一个共同的范围之内。① 犯罪被害人共同体虽然不具备一般意义上共同体内部组织良好的结构和互动关系，但在整体性的面对刑事司法和社会生活的意义上，以群体主体性的存在超越了单个被害人个体的有限性，形成了一种整合的力量，从而扩大其影响力。从性质上来说，被害人群体属于典型的"想象共同体"，其远没有成为鲍曼笔下那个"传递给人美妙感觉""作为温暖而舒适的场所"②的共同体，而是基于被害身份连接起来的松散群体。因此，犯罪被害人群体具有典型的群体主体效应复杂性的特点，其方法论意义在于提醒我们，一方面，高度重视被害人问题解决的群体性，不仅关注个案中的被害人，也要注意处理好类案被害人的处遇问题；另一方面，必须警惕其负面的群体效应③，避免被害人问题的不当扩大化。

"被害性"是被害人群体主体性形成的前提和基础。"被害性"赋予了社会群体中原本不相干人共同"身份"，门德尔松提出了"被害性"（victimity）这个概念，"用来涵指遭受某些社会因素所造成的某些损害的所有各类被害人的共同特征"，奥地利学者琼·格雷文认为，"被害性是一种由内在、外在两方面因素决定的，使人成为被害人的那种特性"④。因此，从广义而言，被害性是在犯罪过程中与犯罪的发生有联系和相关的各种条件中，属于被害者的各种条件之总和。在具体的被害类型中，经历共同犯罪相关条件的主体，较为容易地互相理解，具有类似的被害感受和诉求，这是被害性在被害人之间形成共同体意识的基本运作方式，如果社会运动或思潮将被害性扩大到直接被害之外的个体或社会，就会促成潜在被害群体的集体反应。后者意味着，在直接被害人之外的个体或公众，因为"认同"感受到了"被害性"。

---

① *Webster's Third New International Dictionarry of the English Language*, G & C, Merriam Company, 1976, p.1189.

② ［英］齐格蒙特·鲍曼：《共同体》，欧阳景根译，江苏人民出版社2007年版，第1—4页。

③ 群体主体性效既是群体主体性的外在表现，也是群体主体活动的客观效果，由于群体行为的主体效应是复杂的，因此应当采取谨慎的分析态度。一个群体应以其自身的功能性需要为内在尺度，以自然社会、个人的客观实在为外在尺度，将二者统一起来，选择正面的群体效应而放弃负面的部分。参见郭湛《主体性哲学——人的存在及其意义》，中国人民大学出版社2011年版，第89—92页。

④ ［德］汉斯·约阿希德·施耐德：《国际范围内的被害人》，许章润等译，中国人民公安大学出版1992年版，导论第18—19页。

对被害群体主体性更具有意义的是"被害认同"。心理学的经验提示人们，"认同"是"被害性"扩散的路径，也是群体主体性扩大的心理基础。"认同"是文化研究、社会心理学和政治学的重要议题，也形成了诸多复杂和争议的概念，但却相对一致地坚持从"我是谁"或"我们是谁"的基本立场出发，因此，认同涉及的实际是个体与群体的自我定位问题。政治学家 Manuel Castells 认为，"认同是人们意义与经验的来源"①，社会生活中，认同的过程就是在无限的空间时间里找到自己的位置，划出我们与他者的界限。我国台湾学者李佳玟博士分析了西方国家犯罪被害人运动，进而指出犯罪被害认同成为西方社会中重要的政治力量，"犯罪被害者认同政治以及相当程度地改变刑事司法的运作方式，但其影响力不仅如此，在这波关于被害者复兴的风潮中，受到强调的，不仅是具体个案中的被害者或被害者的家属，尚且包括未来、潜在的被害者"②。这是因为，作为"想象的共同体"的被害人群体，"不是单纯依靠新的制度建构就能够实现的，制度变迁的力量远没有行动者内心进取性认同（而不仅仅是防御性认同）的力量来得强大"③。

被害人群体的类型差异影响社会关注的程度。有研究表明，在那些容易受到侵害的和处于危险状态的刑事案件的受害者中，刑事司法领域的专家通常都会认为某些受害人的组群的需要在警方和其他刑事审判机关的眼中会优于其他组群的需要，这是因为他们会认为这类群体更容易受到侵害。在这种容易受到伤害的群体中，最常见到的是孩童受害人，尤其是在性侵害和虐待案件中的孩童受害者。例如，2015年4月引起全国广泛关注的南京虐童案，9岁被害男童施某被养母因学习等问题殴打，导致男童全身分布较广的体表性挫伤，经网友发帖举报，本案迅速升温，引发了一场全国上下高度关注的虐童案件。虽然经过听证会，南京检方最后对涉嫌故意伤害罪的犯罪嫌疑人李某依法做出不批准逮捕决定，并先后多次发文阐述做出不批捕决定的理由，但社会舆论和法律界的强烈反弹一度让案件

---

① ［美］曼威·柯司特：《认同的力量》，夏铸九、黄丽玲等译，唐山出版社2002年版，第6页。
② 李佳玟：《在地的刑罚·全球的秩序》，元照出版有限公司2009年版，推荐序第1页。
③ 这里的"进取性认同"是指将自我投射到理想身份中，相对而言的"防御性认同"则表现为个体在日常生活中会过滤掉那些危及自我完整性的威胁而建立保护带。参见［英］安东尼·吉登斯《现代性与自我认同：现代晚期的自我与社会》，赵旭东、方文译，生活·读书·新知三联书店1998年版，第59—60页。

陷入了处理是"依情"还是"依法"的讨论。深入分析可以发现，一方面儿童作为特殊的被害人类型，比较容易引起社会的关注，特别是儿童和养母之间的关系，一旦恰好符合很多人心目中先入为主的"刻板偏见"印象，就激起了更大的严惩养母的道德反应；另一方面，本案中发生在家庭内部的被害人案件，一般认为属于传统的伦理调节范围，刑事权力的介入的时间、程度等问题本身就存在着较大的争议。

2. 交互主体性

胡塞尔的现象学认为，单纯的"主体—客体"或者"主体—中介—客体"模式，在处理人与自然的关系时是有效的，但在处理人际关系时，就遇到了"他人不是客体"的困境，从而提出先验的自我变成主体间的自我，世界变成了主体间的生活世界，将单纯的主体问题转化为主体间或主体际问题。① 同时，主体与主体的关系以共同的客体世界为前提，海德格尔指出，"世界向来已经总是我和他人共同分有的世界，此在的世界是共同世界"②，在这样一个共同的客体世界里，主体在相互交往中生存和发展，处于交往关系中的主体性是一种交互主体性，这是一种"构成主体性普遍网络的交互主体性"③。其内涵是："在主体间的相互关系中，人们是相互需要的，他们既相互是目的又相互是手段。"④ 犯罪被害人与犯罪人之间的关系，与社会公众之间的关系，与刑事司法工作人员之间的关系等人际关系，本质是在刑事政策领域这个"客观世界"中有交往的交互主体的存在。

犯罪被害人交互主体性的方法论意义在于，坚持关系论不能"一刀切"地将被害人与某一主体之间的关系划为客体或者主体，或者将主体化观点贯彻到整个刑事政策运行的全过程，应该在具体交往实践中确认其主体性，从而确定其权利义务关系。前文分析已经指出，犯罪被害人贯穿在刑事政策场域基本因素之中，不管是居于刑事权力核心的支配型关系、对

---

① 参见［德］施泰格缪勒《当代哲学主流》（上卷），王炳文等译，商务印书馆1986年版，第368页。

② ［德］海德格尔：《存在与时间》，陈嘉映、王节庆译，生活·读书·新知三联书店1987年版，第146页。

③ ［美］弗莱德·R. 多尔迈：《主体性的黄昏》，万俊人、朱国钧等译，上海人民出版社1992年版，第27页。

④ 郭湛：《主体性哲学——人的存在及其意义》，中国人民大学出版社2011年版，第212页。

立型关系,还是协作型关系中,犯罪被害人都以自己的方式存在并积极参与关系实践,不考量这种交互主体关系的刑事政策,往往得不到当事人认可,甚至会伤害刑事司法的正常进行。例如,2006年9月,主审NBA球星科比涉嫌强奸女服务员案的法官特里·拉克里戈尔宣布,由于女原告不愿在正式庭审阶段出庭作证,性侵犯证据不足,科比的强奸案已经被取消,而引发女原告撤诉的直接起因是一份对女原告合法权益"极端有害"的文件被法院工作人员"不小心"传到各大媒体的手中,科比的律师团也公布了她的名字,而媒体也进行了大肆宣扬,这些都对女原告带来了巨大的伤害,她甚至因此受到死亡威胁,正是司法部门无视交互主体性的做法导致了被害人的"二次被害",这些精神上的伤害和难以承受的压力,她最终决定不再出庭作证。

二 主要内容:理性认识和处遇犯罪被害人

1. 客观认识犯罪被害人

理性认识犯罪被害人是犯罪被害人刑事政策的前提和基础,也决定了被害人处遇的内容。一方面,"如果犯罪被害问题被戏剧化或情绪化,那么,就会夸大被害人的优越地位,并将加剧对罪犯的社会性侵害";另一方面,如果"犯罪被害人的社会环境和诸如警察局、法院等正式的社会控制机构以及社区等对被害人作出了不适当的反应,从而加剧了被害人的创伤"。[①] 因此,理性认识犯罪被害人要求做到不动感情、客观中立和公正。为此,首先需要剖析两个常见的观念误区。

(1) 被害过错强化和谴责被害人

被害过错强化是常见的犯罪被害人误区。对于产生这一观念的原因,Melvin Lerner 曾分析指出,在一般人的心中有一个正义世界的信念(believe in a just world),因此,"有什么因就有什么果",人们会因为自己的所作所为得到应有的报偿。在一般民众的心中要维持"世界是公平而正义的"理念,对于事件的被害人,会以"某人一定是犯了什么错,所以才会遇到这种事"这样的想法,来维持他们心中对世界的建构,这样的信

---

① [德]汉斯·约阿希德·施耐德:《国际范围内的被害人》,许章润等译,中国人民公安大学出版1992年版,导论第35、24页。

念，能让他们觉得自己生活的世界仍是安全的。[1] 例如，性侵害犯罪中，一般人会认为因为被害女性穿着太暴露、夜归、行为不检点等原因；抢劫案件中，人们会认为因为被害人钱财外露或者穿着打扮、行为举止太过招摇的缘故；若是被害人是自己的子女，有些父亲或许反而责怪母亲，认为母亲没有教育和管好自己的孩子，才会发生不幸。从心理学来说，这种为了个人或社会的问题，而采取谴责他人的态度，称为"偏见的替罪羊"理论[2]，其本质在于人们自身认知面临冲突时，需要找一个宣泄的出口。同时，被害人学的创始人之一汉斯·亨梯认为，被害人"影响和塑造了"他的罪犯，"犯罪人和被害人之间确实存在着互动关系，互为诱因"[3]，历经犯罪学"犯罪—被害互动"理论的强化之后，被害人过错因素也得以进入规范刑法，借由过错强化而谴责被害人的观念变得日益根深蒂固起来。

谴责犯罪被害人的观念某种程度上形成了"二次被害"。纵观过去一般研究可以发现，一般人其实对犯罪被害人多抱有较为谴责的态度，认为不存在绝对"不幸"和"楚楚可怜"的被害人，只有"应得的"受害者。从学理上看，那些关于容易受到伤害的被害人的观点会因为恰当的犯罪模式中的社会构造而被影响，并不仅仅是受到受害者现实需求的影响。换言之，"谁"会成为被害人会被"无辜的"或"应得的"被害人的观点而左右。有研究表明，那些在性格、举止或是行为上被认为令人生厌或是某种程度上被认为是自己导致了被害的被害人，他们通常不会在审判中得到同情，比如，那种提出特别要求的罪有应得的受害者。[4]

---

[1] Melvin Lerne, *The Believe in a Just World: A Fundamental Delusion*, New York: Plenum Books, 1980, pp.34-35.

[2] 现实冲突理论（realistic conflict theory）指出，当资源有限时，群体间就会存在真正的冲突和竞争，竞争的结果是导致了对竞争对象的消极情感，从而产生对竞争对象的偏见。当合理的竞争对象不存在时，人们就会找一个群体作为替罪羊，然后把所受到的挫折宣泄到替罪羊身上，这就是替罪羊理论（scapegoat theory）的观点。参见周晓虹《社会心理学》，高等教育出版社2008年版，第188页。

[3] ［德］汉斯·约阿希德·施耐德：《国际范围内的被害人》，许章润等译，中国人民公安大学出版1992年版，导论第4页。

[4] Dnovan, Roxanne A, "To Blame or not to Blama: Influences of Target Race and Observer Sex on Rape Blame Attribution", *Journal of Interpengsonal Violence*, Vol.22, No.6, June 2007.

其实，从发生学的意义看，上述观念明显犯了后见之明的谬误："人们往往会不由自主地假设被害人有足够的资讯可以用来避免被害的出现，但是在人们对被害人做出评判的时候，大部分是一种后见之明，以已经发生的事情来做评判，其实对被害人而言是很不公平的。"更为重要的是，犯罪被害人所遭受的短期或长期的经济、社会、生理、社会、精神或道德品质方面的损害，"完全被诸如法律实施、检察官、法庭、缓刑监督官、矫正机构及其对罪犯释放后的安置制度等制度化的社会控制工具所忽略了"①，实际上引发了犯罪被害人的"二次被害"②问题。

（2）"理想被害人"的道德同情泛化

"理想被害人"的形象是被害人类型学发展的产物。被害人类型（types of victim）是根据一定标准对被害人进行的分类。最早对被害人进行分类的是门德尔逊，他在1956年发表《被害人学》一文，按照被害人在犯罪行为产生过程中所担负责任的大小，将被害人分为6类：①完全无辜的被害人；②有轻微罪责的被害人；③罪责与犯罪人相等的被害人；④罪责大于犯罪人的被害人；⑤对犯罪行为负有大部分责任或全部责任的被害人；⑥虚假的或想象的被害人。1967年，加拿大犯罪学家法塔赫在《国际刑事警察评论》杂志上发表题为"关于被害人的犯罪学分类"一文，将被害人分为5类：①未参与的被害人；②潜在的或素质性的被害人；③挑衅性的被害人；④参与的被害人；⑤虚假的被害人。尽管在分类和标准上存在差异，上述被害人类型学都是从犯罪事件的角度将重点放在被害人及其被害情况的定义方面，随着被害人类型学的研究和被害人运动的兴起，1986年Nils Christie提出著名的"理想被害人"形象，揭示了被害人的六种属性：①相对于犯罪人而言，被害人是弱小的；②如果没有正直的行为，被害人至少是着手做自己的合法、普通的日常事情的人；③被害人对所发生的事情无可责难之处；④被害人与实施犯罪的陌生人无关联；⑤被害人是不含糊的强大和有害；⑥在不危及强大的补偿既得利益者时，

---

① ［德］汉斯·约阿希姆·施耐德：《国际范围内的被害人》，许章润等译，中国人民公安大学出版1992年版，导论第7页。

② 有学者借鉴西方被害化（victimization）理论将被害化区分成：第一次被害、第二次被害（犯罪后再被害）和第三次被害（程序后精神损伤），要求正视刑事司法中的反复被害化情形，通过减少三次被害的可能性来保护被害人人格权。参见李川《三次被害理论视野下我国被害人研究之反思》，《华东政法大学学报》2011年第4期。

被害人拥有权力、影响和同情的正确组合以成功得到被害人地位。① 必须指出的是，理想化被害人形象是经由真实、多样和复杂的被害现象抽象而来的，集中展现了被害人的"善良无辜"的弱者地位，为社会公众的道德同情观念提供了对象化的释放空间。然而，必须看到的是，理想被害人与现实被害人之间存在着巨大的鸿沟，被害人刑事政策必须建立在现实性而不是理想化基础之上。

道德同情的泛化是影响犯罪被害人处遇最重要的观念基础。根据行为心理学的观点，当某一反应与某种刺激形成条件联系后，这一反应也会与其他类似的刺激形成某种程度的条件联系，这一过程称为泛化。道德同情的泛化即指，人们的道德同情观念最初可能与自身受害或者亲近的人被害现象相联系，及至新闻媒体发达的今天，道德同情易受媒体影响尤其是在被害人困境和情绪借由媒体放大的场合得以形成广泛的联系。表现在很多典型案件中，一方面是社会公众依据道德同情而要求严惩犯罪人的呼声甚嚣尘上，另一方面是对被害人的过错视而不见的短视。正如有学者指出的，在一些疑难案件中，真正凸显的不是不同权利本身之间的位阶、顺序先后之争，而是属于"道德立场的策略选择，以及支持这些立场和选择的社会力量之对比、倾轧、聚散"②。只有合理截断道德同情的"数据链"，才能防止泛化和道德浪潮的不良后果。

然而，"真实被害人"③形象才是确立犯罪被害人刑事政策的基础。不同于抽象的理想被害人形象，"真实生活中因冲突而产生的案件并非一贯地是非分明，不能简单地按照善良与邪恶、无辜与有罪的二分法来对待。媒体报道和法庭处理的许多案件都非常棘手地呈现出灰色梯度：冲突的双方不同程度上都是被害人，或者都是犯罪人，或者同时既是被害人又是犯罪人"④。唯此"真实被害人"形象，才是认识和解决被害人问题的前提和基础。学界根据被害特性，发现存在"被害人盲点症"的个体，

---

① Christie, N., *The Ideal Victim*, Basingstoke: Palgrave Macmillan UK, 1986, p.51.
② 冯象：《政法笔记》，江苏人民出版社2004年版，第44页。
③ 本书在与"理想被害人"对立和比较意义上使用"真实被害人"一词，有学者根据是否确实已经被害的性质，将被害人分为真实被害人与虚假被害人。参见任克勤《被害人学新论》，广东人民出版社2012年版，第59页。
④ [美]安德鲁·卡曼：《罪被害人学导论》（第6版），李伟等译，北京大学出版社2010年版，第5页。

出于某种迫切的需要和急切的欲望，以致注意狭窄，判断力减弱，失去理智，对自己所处的危险情境或所要冒的风险视而不见。如被害人因经营的企业濒临倒闭，处于焦急、无奈状态下，以致轻信诈骗犯，致使蒙受经济损失；或因欲火中烧，对色相诱惑失去辨别、抵制能力，以致上当受骗，也属这种情况。① 犯罪学从事实角度出发，先后对犯罪被害人进行了诸多的分类，包括门德尔松的五分法、六分法，汉斯·冯·亨梯两大类十一小类分法，伯特·凯洛·威和约翰·弗德森的七分法以及日本学者宫泽浩一的分类等。② 应该指出的是，这些分类大多根据被害人在犯罪中的地位和作用而展开，在整体上仍受制于犯罪学谴责被害人思维的影响，很难揭示刑事政策中真实被害人的样态。因此，抛弃理性苛责和道德偏见，以真实、具体、灰色地带的个体形象界定犯罪被害人，才能避免被害人道德同情泛化引发的诸多问题。

2. 理性处遇犯罪被害人

那就是某些受害者的需求是否比其他受害者的需求更加重要，是否所有的受害者都应该受到相同程度的救济而不管他们的需求是什么。虽然在不同的情况下不同的受害者有着一系列的需求，但是这并不是说每一个受害者都渴望获得那些合法的需求。为了达成这样的需求，我们不得不冒险去扩张和挪用以前的资源，而这些资源正是政府和非政府组织驳回受害者请求的东西。相反，我们应该对标准水准内的需求进行明确的界定和落实责任，从而确保在受害者提出需求时给出一个充足和及时的反馈。而且，对于所有的受害者而言需求的标准是无限的，所以我们同样也要对那些尤其容易受到伤害的和正处在危险中的受害者给予重视，这类受害者多半是孩童，反对同性恋案件中的受害者，种族歧视案件中的受害者以及年迈的受害者。

理性处遇犯罪被害人需要在客观认识犯罪被害人的语境下，合理运用刑事司法资本和社会资本予以展开。诚然，人们通过道德自律体验和理性精神培育，可以尽可能控制自己不从事犯罪行为，可是却很难通过自身努力，完全避免自己不成为犯罪被害人。"既然任何国民都可能成为犯罪被

---

① 邹瑜、顾明编：《法学大辞典》，中国政法大学出版社1991年版，第1395页。

② 被害人依据身份等标准分类的具体内容，参见赵国玲《中国犯罪被害人研究综述》，中国检察出版社2009年版，第13页。

害人,那么,将犯罪被害所造成的损失仅仅加在被害人身上,则缺乏公正,违反社会正义。"① 因此,理性处遇犯罪被害人,在途径上,包括了通过刑事司法程序给予被害人以报应刑罚为主要内容的公正及时裁判和社会公众通过道德同情和舆论为主要渠道的支持和安慰;在内容上,既包括了犯罪被害赔偿、国家补偿和社会救助等途径的物质方面,也包括了司法裁决的及时公正、公众道德同情和安慰为主要途径的精神方面。

被害人学的研究进路为被害人处遇提供了有益的借鉴。安德鲁·卡曼指出,犯罪被害人学研究的基本前提为:"犯罪被害人学家是研究者,而非直接帮助受伤害的当事人从痛苦中恢复的执业者,也不是犯罪被害人利益的倡导者。"② 科学地研究被害问题,需要明确两种不同的切入问题路径。其一,解决犯罪被害人困境的主观路径,表现在"为艺术家和作家们所阐释,为政治和宗教领袖们所关注。然而,这种传统尽管久远而丰富,但其切入问题的立场源自道德、伦理、哲学、个性化反应和强烈的情感"。其二,解决犯罪被害人困境的客观路径,即社会科学视角的客观性路径。要求"观察者做到合理、开明、公正、不动情感、中立和不怀偏见。客观性意味着不偏袒、不表露自身的喜恶、不让个人偏见左右自己的分析、不允许感情代替理智,也不依一时的流行观点作出结论和建议"③。

三 政策本质:刑事权力主导下的关系性衡平

从政策学的视角看,犯罪被害人刑事政策作为刑事政策系统的一个部分,也具有公共政策的属性。因为"政策是一个建构行为而不是仅仅描述行为的术语:它为我们所看见的事物贴上标签,这样我们能够以一种特殊的方式来理解这些事物"④。犯罪被害人刑事政策就意味着一种选择性的建构行为,而政策选择与社会结构之间存在着张力:做出决定会对现存结构提出挑战,现有的结构会限制做出选择的机会。考虑到犯罪被害人在刑事政策场域中的行动逻辑是一种特殊主义去向的,与法律要求的普遍主义行为模式不可避免地具有冲突之处,同时,受现有刑事政策结构和刑事司

---

① [日]大谷实:《刑事政策学》,黎宏译,中国人民大学出版社2009年版,第334页。
② [美]安德鲁·卡曼:《犯罪被害人学导论》(第6版),李伟等译,北京大学出版社2010年版,第3页。
③ 同上。
④ [英]科尔巴奇:《政策》,张毅、韩志明译,吉林人民出版社2005年版,第24页。

法资本的制约，犯罪被害人刑事政策的本质是一种政策衡平，具有丰富的内涵和外延，当下则主要表现为道德同情和法律理性、犯罪人与被害人之间的紧张关系。

1. 道德同情和法律理性之间的价值衡平

道德同情视角看待犯罪被害人，其切入问题的立场源自道德、伦理、宗教、个性化反应和强烈的情感，可归为被害人学研究的主观路径；法律理性视角看待犯罪被害人，就是被害人学研究的一种客观路径，即用社会科学的视角，力争达到客观性。"客观性意味着不偏袒、不表露自身的喜恶、不让个人偏见左右自己的分析、不允许感情代替理智、也不依一时的流行观点作出结论和建议。"[①] 道德同情和法律理性之间的衡平，意味着切入问题时的主观路径和解决问题时的客观路径的行为模式问题，也即怜悯的心看人，理性的心处事，其前提是尊重被害人的个体选择。

2014年7月23日的《北京晚报》以"双方不报案 警察干看着？"为题，报道了厦门大学博导诱奸女学生案件背后的法律缺席现象，文中评论道："媒体战越打越激烈，法律却至今缺席。法律界人士表示，双方目前都没有就'强奸'或'诽谤'向警方报案，这就使得侦查机关难以介入，想厘清事件真相会非常困难"，认为被害人的沉默导致了案件停留在媒体讨论层面，而法律层面不能介入的困境。事实上，就微观而言，当一个个体在遭受他人的侵害时，依赖何种方式解决纠纷更为理性，他/她本人拥有最终的选择权。[②] 这也解释了在发生国家法上的刑事案件（如强奸）时，当事人宁愿选择和解的原因。布莱克（Donald Black）的研究显示，绝大多数遭受伤害经历（injurious experience）的人都没有寻求外部救济措施的欲求，相反，他们倒是选择了忍受，特别是在对方比自己的地位高的时候。在布莱克看来，"忍受或许是对不法、不当、伤害或者其他违法行为最通常的反应"[③]。在这个意义上看，承认和尊重被害人的个体选择成了道德同情的前提和基础，不能以绝对意义上的"法律正义"为旗号，损害被害人个体在无损他人和社会状态下的沉默行为，这也是人道主义刑

[①] ［美］安德鲁·卡曼：《罪被害人学导论》（第6版），李伟等译，北京大学出版社2010年版，第3页。

[②] 李雨峰：《权利是如何实现的——纠纷解决过程中的行动策略、传媒与司法》，《中国法学》2007年第5期。

[③] Donald Black, *Sociological Justice*, New York: Oxford University Press, 1989, p.1761.

事政策宗旨的题中应有之义。

2. 犯罪人和犯罪被害人之间的利益衡平

回溯历史可以发现，人类抗制犯罪的不同历史时期，刑事政策面向主体的侧重点是有所不同的。即使在同一个历史时期，也存在着刑事政策制定主体对价值目标选择的差异，体现在具体制度形态上，就是刑事立法中犯罪人和犯罪被害人的实体和程序性权利的增减和变动，并在一定程度上保持稳定。例如，我国20世纪末掀起的三次"严打"刑事政策运动和实践，尽管历次的严打主题存在着针对犯罪类型的差异，但其主要的面向是犯罪人和特定类型的犯罪行为。因此，犯罪被害人刑事政策就是要刑事政策制定主体在抗制犯罪、维护社会秩序的宏观背景下在犯罪人和犯罪被害人之间进行利益衡平。

事实上，从犯罪发生的一般规律出发，犯罪人和被害人是犯罪现象中不可分割的行动者，二者之间存在着动态和相互关联的惯习。诚如有学者指出，无论是唯"犯罪人本位"，还是犯罪被害人学唯"被害人本位"，这些都是片面的和不客观的，可取的做法或许在于：以"犯罪本位"来展开而各有侧重。[①] 这就提示我们，应然意义上的犯罪人和被害人是在刑事政策场域这一"游戏"空间内，为了自身的利益，运用其所拥有的各种资本争夺资源，以维护或改进其所处位置的个体。刑事权力既是二者争夺的对象，也是主导二者权利义务关系的决定性力量。近代以来的刑事政策实践中，犯罪人利益的保障日渐成为刑事政策理论的重要主旨，包括罪刑法定原则、犯罪未完成形态、共犯的划分等刑法模型的建构均一定程度上体现了这一点。也正是在这个意义上，刑法典被视为犯罪人的大宪章，近代刑法的基本原则和范畴得以构建。

其实，在犯罪人与犯罪被害人之间，后者并非绝对意义上的弱者。或许，福柯微观权力理论可以促使我们更好地认清二者之间的关系。福柯看来，与其说权力是一种实体，是一个人凭借他的出身而拥有和实施的东西，不如说它是一种关系。它不属于任何个人，也不可能被任何人所独占。事实上，权力是一台巨大的机器，每个人，无论他是施展权力的，还

---

① 参见周密《论证犯罪学》（增订本），北京大学出版社2005年版，第106页。

是被权力控制的,都被套在里面。① 然而,这种关系又不是固定不变的,它很快会从一个地点或场域转移到另一个地点或场域,权力关系中的支配与被支配地位是暂时的。因此,福柯认为,若要真切地理解权力的实现过程,必须关注权力运作的末梢,必须关注一种权力与另一种权力交界的地方。② 这样,考虑诉讼双方在角逐过程中采用的策略与技术就至为关键,刑事政策实践中的很多案例均证实了这一基本判断。因此,犯罪被害人刑事政策的构建中,犯罪人和犯罪被害人的利益平衡,就成了不可回避的内容之一。

四 价值基点:抚慰的正义

庞德认为"价值问题虽然是一个困难的问题,(但)它是法律科学所不能回避的。即使是最粗糙的、最草率的或最反复无常的关系调整或行为安排,在其背后总有对各种互相冲突和互相重叠的利益进行评价的某种准则"③。刑事政策亦不例外。

在抗制犯罪和保障人权为整体价值的刑事政策范畴中,犯罪被害人刑事政策的价值观就蕴含着这样的准则。首先,应该是所有人的正义。正如弗莱彻指出的,"很清楚,正义不仅要求关注被告人,而且要求注意被害人"④。其次,应该是被害人的群体性正义。"从最广泛的和最为一般的意义上讲,正义的关注点可以被认为是一个群体的秩序或一个社会制度是否适合于实现其基本的目标。"⑤ 作为犯罪行为的侵害对象群体,犯罪被害人导向刑事政策的价值意蕴是,建立在被害人情感考察基础上,以抚慰被害人情感为内涵的回应型秩序和制度安排。

---

① [法]米歇尔·福柯:《权力的眼睛》,严锋译,上海人民出版社1997年版,第161—163页。
② 参见[美]南希·弗雷泽《福柯论现代权力》,李静韬译,载汪民安编《福柯的面孔》,文化艺术出版社2001年版,第141页。
③ [美]庞德:《法理学:通过法律的社会控制》,沈宗灵译,商务印书馆1984年版,第55页。
④ [美]乔治·P. 弗莱彻:《刑法的基本概念》,王世洲等译,中国政法大学出版社2000年版,第50页。
⑤ [美]博登海默:《法理学——法律哲学与法律方法》,邓正来译,中国政法大学出版社1999年版,第261页。

由此，抚慰的正义观在对被害人情感回应基础上得以构建。首先，借鉴情感现象学方法，被害人情感可以分为：感官感受、生命感受、心灵感受、精神感受四种类型。感官感受往往和某个感官存在本质联系，例如，疼痛、憋闷、麻木、瘙痒等；生命感受往往和整个生命机体存在本质联系，例如，虚弱、疲惫、紧张、有活力、精力充沛等；心灵感受往往和人的心灵存在本质关系，例如，悲伤、痛苦、绝望、愉快、欢乐等；精神感受往往和纯粹的宗教形而上学精神存在本质关联，例如，虔诚、安宁、公平、正义等。其次，抚慰的正义观是以被害人情感为关照的回应型秩序和制度安排。犯罪被害人上述感受之间存在着深度层次的差别，越往后深度层次越高，越具有高级的价值等级，越能体现人之为人的本质。被害人的感官感受和生命感受都具有生理性、短暂性和可恢复性的特点，而心灵感受则具有心理性、长期性和不易恢复性的特点，它们都具有相对性，受到感官、机体和环境的限制；与之相反，精神感受的呈现是不依赖于人的感官或机体的，例如，公平、正义等精神价值只能通过精神感受被给予。

因此，被害人情感关照的侧重点在于回应其心灵感受和精神感受，此为被害人情感抚慰的核心所在，抚慰的正义观就是旨在回应被害人心灵感受和精神感受的秩序创建和制度性安排。具体而言，就是要在刑事司法理性和法律逻辑的限度内，以被害人情感的满足和实质的利益保障作为对犯罪被害人抚慰的主要内容，综合运用刑罚、经济补偿、精神支持和被害人社区关系回复等手段，实现维持秩序和保障人权的刑事政策终极目标。

第三节 犯罪被害人刑事政策基本命题辨析

在刑事政策体系中提倡一种犯罪被害人刑事政策的根本要义，或许并不在于重复性提出犯罪被害人补偿、情感抚慰、增加程序性权利等为人熟知的所谓"对策"，而是在揭示被害人行动策略和逻辑的基础上建构起旨在体现"行动者—场域"互动的关系型刑事政策生成模式，凸显刑事政策上"垂直维度"向"水平维度"转换的动力机制，既有效地回应刑事政策动态开放性的逻辑内在性要求，又为刑事政策的合法性提供权力之外的外部力量来源。其根本目的在于，借由这一行动策略及其结构化进程，实现犯罪被害人（更多是潜在的被害人）对已有的刑事权力运行的"系统信任"。①

正如布迪厄所言,"建构一种科学的对象,首当其冲的是要与常识划清界限,也就是说,与那些被大家所共同持有的见解划清界限,不管它是日常生存状态里的老生常谈,还是一本正经的官方见解"②。鉴于犯罪被害人刑事政策是一个全新的范畴,为了更好地理解它,需要通过辨析几个基础性的命题,进一步厘清犯罪被害人刑事政策的基本特征。

一 犯罪被害人刑事政策与刑事政策系统

犯罪被害人刑事政策是现代刑事政策体系的一个组成部分。按照刑事政策面向主体的差异,可以概括为犯罪人刑事政策和犯罪被害人刑事政策,前者的核心是惩戒和预防犯罪,后者的核心是关注犯罪被害人处遇。从这一意义上,传统刑事政策可视为人类社会为抗制犯罪现象而做出一种正式反应,是司法机关围绕犯罪现象和犯罪人构建起来的一套行动策略。其策略方式具有典型的垂直维度特征,表现为司法机关通过犯罪圈和刑罚圈调整打击犯罪,维持社会基本秩序,其本质特征在于"强调了工具性的行动、理性选择和合法性权威的力量"③。

传统的刑事政策,在整体上"主要关心焦点在于犯罪者的改善更生,而忽略了犯罪被害者。然而,犯罪乃发生于犯罪者与被害者之间,若只关心犯罪者而忽略犯罪被害者,即无法掌控实际的犯罪事实,更无法有效防制犯罪"④。例如,新中国成立时惩办与宽大相结合刑事政策,三次"严打"政策、当下宽严相济刑事政策,国外的例如美国著名的"三振法案",都具有鲜明的犯罪惩治策略性特点。这种关注犯罪人处遇和矫正,忽略犯罪被害人保护的犯罪人导向刑事政策,在抗制犯罪方面具有鲜明针对性的同时,存在着忽视犯罪被害人保护的视野缺陷,特别是在"刑事政

---

① 卢曼强调指出,现代社会里的这种对系统的信任不同于基于"经验到的,以传统为保证的,邻近世界上的"传统信任(对人的信任),而是依赖"复杂性简化"过程明确,并通过"个人主义的期待制度化"来实现,本质是一种合法性信任。参见[德]卢曼《信任》,瞿铁鹏、李强译,上海人民出版社2005年版,第76—79页。

② [法]布迪厄、华德康:《实践与反思——反思社会学导论》,李猛、李康译,中央编译出版社1998年版,第359页。

③ [英]科尔巴奇:《政策》,张毅、韩志明译,吉林人民出版社2005年版,第31页。

④ 许福生:《刑事政策学》,中国民主法制出版社2006年版,第15页。

策的策略化倾向的掩盖下,刑事政策的内容局限于分化、瓦解和打击犯罪分子,使得刑事政策的视野被大为遮蔽"[1]。更为重要的在于,这种"反犯罪"宗旨的刑事政策是消极的,"因为它从一开始就没有要求对犯罪局势和刑事司法机关活动的结果进行客观的特别是批判性的分析,它包含着使我们的社会回到已经经历过的、使刑事镇压的飞轮迅速旋转道路上去的潜在危险"[2]。

犯罪被害人刑事政策是对传统犯罪人刑事政策的纠偏和修正。传统刑事法律关系"犯罪人—国家"二元结构是导致刑事政策单一犯罪抗制使命的逻辑基础。"在政策研究中,最诱人的术语就是'决策者'。它传达了一种印象,就是由明确的和有目的的决策者们组成一个群体来决定政策方针"[3],弗莱彻因此写道:"在美国以及今天大部分普通法世界中,检察官都主张在对侵犯私人个体的犯罪适用的刑罚中,拥有排他性的权力。……只有国家或者人民能够要求刑罚。"[4] 国家和犯罪人是刑事法律关系的主体,内容是国家和犯罪人之间的权利义务关系,即国家有指控犯罪人的权利,也有举证的义务;犯罪人有承担刑事责任的义务,也有在承担刑事责任外要求国家依法予以保护的权利。近年来,人们在对刑事法律关系认识不断深化的基础上,提出了"犯罪人—被害人—国家"的三元模式,确立了犯罪被害人的刑事法律主体地位,扩展刑事政策视野到犯罪现象中的各种存在因素,并在对传统刑事政策纠偏和修正的基础上促成了犯罪被害人刑事政策的发轫。

二 犯罪被害人刑事政策与犯罪人权利保障

被害人刑事政策核心内容是对刑事司法无视犯罪被害人境况一定程度上的矫正和回复,而不是提升或者强化。人们对犯罪被害人权利强化和犯罪人权益牺牲之间对立的担忧,根本上是受理想化犯罪类型的影响,通常以一分为二的方式将被害人与犯罪人描绘成完全分离的社会群体,被害人

---

[1] 严励:《中国刑事政策的建构理性》,中国政法大学出版社2010年版,第4页。

[2] [俄] С. С. Босхолов:《刑事政策的基础》,刘向文译,郑州大学出版社2002年版,第22—23页。

[3] [英] 科尔巴奇:《政策》,张毅、韩志明译,吉林人民出版社2005年版,第30页。

[4] [美] 乔治·P. 弗莱彻:《刑法的基本概念》,王世洲等译,中国政法大学出版社2004年版,第45页。

的利益也被假定为自动与犯罪人的利益相对立,这样,鉴于为了被害人的利益调整刑事政策的需要,可以得出一个含蓄的结论,即这必将必然地、不可避免地以牺牲犯罪人的利益为代价。实际情况是,被害人和犯罪人之间的对立,从时空意义上来说,大部分基于犯罪行为触发的对立具有特定的时间节点性,即行为时和行为后的应激反应时期,而不是全程性的。犯罪行为发生后的一段时间内,犯罪人救赎需要和被害人的抚慰需要会让两个主体在一定程度上形成"合作",这种合作可以是私下的,也可以是司法机关主导下的,但本质都是打破对立,形成对双方都相对有利的结果。

犯罪被害人的需要应区别对待,单纯情感冲动和报复意愿需在刑事司法理性下限制和疏导。犯罪被害人的需要,包括物质的、情感的、社会认可的需要等①,不仅仅是所谓的国家补偿或者救助一极,这就需要对其区别分析和对待。首先,报应情感的满足是犯罪被害人导向刑事政策的首要价值内涵。因为"报应论虽然并不期待在知识界获得广泛认同,但是似乎没有理由假设它在公众观念中不能得到坚定的支持"②。正是公众中的坚定支持赋予了报应超越时空的合理基础,而无视此报应情感的刑事政策往往会因失去公众信赖而最终失效。同时,由于"刑事政策是国家基于犯罪原因认识,对已然犯罪采取的以刑罚为主要内容的一系列反应和处置活动"③。因此,刑罚的运用是实现报应情感的主要方式,满足报应情感也成为刑罚制度存在的根据之一。其次,从"被害人的角度来看,刑罚的实现只是满足了他的报应诉求,恢复了其在社会生活中的安全感和部分的公正感,而对于其现实生活来讲,经济损失的恢复或许更具有实质意义"④。犯罪的发生终止于特定的时空,但它所带来的物质损失却可能成为影响深远的要素,一直在被害人此后的生活中延续。因此,实质的利益保障构成了被害人导向刑事政策的重要内容,其实现方式上主要包括了犯罪损害赔偿和国家补偿两个方面,二者在逻辑和程序有一定的衔接性,即国家补偿为犯罪被害人不能获得犯罪人赔偿时的救济途径选择。从法律逻辑的层面

---

① 根据恢复性司法有关原理,被害人的需要得到满足,才会使被害人从犯罪的"反应阶段"进入到"修复和重组阶段"。参见[英]格里·约翰斯通《恢复性司法:理念、价值与争议》,郝方昉译,中国人民公安大学出版社2011年版,第78—80页。
② [美]帕克:《刑事制裁的界限》,梁根林等译,法律出版社2008年版,第8页。
③ 宣刚:《刑事政策概念探析》,《温州大学学报》(社会科学版)2009年第6期。
④ 秦策:《恢复性正义理念下的被害人权利保护》,《法制现代化研究》2009年春季卷。

看，犯罪损害赔偿为主，国家补偿辅助的进路是较为现实和可行的。

必须要指出的是，不能因为满足被害人的报复情绪而加重犯罪人的刑罚，或者如果刑事政策的实施只是为了使被害人满意而设计的，那么它就要被降格为报复，从而也会因不具备理性精神而不能寻求合法性基础；从系统论视野看，犯罪被害人刑事政策作为刑事政策的一个重要组成部分，也必须保持自己的公共性政策特征，它并不是一种纯粹私人的制度，也就不能仅仅只专注于犯罪被害人权利一极，而是从属于犯罪抗制、人权保障的刑事政策整体价值多极化的需要。

三 犯罪被害人刑事政策与刑事被害人国家补偿

实践中的犯罪被害人困境引发了刑事被害人补偿的兴起。近十几年来，张君案、马加爵案、邱兴华案，都以惨重的伤亡让世人震惊。然而，我们记住了杀人者的凶残，并忙于探讨杀人者的心理之际，却很少记住被害者的名字。同时要指出的是，2001年，张君案中，50多位受害家庭无奈撤回了民事赔偿要求，因为张君的个人财产只有2300元；2004年，马加爵案中，三个受害家庭提出80余万元索赔，法院最终判决只赔偿每家2万元；2006年，杀死11人的邱兴华，到死都没给受害者家庭一分钱的赔偿。正如埃利希所言，实践中"人们并不期待佩有阿喀琉斯之盾的法庭审判现场的智者按照什么已然确定的规则进行审判，而是希望他们根据其对人性的深刻洞见来寻找平息有关赔偿被杀者之争讼的判决"[1]。因此，通过确立被害人国家补偿制度，由国家在经济上补偿被害人损失，已成为我国刑事司法和社会救助领域的广泛共识。

犯罪被害人刑事政策中包含了刑事被害人[2]国家补偿的做法。从"被害人的角度来看，刑罚的实现只是满足了他的报应诉求，恢复了其在社会生活中的安全感和部分的公正感，而对于其现实生活来讲，经济损失的恢复或许更具有实质意义"[3]。因此，刑事被害人国家补偿构成了被害人导向刑事政策的重要内容。当下我国学界热衷于论证刑事被害人国家补偿的

---

[1] [奥] 埃利希：《法社会学原理》，舒国滢译，中国大百科全书出版社2009年版，第263—264页。

[2] 我国目前进入国家补偿视野的被害人，均为具有确定的刑事被告人、被告人无法赔偿、被害人因此生活困难等条件的经历了刑事诉讼环节的刑事被害人。

[3] 秦策：《恢复性正义理念下的被害人权利保护》，《法制现代化研究》2009年春季卷。

法理基础，救济渠道，资金来源范围等，实务界多强调被害人的救助立法和试点工作①，似乎关注被害人就是提供国家补偿这样一个事后补救的渠道。

当下过于强调和倚重刑事被害国家补偿的做法，由于自身的逻辑缺陷导致了实际的不可行。从事实逻辑上看，直接造成被害人损失的是他人的犯罪行为，由此，犯罪人是承担犯罪损害赔偿的第一性责任人，国家补偿是在犯罪人的第一性责任缺失时的替代性措施。从价值逻辑来看，国家补偿有一定的援助性，但它不是公共福利，其目标是保障因犯罪行为处于生活困难的犯罪被害人基本的生存条件。当下，我国司法实践中的被害人国家救助制度，应视为国家补偿制度建立之前的过渡性制度安排。随着犯罪被害人导向刑事政策的建立和完善，国家补偿在被害人保护中的作用也会越来越重要，但不应该也不能成为唯一的举措。

最重要的区别在于，犯罪被害人刑事政策是一种过程性、关系性的理念体系，对犯罪被害人的关注具有全程性、交互性和广泛性的特点。被害人导向刑事政策在刑事立法政策、司法政策和行刑政策等运行阶段，都会关注被害人的存在，关切其需求，而不应仅仅执事后救济一端。例如，对性侵犯犯罪的被害人，除了正式的刑事处分救济之外，应该关注被害人的社区融入，恢复其正常的人群交往和社区认同感。基于犯罪被害人在刑事政策中交互主体性的存在样态，需要在被害人与犯罪人、司法机关、所处社区的互动中，根据特定犯罪行为，相应地选择可以包括物质、情感和社区回归在内的广泛措施。

四　犯罪被害人刑事政策与恢复性司法

恢复性司法运动是20世纪围绕犯罪被害人最重要的司法思潮和实践活动。尽管理论中存在着诸多恢复性司法的不同观点，但较为人们广泛认可的恢复性司法的内涵是英国犯罪学家马歇尔提出的，"恢复性司法是一种过程，在这一过程中，所有与特定犯罪有关的当事人走到一起，共同商

---

① 据笔者不完全统计，刑事被害人救助的法规，全国的有2009年中央政法委、最高人民法院、最高人民检察院等八部委的《关于开展刑事被害人救助工作的若干意见》；地方试点较早生效的法律规章包括2004年青岛市《刑事案件受害人生活困难救助办法》，2009年江苏省无锡《刑事被害人特困救助条例》，2010年宁夏出台首个省级立法《刑事被害人困难救助条例》，2010年广西百色市《检察机关推进刑事被害人救助实施意见》等。

讨如何处理犯罪所造成的后果及其未来的影响"①。在此框架下，恢复性司法寻求如下几个要素：充分的参与和协商，愈合犯罪创伤，充分和直接的责任，整合已经造成的分裂，强化社区建设以预防进一步的伤害。② 在恢复性司法的实践中，各国根据这一理念，创新出诸多做法，表明了恢复性司法在化解传统司法程序性、严格性和形式性弊端方面具有的活力和优势。

从促成犯罪被害人地位提升和权利保障角度来看，恢复性司法做出了积极的努力。恢复性司法强调，"在拉开序幕的法庭舞台上，在犯罪人与国家之间上演的戏剧中，被害人不再被归类到证人或者观众的行列，他们是关键人物。恢复性司法把犯罪事件构思为伤害个体之间关系的事件，那么个体之间的关系只能合乎逻辑地由那些关系的同一个体来解决"③。犯罪被害人和社区成了恢复性司法的两个核心概念，前者是恢复性司法活动的中心，后者是纠纷解决的出路和秩序恢复的依托。从西方各国的实践看，在恢复性司法程序中，罪犯与被害人及受犯罪影响的其他人自愿通过对话达成协议，罪犯将以赔偿、道歉等方式向被害人等直接承担责任，尽可能恢复被害人精神上、物质上的损失。另外，罪犯还要向受犯罪影响的社区负责，有责任恢复社区安宁，帮助恢复社区成员的安全感。恢复性司法完全不同于传统的报应性刑事司法之惩罚犯罪的目的，而在于使受到犯罪影响的各方当事人（包括被害人、罪犯、社区等）及其相互关系尽可能地恢复到犯罪前状态。

同时，必须看到的是，恢复性司法与本书所指犯罪被害人刑事政策具有明显的差异。

首先，基本概念和前提理解的差异。表现在犯罪、责任和处遇措施等方面，恢复性司法和被害人刑事政策均存在着差异之处。根据日本学者高桥则夫的归纳，恢复性司法把犯罪视为对人际关系的侵害，由此产生了对

---

① Daniel Van Ness, Allison Morries and Cabrielle Maxwell, "Introducing Restorative Justiece", in Allison Morries and Cabrielle Maxwel (eds.), *Retorative justice for Jwenliles—Conferencing, Mediation and Circles*, Hart Publishing, 2001, p. 17.

② 参见 [英] 格里·约翰斯通《恢复性司法：理念、价值与争议》，郝方昉译，中国人民公安大学出版社2012年版，第3 5页。

③ [英] 格里·约翰斯通、[美] 丹尼尔·范内斯：《恢复性司法手册》，王平等译，中国人民公安大学出版社2012年版，第224页。

被害人的责任,进而主要由经济赔偿方式来处遇。① 而本书所指的被害人刑事政策,在结构上隶属于刑事权力主导下的刑事政策体系,对犯罪概念、刑事责任和刑罚处遇措施等概念和范畴,需要在现行刑法规范下理解和使用。

其次,关注被害人的阶段性差异。犯罪被害人刑事政策作为一种基于行动主体建构的刑事政策,要求在刑事立法、司法和行刑阶段引入被害人策略和逻辑考察,强调在被害人与司法机关、犯罪人之间的关系性互动中维护被害人权益;恢复性司法的核心在于审前阶段、审判过程以及判后阶段犯罪被害人地位、作用及救济等问题在多大程度上得以解决。从西方各国的恢复性司法实践来看,无论是英国的"一站式服务"机构,加拿大的"圆桌会议"形式,还是美国的"社区法院"模式,均着眼于案件的司法阶段。

最后,运行机制不同。因为"刑事政策被理解为刑事权力的决策;反过来说,只有一种政治决策是基于刑事权力而作出的,这种决策才可能是刑事政策"②,犯罪被害人刑事政策的运行必须借助刑事权力,刑事政策场域中的犯罪被害人的意志及其被害情感,不能直接变换成立法内容或司法依据,而是需要借助场域斗争规律和资本争夺接近刑事权力来实现;恢复性司法是对"失败了的报应性司法模式"③的摆脱和变革,其核心是改变犯罪人应当通过司法程序受到惩罚这一范式或视角的束缚,避免刑事权力的垄断性处置,替代以灵活多样的方式修复犯罪损害的社会关系,提升人们的道德水平,并形成和强化社区观念。前者属于刑事权力主导下的正式性措施,后者属于非正式的,以社区为基础的冲突解决方式。

---

① 参见[日]高桥则夫《关于被害人的刑事司法和回复性司法》,转引自宋英辉《刑事诉讼原理导读》,中国检察出版社2008年版,第365—366页。

② 刘远:《论刑事政治与刑事政策——兼论"宽严相济"》,《甘肃政法学院学报》2008年第6期。

③ Garland, *The Culture of Control: Crime and Social Order in Contemporary Socoety*, Oxford university Press, 2001, pp. 167-170.

第三章

被害情感的理性建构：犯罪被害人刑事政策价值论

> 社会秩序的合法性不是……深谋远虑、目标明确的宣传或符号哄骗的产物；毋宁说，它来自这样的一个事实，即行动者面对社会世界的客观结构所运用的感知和评价的结构，正是社会世界客观结构的产物，并且，这种感知和评价的结构倾向于将世界视为不言自明的。
>
> ——布迪厄，《社会空间与象征权力》

犯罪被害人在刑事政策场域中的行动策略和逻辑分析，为犯罪被害人刑事政策的建构提供了本体论基础。而如果进一步理解和揭示犯罪被害人行动策略和逻辑，就需要深入考察犯罪被害人的行动策略和逻辑背后的推动力量，这就提出了被害反应[1]的产生和运作机制等一系列理论难题，也就进入了布迪厄提倡的"惯习"范式的视野。在场域—惯习范式下，惯习是"持久地配备了有规划即兴之作的生成动力"[2]，是"一种社会化了的主观性"[3]，是"持续的、可转换的性情倾向系统，倾向于被建构的结

---

[1] 一般来说，被害反应是指被害人在遭受犯罪行为后常见的心理活动和行为方式的统称，是一个连续和系列的反应。参见李伟《犯罪被害人学》，中国人民公安大学出版社2010年版，第42—44页。

[2] [法]布迪厄：《实践感》，蒋梓骅译，译林出版社2003年版，第87页。

[3] [法]布迪厄、华德康：《实践与反思——反思社会学导论》，李猛、李康译，中央编译出版社1998年版，第170页。

构,发挥具有建构能力的结构功能"①。它表明,惯习从来源和功能上来说,是主观的知觉评价及其由行动体现出的实践图式和行为倾向所构成的系统,并且这一系统建构赋予了行动者行为动力。

应该指出的是,布迪厄的惯习范畴重要价值在于方法论而不是认识论层面,因此惯习的内容包括但显然不限于行动者的情绪、情感等心理内容,被害人惯习系统亦是如此。考虑到本书所指被害人刑事政策场域中惯习范畴的侧重点在于揭示犯罪行为刺激后的主观建构理性力量,下文阐述的被害情绪和被害情感在性质上属于被害人惯习核心内容之所在。心理学上将这一"个体主观引发并决定行为"的惯习建构性问题称为行为动力理论,认为在个体纷繁复杂的行为外在表现背后隐藏着行为动力的心理机制和复杂系统,其中包括了需要、动机、情绪等重要因素。②传统刑事政策受刑法理性主义的影响,往往把被害心理和行为看作意气用事、发泄情绪的非理性现象,一方面有意无意忽视甚至排斥情感因素的作用,另一方面却又不得不在刑事司法中尴尬地面对被害情感或公众情感对定罪量刑的实际影响。造成上述现象的本质原因在于,已有刑事政策研究中缺乏对被害心理、被害情感的正确认识。

因此,本章从场域—惯习的分析范式出发,运用心理学行为动力理论认识和理解刑事政策场域中犯罪被害人行为及其策略逻辑,进一步分析犯罪被害心理现象的内容如何,被害情绪和被害情感的区别何在,如何认识被害情感的理性和社会性成分,现代刑事法学中被害情感的存在有何意义等理论命题,从而实现对刑事政策场域中被害人惯习系统的概括认知和建构理性分析。概括而言,即揭示犯罪被害情感及其刑事政策意义的命题,从而为被害人刑事政策奠定价值基点和合法性基础,才能使被害人不再成为刑法理论和刑事司法中的"被害人"③。

---

① [美]戴维·斯沃茨:《文化与权力:布尔迪厄的社会学》,陶东风译,上海译文出版社2006年版,第117页。

② 参见姚本先《心理学》,高等教育出版社2005年版,第93—97页。

③ 传统的刑法理论排除被害人的地位,刑法被视为调整国家与犯罪人之间关系的法律,被害人在刑法学中被边缘化了,正是在这个意义上,被害人成了刑法理论研究中的"被害人"。参见冯军《刑法中的自我答责》,《中国法学》2006年第3期。

第一节 被害心理、被害情绪和被害情感

一 犯罪被害心理概述

(一) 犯罪被害心理现象

1. 被害心理概念和特征

心理是人脑的机能,是客观世界在人脑中的反应,它涉及感觉、知觉、记忆、思维、动机、情绪和个性等心理过程和人格特征。以大脑为核心的神经系统是人的心理活动的生理基础,生理基础的差异引发了被害人被害后常常有多种心理表现。正如有很早学者指出的,被害人"有的因害怕在诉讼中受到第二次侵害或者害怕犯罪分子及其亲属的报复而不敢告发犯罪,有的因社会不能对其进行有效的援助而不满意,或者复仇心理未得到满足而对国家法律不信任,有的因在诉讼中暴露了个人隐私而感到痛心疾首、无地自容,等等"[①],它表明被害心理具有个体性和涉法性的特点。

刑法学界一般认为,被害人心理是情绪化和捉摸不透的主观内容,是被害人的意气用事,应排除刑事司法的视野之外。或许正是因此,相较于犯罪心理学研究的深入和繁荣,被害人心理研究尚处于孱弱的地位。最为人熟知的被害心理现象莫过于"斯德哥尔摩综合征"(Stockholm syndrome),又称斯德哥尔摩效应、人质情结或人质综合征[②],其主要"症状"包括:"被害人对加害者的态度由敌视转为友好,甚至积极地结成联盟,对当局则持不信任和敌视态度;在回忆恐怖事件时,被害人注意的焦点常常放在恐怖分子的友好行为而不是其暴行上,对其行为的犯罪本质采取有意视而不见或同情的态度。"心理学上看,出现这种综合征的原因在于超过一定限度的暴力和冲突歪曲了被害人对于现实的理解和心理,如果当局营救人质不力,被害者对于犯罪者产生情感,甚至反过来帮助犯罪者的一种情结。

不难看出,被害心理是犯罪行为引发的连续性和阶段性心理活动。从一般心理现象的角度看,被害人心理包括被害人的心理活动过程、心理状

---

① 王延君:《被害人化刍议》,《法学研究》1990年第3期。

② 邹瑜、顾明编:《法学大辞典》,中国政法大学出版社1991年版,第1524页。

态、个性倾向和个性心理特征；从发生时间阶段来看，包括被害人在被害发生前存在的被害心理危机，被害发生时的心理状态，被害发生后的心理表现等。因此，犯罪被害心理是一个过程性和阶段性的心理现象。与一般犯罪学研究视域不同的是，刑事政策研究客体的被害心理关注犯罪现象发生之后的被害人心理变化及其影响，在范围上包括了近期的心理损害和远期的心理损害两个组成部分；在心理损害来源上，既包括犯罪行为，也包括司法机关工作人员、被害人亲属、周围人的态度和评价，而后者往往构成了所谓被害人"二次被害"的主要原因。[①]

进一步，根据被害心理内容差异可以分为被害情绪和被害情感。心理学上把客观事物是否符合人的需要和愿望的主观体验或感情世界分为情绪和情感，它们既是一种主观体验，也是对现实的反应。但二者在内容和表现性等方面具有差异：情绪一般和生理需要、机体活动、感觉等关联，而情感一般和社会需求、社会认知、理性观念等关联；情绪具有情境性和浅表性，易随情景的变迁而减弱，而情感不仅具有情境性，还具有稳定性和深刻性；情绪带有更多的冲动性和外显的表现，而情感更加深沉和内隐。[②] 这一心理学的分类对犯罪被害心理研究极具指导意义，它表明被害心理的内在本质特征，"与民法上的损害不同的是，犯罪造成的精神损害，不是存在于外部世界的客观物，而是情绪、感觉、愿望、冲动，简言之：是心理现象"[③]。即是一种综合心理现象，包括情绪和情感两种。与日常生活二者不加区分地混用不同，心理学中，"把原始的情绪看作与生理需要的满足与否相联系的心理活动，把情感看作与社会性的需要满足与

[①] 学界逐渐认识到，被害人所受到的伤害绝非通常认为的仅仅犯罪直接带来的物理性伤害，而是一个多角度、长期性、多元加害主体的渐进式和阶段化的复杂过程，其中被害人归因、司法机关忽视被害心理的不当司法行为等因素会造成首次被害之后，由于负面的社会或群体反应而造成的对被害人的进一步侵害，称为二次被害或再次被害，也有学者把被害人在心理上自我谴责或者自我摧残的过程称作第三次被害人化。参见李川《三次被害理论视野下我国被害人研究之反思》，《华东政法大学学报》2011年第4期；王延君《被害人化刍议》，《法学研究》1990年第3期。

[②] 参见章志光《心理学》，人民教育出版社1984年版，第280页。

[③] 参见［德］米夏埃尔·帕夫利《人格体·主体·公民：刑罚的合法性研究》，谭淦译，中国人民大学出版社2011年版，第47页。

否相联系的心理活动"①，据此可以把被害心理分为被害情绪和被害情感两个层级不同的现象，其刑事政策意义也是不同的。当然，应该指出的是，这种分类是相对的，"具有稳定社会内容的高级情感，有时可能以鲜明勃发的形式表现为一种情绪；与人的生理需要相联系的情绪，有时也可能由赋予它的社会内容而改变它的原始表现形式"②。实际上，也有的心理学家对情感和情绪不加区分，在同等意义上使用这两个概念。

综上，本书认为，犯罪被害心理是被害人遭遇犯罪现象之后产生的一系列复杂和多变的心理现象的总称，包括被害情绪和被害情感两个不同层级的内容。

2. 被害心理的特征

基于犯罪学立场的被害人心理研究，我国学者揭示了被害（人）心理特征的诸多方面。1997年任克勤提出被害人心理具有特定性、法定性和不可替代性；2002年柏森认为，被害人心理具有特定性和法定性的特征，包括被害发生前存在的心理危机、被害发生时的心理状态、被害后的心理表现等几个阶段。③ 2005年罗屹峰等剖析了农民工被害心理的被害性，将被害心理分为被害前，被害中和被害后三个阶段，并有针对性地提出了对策④；2010年冯树梁在被害心理基础上提出了公众安全感的命题，认为安全感是衡量犯罪态势的一个质化的软指标⑤；2014年潘庆娜分析了未成年被害的心理类型，包括短期和长期心理损害，原生和派生的损害，需要建立相应的疏导机制。⑥

应当看到，上述观点对深入研究被害心理做出了积极的探索，但受限于犯罪学的犯罪预防场域视野，未能剖析被害心理的类型、组成及其关系，也没有涉及被害心理的深层社会意义，从而无法为"被害扩大化"的新时期犯罪形态（例如，食品安全犯罪）被害心态提供刑事立法支撑，

---

① 叶奕乾、祝蓓里：《心理学》，华东师范大学出版社1988年版，第202页。
② 何新编：《中外文化知识辞典》，黑龙江人民出版社1989年版，第157页。
③ 柏森：《被害人心理浅论》，《社会心理科学》2002年第1期。
④ 罗屹峰、陈航：《农民工刑事被害心理特征及被害救助与防范》，《甘肃理论学刊》2005年第2期。
⑤ 冯树梁：《中国刑事犯罪发展十论》，法律出版社2010年版，第67—69页。
⑥ 潘庆娜：《刑事案件未成年被害人的心理损害及其救助》，《湖北警官学院学报》2014年第6期。

概括而言，就是宏观视角①犯罪被害心理分析的缺失。因此，本书从刑事政策的场域分析方法出发，以被害人遭遇犯罪现象之后产生的一系列复杂和多变的心理现象为限，深入考察被害心理的主观内容及其分类，试图在宏观上揭示其中蕴含的刑事政策意义。基于这一分析视角出发，本书认为被害心理具有如下特征。

（1）被害心理的个体性

首先，被害心理内容复杂多样，包括了被害情绪和被害情感。一般来说，犯罪被害人在遭受到特定的犯罪行为侵害后，其个体内心世界是复杂多变且很难把握的，常见被害情绪包括恐惧、愤怒、后悔、自责、羞辱、绝望等。有学者对强奸被害人的心理研究发现，"被强奸几乎是一种改变命运的心理经历，并可能影响其今后的人生，情绪影响主要表现为恐惧、焦虑、抑郁、性功能障碍及情感疏离；精神损伤表现为，不再感觉安全，不再感觉自己是纯洁的，不再相信自己所生活的环境的直觉等"②，这里的精神损伤其实就是被害人的正义感、道德感等被害情感被扭曲的结果。当然，这种心理内容会因被害人的教育水平、家庭背景和所处地区等具体因素而有所差异，是复杂和难以把握的。

其次，受个体差异的影响，被害心理的后果具有个体差异性。从刑事政策的实践出发，有的被害人具有较高的"容受性"③而不会产生严重的心理损害后果，而有的被害人则可能陷入所谓"PTSD（创伤后应激障碍）状态"，它的表现形式较为复杂，它涉及"精神创伤与社会、精神、心理、躯体等多方面的问题，精神创伤症状表现为闪回、回避、警觉性增

---

① 根据有学者总结发现，被害心理研究可以分为，一类聚焦在微观被害机制上如被害人格、被害心理和心理；一类聚焦在宏观被害及其社会影响上，如被害情感，被害认同等。受犯罪学分类的影响，大多被害心理研究也常用性犯罪被害人心理、未成年人被害心理、家暴犯罪被害心理等分类，一般认为也属于微观机制上的研究视角。参见宋践《论当代社会被害性》，《南京大学法律评论》1998年春季号。

② [美]安德鲁·卡曼：《犯罪被害人学导论》（第6版），李伟等译，北京大学出版社2010年版，第303页。

③ 作为生理学和医学名词的容受性，常常用来指称子宫、肠胃等的容受性扩张，用来容纳体积超出原容量的婴儿或食物的特性。这里用来指被害人对外来被害刺激具有承受、包容甚至接受的特性，有的甚至成为犯罪的合作者或演变为犯罪人。参见汤啸天等《犯罪被害人学》，甘肃人民出版社1998年版，第152—153页。

高、抑郁、焦虑、认知功能损害等"①。或许正是被害心理的个体性和复杂性有悖于法治的理性特质,学者才试图竭力主张在刑事政策中把这种不稳定的情感因素排除在外,认为"被害人及亲属泪流满面的悲凉、血淋淋的犯罪现场……这一切都会让胸怀正义的人们无比愤慨,但必须承认,这同时也为情绪性民意的形成和释放提供了素材。因为,这些场景大多通过媒体或被害人获得,场景素材的片段性、片面性和'煽动性'都决定了其客观性值得考究,其中信息获得的不对称和对被害人的同情心起到了至关重要的作用"②。

毋庸置疑,被害心理的个体性确实存在着有悖刑事司法公正性和客观性的可能。例如,我国当前刑事诉讼中,被害人作为诉讼中的当事人,其主要参与诉讼的方式是作为证人,受到被害心理的个体性影响,被害人在提供证据或证言时,可能产生这几种倾向:夸大犯罪行为,使被告人受到较重的刑罚惩罚或为自己争取更多的赔偿;掩盖自身过错,不如实作证;出于维护名誉或恐惧,拒绝作证或否认受害;受暗示和主观想象做错误证言。

(2)被害心理的社会性

从理论层面来看,犯罪被害心理现象不仅是被害人一段"不堪回首"的心理体验和反应,还是颇具法律意味的社会现象。首先,情感社会学在反思西方哲学中"理性主义偏见"③的基础上,对人类心理和情感进行了系统的论证和揭示,认为"人的情感世界不仅有自身独立于理性逻辑的秩序和法则、本质和意义,而且,通过人的情感感受,一种客观的等级秩序也昭然若揭,生命的意义正是奠基在这种客观的等级秩序之上的"④。这就促使心理和情感因素摆脱了主观性、生理性的简单标签,而具备了特纳

---

① 王学义:《创伤后应激障碍》,北京大学医学出版社2012年版,第115页。
② 邵栋豪:《情绪性表达必须远离司法殿堂》,《光明日报》2011年8月4日第15版。
③ 西方哲学自古希腊以降,崇尚理性而贬低情感的态度就一直宰着大多数哲学家的探索方向,至笛卡尔时渐成统领哲学和方法论的主流,其中一般存在着把理性视为秩序的象征,把情感当作混乱的代名词偏见。
④ 张志平:《情感的本质与意义——舍勒的情感现象学概论》,上海人民出版社2006年版,第20页。

所言的"社会建构性"①意义。其次，刑法学研究在教义化转向的同时，也开始关注与心理和情感有关的保护。福尔克（Volk）从刑罚目的出发，认为："刑法的目的在于保护感情。对被激发出来之法意识的信赖和满足……不过就是感情而已。这种刑罚目的理论完全可以与法益理论协调一致。没有什么会比违反禁忌的举动更能引起人们不安的感觉……"应当"敞开"法益概念的大门，将"对禁忌、以伦理为基础的期望以及'感情'的保护，也看作合法的国家任务"②。罗克辛对此进行了反驳，认为一旦允许用刑法去保护感情，那么这种保护手段在什么时候是不合比例的，什么时候能够为其他的法律规制手段所代替，或者什么时候我们可以干脆放弃一切的保护措施，在这些问题上都会产生无穷无尽的争议。尽管教义学对心理和情感问题存在着争议，但却表明了对被害心理及其情感问题的关注。

被害心理具有弥散性特点，对社会公众影响深远。早在1954年，艾连伯格发表《犯罪者与被害人之间心理学上的关系》一文，提出了"潜在性的被害人"一词，将被害人的类型从现实被害扩展到社会中担心未来被害的公众；担心成为被害人的焦虑和不安心理，又促成了"被害认同"和被害扩大化。正是由于被害人与犯罪人、社会公众等之间的关联关系具有重要的社会性意味，而后者正是在刑事政策中研究被害心理的关键所在，对于认识和理解刑事政策制定的基础、社会公众的安全感、刑罚裁量等实践问题具有深远的影响。近年来，以刘涌案、许霆案、李昌奎案为代表的公众情感改变一审判决的典型案件，在社会上和司法界引起了极大的震动，其背后的被害心理和被害认同等情感因素日渐清晰起来，值得理论关注。

3. 被害心理研究的意义

（1）提升被害人心理学应用性研究的层次

正如罗大华教授指出，"整体而言，我国对被害人心理现象研究一直

---

① 特纳认为，情感必须在行动者情境定义的过程中被社会性地建构，特定的心理情感产生虽然受到与他人互动情境的决定，但个人在情境定义和应对他人时，对情感具有能动的调节作用，并由此创造着社会现实。参见［美］乔纳森·特纳《社会学理论的结构》（下），丘泽奇等译，华夏出版社2001年版，第199—201页。

② ［德］克劳斯·罗克辛：《对批判立法之法益概念的检视》，陈璇译，《法学评论》2015年第1期。

开展得不够充分"①。其中主要的原因在于，"传统的刑法学以及犯罪学领域总是与政治和权力的机构有紧密的连接，因此刑法学和犯罪学的理论旨趣在于提供权威机构现成的答案而非提出问题，某种意义上说，最大的危机在于我们不再去探讨的这些问题"②。以理性为其根基的西方哲学自始就对心理情感保持必要的谨慎，而在此基础上成长起来的法律也将情感讥为"阴暗角落里的愚昧"，始终是被排斥的对象。公平、正义等价值理念似乎只有在刚性的规则中被刚正不阿地践行才能完成理性法律的完美实现，所以，"法律无情"当之无愧地成为众多法学者鼓吹、标榜而为普通民众似懂非懂地"无奈"奉为真理的口号。因此，运用情感社会学和心理学的分析工具，观察和解析犯罪被害心理内涵、结构和位序等，完成对被害情感"非理性"的祛魅，就具有了提升被害人心理学应用性研究的层次的深刻意蕴。

(2) 开拓刑事政策理论研究的新视野

被害心理现象考察是促成刑事政策研究视野更新的重要契机。犯罪与被害是对立统一社会行动者。缺少任何一方，他方就不会存在，没有犯罪就无所谓犯罪之被害，只分析犯罪心理方面，而不分析被害心理方面，是不完全的，不能很好地解决实际问题。应当看到的是，受到当前以预防和惩罚犯罪为重心的刑事政策的影响，被害人心理学的研究重点一直是寻找被害人的易被害心理因素、探明被害期间被害人与犯罪人之间的心理互动过程，并以此为基础进行相应的被害预测和被害预防，最终达到有效地预防和控制犯罪的目的，而对于被害人在受害以后的心理状态、心理治疗及援助则缺乏应有的重视。在这个问题上，诚如大谷实所言："如果犯罪被害人在遭受由于犯罪而造成重大损害的不幸、但不能采取恢复被害感情及对被害人进行法律保护的措施的话，便会遭致犯罪被害人及市民对包括刑事司法在内的法秩序的不信任感，进而削弱刑法的规制机能。"③

---

① 罗大华、俞亮、张驰：《论刑事被害人的心理损害及其援助》，《政法学刊》2001年第5期。

② Castoriadis, C., *World in Fragments. Writings on politics, Society, Psychoanalysis, and the Imagination*, Stanford: Stanford University Press, 1997, p. 187.

③ ［日］大谷实：《刑事政策学》，黎宏译，中国人民大学出版社2009年版，第15页。

二 被害情绪的内涵和类型

1. 被害情绪

被害情绪是被害人受到犯罪行为刺激在大脑皮层产生的感知。按照詹姆士情绪学说的基本观点,"身体变化发生在对刺激事实的知觉之后,随着身体变化,产生出对这种身体变化的感受,即情绪"[①]。这一观点的要紧之处在于,揭示了情绪来源问题,认为情绪是外界刺激在人体内引起一系列内在转变的过程,是把人们对内脏和骨骼肌肉变化的感知反馈到大脑皮层,在意识中得到了反应,对于被害情绪而言亦是如此。这一分析原理旨在表明:一方面,被害情绪是被害人生理上对外来犯罪行为刺激由内而外的一种反馈,具有初级性、生理性和外在性的特征;另一方面,被害人情绪具有释放和化解外来犯罪行为不良刺激的功能,提示刑事政策系统可以在关注、引导被害情绪方面有所作为。

被害情绪具有调节和信号功能。情绪的信号和调节功能是指"对行为和活动具有一定的支配作用,并指引和维持行为的方向"[②]。一项调查研究表明,男女被害人之被害恐惧感不同。男性受害人在受访时皆表示其被害恐惧感大多来自担心家人遭受伤害;而女性被害人均表示害怕再度遭到绑架的伤害。[③] 受此情绪的影响,遭绑架被害人大多会改变生活作息避免再度被害:被害者在遭受暴力犯罪的侵害后,晚上会减少外出次数,可以不出门就不出门,以减少再度遭受暴力事件的发生。女性受访被害人表示案件发生后不敢随便坐出租车,晚上出门需家人接送,会提醒自己深夜不要外出,避免使自己处在危险的环境中。现实生活中,被害情绪的调节不当会引发不良社会后果甚至犯罪。据《西部商报》报道,2007年7月,甘肃酒泉一名女青年赵某在光天化日之下被一伙不法之徒当众殴打致伤,又被强迫脱光衣服在上百名围观者面前裸站两小时。然而谁曾想到,就在这起侮辱案件发生一个月后,被剥光衣服的受害女青年竟参与抢劫,从一个令人同情的受害人变成抢劫犯罪嫌疑人,她在抢劫过程中脱下鞋子打人

---

① [美]詹姆士:《心理学》,岩波书店1960年版,第175页。
② 章志光:《心理学》,人民教育出版社1984年版,第283页。
③ 蔡俊章、黄富源:《掳人勒赎犯罪解析与侦防策略》,五南图书出版股份有限公司2008年版,第511—513页。

耳光，并学着此前遭人剥光衣服受羞辱的样子，先后将三名中学生的衣服剥光，仅剩下短裤。赵某被酒泉市肃州区人民检察院提起公诉。起初的受害人沦为现在的阶下囚，这个过程不禁令人歔欷，尤其是受害过程与加害过程非常相似的情形下，就更应当引起社会的思考。许多研究表明，被害人在遭受心理创伤后，如果得不到很好的引导和调节，则极易导致人格异化并造成被害人对社会生活适应的困难，这是诱使被害人犯罪的一个重要因素。被害人可能还会以自己曾经被害为借口，获得对自身犯罪行为在道德上的宽容。

2. 被害情绪的种类

司法实践中，被害情绪的表现形式是多种多样的，包括恐惧、仇恨、悲哀、自责、愤怒、厌恶等方面。为深入探究，本书结合心理学有关原理，根据情绪发生的强度、快感度、紧张度和激动度几个因素把被害情绪的状态分为：被害心境、被害激情和被害应激三个类型。

（1）被害心境

被害心境是一种微弱、平静而持续时间较长，影响被害人整个精神活动的情绪状态。它来源于犯罪行为的刺激，但不限于此，而是一种影响人的所有体验的性质的情绪倾向，即是一种非定向的弥散性的情绪体验，具有弥散性和长期性的特点。

从被害情绪的内容来看，主要由不愉快的心境组成，具体表现可以是：闷闷不乐，兴趣缺乏，意志消沉、悲观消极等负面能力的情绪感知。应该指出的是，被害心境是情绪中潜在和持久的心理体验，具体的心境表现受犯罪行为类型影响。一般认为，被害心境持续时间的长短和犯罪行为刺激的强度有关系，即暴力犯罪、性犯罪被害人心境较长，而非暴力的财产犯罪被害人心境相对较短。应该指出的是，被害心境虽然是被害情绪中强度最低的一种主观感知，但其潜在危害却是严重的，长期和弥散的被害心境会引起被害人缺乏安全感，对周围事物和人失去信赖，出现所谓的"被害妄想症"现象。

（2）被害激情

被害激情是指被害人受到犯罪行为刺激后产生的强度很高但持续时间很短的情感，它是一种猛烈、迅速爆发、短暂的情感，如愤怒、恐惧、绝望等。与被害心境不同的是，被害激情在强度上是一种强烈的情感表现形式，具有迅猛、激烈、难以抑制等特点。

从被害激情的内容来看，人在激情的支配下，被害人的内脏器官、腺体和外部表现都会发生明显变化。表现在：暴怒时，肌肉紧张、语言粗鲁；绝望时目光呆滞、脸色苍白；悲伤时，木然不动或涕泪满面等。当被害激情的强度过大时会降低理智判断和思考的作用，甚至使人丧失了控制能力，从而调动身心的巨大潜力，做出不顾后果的行动，甚至引发新的犯罪行为。例如，福建省长乐市的张某系人力车驾驶员，2012年9月5日，他在等待载客时，被郑甲、郑乙无故殴打。张某被打后没有向公安机关报警求助，而是在激愤之下叫上儿子，并携带钢筋回到事发现场。看到郑乙仍在现场，张某遂上前质问，却被郑乙掐住脖子威胁。张某挣脱后持钢筋击打郑乙头面部等处，导致郑乙眼部严重受伤。经鉴定郑乙伤情构成重伤、七级伤残。这里张某无端被打之后，其被害激情主要是愤怒和激怒，过强的被害激情导致他丧失了正常的理智，采取报复和殴打的行为，转变成为犯罪人并受到了有期徒刑三年，缓刑四年的刑罚处罚。①

（3）被害应激

被害应激是被害人因处于意料的紧迫情况而引起的急速和高度紧张的情绪状态。其心理学过程在于：犯罪行为改变了被害人的机体激活水平，包括肌肉的紧张度，腺体分泌增强、心率加快等生理变化。在极度紧张的情况下，被害人由于身体各部分机能的改变，引发全身性的兴奋泛化，出现行为紊乱和不能准确实现行为目的的情况。

在被害应激情绪的影响下，被害人有两种可能性命运。一种是被害人因高度紧张而激活身体机能，急中生智，迅速做出大胆而合理的举动，化险为夷，转危为安；另一种则是慌张失措，木讷和行动迟缓，产生应激障碍。在应激障碍影响下，被害人因过度紧张而抑制了人的智能活动，使认识、判断、决策能力降低，导致被害。从心理学角度看，应激情绪障碍的主要心理成分是恐惧和焦虑，被害应激情绪状态下，许多人容易产生生理失控，言行失态。生理失控包括：四肢无力，浑身颤抖，大小便失禁等；言行失控包括：大喊、大叫，呼喊救命。在被害情景下，被害人产生的情绪障碍，引发的异常生理及行为，影响犯罪动机，或深化，或中止。

由此，我们发现，被害情绪的内容和特征决定了其在刑事政策中的作

---

① 《无端被打激情报复 被害人变成被告人》（http://clsfy.chinacourt.org/public/detail.php?id=2397）。

用及其限度。首先，刑事政策应正视被害情绪，适当创设相关制度为被害情绪宣泄提供"通道"。2013年6月，厦门公交车爆炸案告破，证实犯罪嫌疑人60岁的陈水总当场被烧死。这不禁让人想起2009年的成都公交车燃烧案，62岁的无业人员张云良故意纵火，致26条无辜生命逝去。这些以极端行为报复社会的例子使得公众在对此类凶残行为感到愤怒的同时，也对事件背后的深层原因表示关注。有心理咨询师解释称，从目前的情况看，让凶手产生冲动、犯罪的原因很可能是由于他作为社会的弱势群体，长期受压抑的心境在一次负面情绪中产生了"总爆发"，同样，犯罪被害情绪也值得社会和刑事政策高度关注。正如有学者阐释刑事和解优势时所言："尽管情绪被排除在我们当前的司法程序之外，但是在和解程序中，情感的宣泄非但是允许的，甚至还是不可替代的。正是通过发自内心的情感释放，心灵与心灵之间才得以通畅和澄明，才得以相互体谅与接纳。"①反之，如果情绪的宣泄得不到对方的体谅和接纳，双方的和解将很难达成，正是在这个意义上，刑事和解的实践优势在于提供两人情绪（包括了被害人和犯罪人情绪）的制度化宣泄"通道"，情绪沟通和宣泄成为刑事和解制度的核心所在。

其次，被害情绪需要纳入刑事政策视野，规范化地引导和处遇。被害情绪是被害人受到犯罪行为刺激在大脑皮层产生的感知，包括恐惧、仇恨、悲哀、自责、愤怒、厌恶等多种多样的表现形式。被害人在这一情绪推动下做出的行为，需要纳入刑事政策的视野，针对不同强度的情绪和行为而采取不同的措施，包括倾听、电话问候、法律援助等。若被害人在被害情绪控制下，丧失理智，采取违法犯罪行为，则依法给予刑事处遇，但在处遇结果上可酌情从轻。

三 被害情感的内涵和类型

被害情感是被害人受犯罪行为刺激而唤醒，综合了愤恨、抚慰、宽恕等内容的主观需要和认知活动。从心理学角度看，被害情感是被害人对现实世界的一种特殊的反应形式的表现，随着个人的立场、观点和生活经历而转移。它的生理机制是大脑皮质和皮层下神经过程处于主导地位，从而使被害情感在人的认识活动和实践活动中具有巨大的作用。与一般心理学

---

① 杜宇：《理解"刑事和解"》，法律出版社2010年版，第168—169页。

者将情感看作个体的心理特质,从个体本身来探讨情感产生的动机、情感的需求、情感的类型等不同,情感社会学强调社会意义和文化层面的分析进路,认为"情感是建构的,人们的感受是文化社会化以及参与社会结构所导致的条件化的结果",同时"情感受到文化规范、价值和信念的调节"①,因此,情感是一种具备社会性和关系性的认知活动,被害情感亦不能外。事实上,被害情感在更大程度上是作为一种突破个体的关系存在,没有犯罪就没有被害,也就没有孤立存在的被害情感,它的内容既与被害人个体色彩有关,更深深植根于社会政治、经济、文化的背景网络中,其生成和固化有着深刻的社会制度烙印。

从性质上看,被害情感是具有正负两性的情感。涂尔干从质性上把情感取向分为正性的和负性的两类,正性情感主要指给主体带来积极性体验的情感(如快乐、自信、骄傲、喜爱等),负性情感主要指给主体带来消极性体验的情感(如痛苦、自卑、羞愧、仇恨等)。② 现代心理学从情感的来源上分析认为:"所有情感最为重要的特征是,它们表现出两种不同的快乐基调,正的或负的。没有一种情感是中性的。"③ 因此,受到犯罪行为刺激而引发的被害情感具有典型的负性情感性质。同时需要指出的是,被害情感具有正性情感与负性情感的划分并不等同于是非好坏的分类,主要是一种情感性质常态的划分,是相对于主体而言的。一方面,存在着被害人情感因为法律公正和高效的惩处犯罪而得以恢复;另一方面,在某些情况下,被害的负性情感也会发挥正功能的作用,例如,基于愤怒犯罪行为而采取的对犯罪行为人没有超过限度的防卫行为,就属于刑法上目的正当性和行为正当性的统一行为,在人类生活中发挥着正功能的作用。

必须指出的是,刑事政策中的被害情感是一个综合的概念。首先,它是心理学中的一种主观体验,即人对客观事物是否满足自己需要所产生的态度体验,喜、怒、哀、惧、道德感、理智感、美感等都是刑法关注的对

---

① [美]乔纳森·特纳、简·斯戴兹:《情感社会学》,孙俊才、文军译,上海人民出版社2007年版,第1—3页。

② 参见[法]埃米尔·涂尔干《社会分工论》,渠东译,生活·读书·新知三联书店2000年版,第52页。

③ [美]维克托·S.约翰斯顿:《情感之源——关于人类情绪的科学》,翁恩琪等译,上海科学技术出版社2002年版,第66页。

象。总之，心理学中有关情感的特点同时也适用于刑法。其次，它还是社会学中的一种社会现实，即一种主观的社会现实。因为情感是心理过程的一个方面所以具有主观性；又因为情感还是一种社会事实，对行为的展开具有推动作用，在社会的交往活动以及社会建构、社会秩序维护方面都有现实意义，因此又具有社会现实性。

尽管诚如施密茨所言，"一旦用文字来描述情感，便会陷入困境"[①]，但如果我们不苛求一个完美的概念，可以认为：被害情感是被害人在经历犯罪行为后各种社会性需要满足与否而产生的主观体验，是一种高层次的精神现象，具有情景性、稳定性和深刻性的特征，最常见的被害情感是愤恨、抚慰和宽恕三类。

第二节 被害情感与刑事政策

一 被害情感的内容

心理学上认为，情感是"与人的社会性需要相联系的一种复杂而稳定的态度体验，亦即具有稳定而深刻社会内涵的高级感情"[②]。从内容上来看，它可分为道德感、理智感和美感三种。与之相对应，根据社会内容可以将被害心理分成愤恨情感、抚慰情感和宽恕情感三个部分内容，其中愤恨主要是被害人面对犯罪行为时的情感需要，抚慰主要是被害人面对社会和刑事司法系统的情感需要，宽恕主要是被害人面对犯罪人和社会关系的情感需要。只有厘清犯罪被害人的情感内容，才能恰当确立被害情感的刑事政策意义，为犯罪被害人刑事政策奠定价值基点。

1. 愤恨情感

愤恨情感是被害人的安全需要因犯罪行为而被破坏、严重干扰而产生的针对犯罪人的主观体验。一般而言，犯罪被害人对犯罪行为的情感体验，以愤怒、怨恨和报复情感为主要组成部分。从愤恨的性质上看，学者们提出了不同看法。王海明教授认为，"恨人之心是对于成为自己痛苦之

---

① ［德］赫尔曼·施密茨：《身体与情感》，庞学铨、冯芳译，浙江大学出版社2012年版，第7页。

② 车文博编：《当代西方心理学新词典》，吉林人民出版社2001年版，第272页。

因的他人的心理反应"①。Murphy 指出，"愤恨是一种对伤害行为本能、合适和恰当的反应"②。Feinberg 认为"对某个人愤恨是指对他持有一种否定性情感，这种否定性情感的依据是他所做出的不当行为，这种情感带有敌对或侵犯特征"③。可以看出，大部分学者承认愤恨的来源是外来的不正当行为，愤恨是主体对外来行为的反应。因此，愤恨就意味着一种关系性的主观体验，是被害人和犯罪人之间存在的客观关系和情感，是一种道德情感。

愤恨是社会性的道德情感现象。从愤恨情感的来源看，"只要我们有能力进入到正常的人际交往，我们就会在相应的道德情境中感受到愤恨、义愤或负罪感。一个没有反应性态度的社会不存在"④。实际上，愤恨正是源自外在不当甚至违法行为引发的主观反应，但这种反应不同于被害情绪（简单的生理反应为主），而是具有丰富社会内容和基础的。在此意义上，可以把愤恨情感的来源分解成"基础社会情感"+"不当行为反应"，其中前者居于核心地位，形塑了愤恨情感的内容，也就意味着愤恨情感是社会中基础的道德情感现象，是社会基础情感与外来刺激行为交融的产物。这就表明两点：第一，愤恨情感中包含了认知因素和参照因素，其中认知因素是被害人对社会公平、正义的观念的看法和态度，有学者称为信念⑤；参照因素是一般社会公众对犯罪及其处遇的看法和态度，即构成关于犯罪的基础社会情感内容。第二，愤恨情感是具有普遍性的道德维度，其社会意义和影响力是深远的。基于道德情感的普遍性，可以认为"愤恨是对有悖于社会普遍认可的价值规范的道德反应。愤恨的出现说明一个社会在维护其普遍认可的价值（如社会的'公正'或法律的'公平'等）上出现了严重问题"⑥。

作为被害情感的最主要组成部分，愤恨具有长期性和消极性。一方

---

① 王海明：《新伦理学》，商务印书馆 2001 年版，第 205 页。

② Murphy, "Forgiveness and Resentment", *Midwest Studies in Philosophy*, Vol. 7, No. 1, 1982.

③ Feinberg, *Justice and Desert*, *Justice and Personal Desert*, in Feinberg, *Doing and Deserving*, Princeton University Press, 1970, p. 71.

④ 汤云：《正义、愤恨及社会批评》，《世界哲学》2014 年第 4 期。

⑤ 有学者将这种基础社会情感称为"信念"，认为愤恨是反应信念的情感，这种信念是人不应当受到故意的伤害。参见王立峰《惩罚的哲理》，清华大学出版社 2006 年版，第 163 页。

⑥ 汤云：《正义、愤恨及社会批评》，《世界哲学》2014 年第 4 期。

面，愤恨情感具有长期性和稳定性的特征。根据日本学者 2000 年的一项调查显示，在被害人对罪犯的感情方面，"愤恨""不喜欢"（甚至不愿听到犯罪人名字）的数量较大，占被害人情感总组成的 51.7%，并且通过十五年甚至更久的时间后"大部分罪犯被判处死刑的案件调查可以发现，被害人仍然愤恨的比例为三分之一，这说明了虽然经历了很长的时间，但被害人对罪犯的愤恨并没有消失"[1]。另一方面，愤恨情感在属性上是一种消极的道德情感，具有不能忽视的消极影响，需要刑事政策予以规范和引导。现实生活中，受制于被害人中对犯罪行为"出一口气"的报应冲动，同时考虑到存在着恃强凌弱而侵害他人的冲动和可能，因而针对任何现实的犯罪行为，需要既理解和尊重被害人表达出应有的义愤以抑制罪恶，也需要以适当的惩罚去制止被害人不正当的愤恨，因为当"愤怒的情感达到了残忍的程度时，它们就成为一种最可憎恨的恶"[2]。亚当·斯密对此提出了愤怒的合宜性命题，"只有在得到每一个公正的旁观者的充分同情，得到每一个没有利害关系的旁观者的充分理解和赞成的时候，才显得合宜并为别人所赞同"[3]，这一观点对刑事政策研究具有深刻的方法论意义。从被害情感的层次上看，愤恨情感是最直接和外在的层次，情感烈度也最高，其指向对象是犯罪行为人，直接反映"犯罪—被害"的事实关系。

2. 抚慰情感

抚慰情感是被害人遭受犯罪行为侵害后面对社会和刑事司法系统而产生的主观需要和体验。一般而言，被害人遭遇犯罪行为之后，对社会和司法系统的情感是包括鼓励、抚慰、恢复心中正义世界观在内的对社会和法治的抚慰需要，因此，抚慰情感的内容就是社会和刑事司法系统帮助被害人获得生理心理上的安全感，缓解乃至稳定由犯罪行为引发的恐惧、震惊或悲伤的情绪，恢复到理性或较为理性的状态。

从心理学上看，抚慰情感多表现在自然灾害后的心理疏导等过程之中，特别是地震后的被害人心理抚慰成为心理学研究的一个热点问题。具体到被害人而言，主要是指通过安慰、安抚、鼓励、转移注意等方式，聆

---

[1] 参见张鸿巍《刑事被害人保护问题研究》，人民法院出版社 2007 年版，第 182 页。
[2] ［英］休谟：《人性论》，关文运译，商务印书馆 2001 年版，第 648 页。
[3] ［英］亚当·斯密：《道德情操论》，蒋自强等译，商务印书馆 1997 年版，第 84 页。

听并接纳被害人对犯罪行为的感受，引导被害人表达恐惧和不安，让惧怕得到缓解，重新建立对社会生活的安全感。从抚慰情感运行机制来看，首先是共同的犯罪认识，其次是遭遇被害人不幸遭遇的同情心理，二者的结合促成了抚慰情感的发端和运行。因为对"一个国家而言，害怕成为犯罪受害人是主要的社会认识驱动力，而国际方面看，受害人与国际社会、公众同情中间的距离起了很大作用。通常，人们会给予受害人更多同情"①。因此，被害人抚慰情感的本质在于恢复心中正义世界，避免因被害丧失理智判断和社会生活基本秩序观念。从刑法学视角来看，不同于民事法律关系中的被害人，"公民对刑法的求助心理和期待愿望更迫切，依赖感也更强烈，希望刑法为其主持公道，希望通过刑法之手惩罚侵害者"②。被害人对刑法庇护和社会支持的抚慰情感需要，既是一种处于困境时渴求父母长辈帮助的人类潜意识，也是一种现代刑事司法制度供给条件下"效率"③选择的结果。

被害人的抚慰情感需要可以通过多种途径和多样化手段实现。从本质上来看，抚慰情感是被害人遭遇犯罪行为后一种"可期待"的社会支持。传统的情感社会支持可以依据支持强度的大小概括为几种不同的社会关系网络，包括血缘与亲密朋友、亲戚与邻居、社区成员、制度性情感支持、偶像崇拜等几种类型④，在不同的犯罪类型中，被害人抚慰情感的来源途径是存在差异的。Kenny 的研究指出，对于大多数暴力犯罪的被害人而言，同事的鼓励和帮助不仅是最好的抚慰来源，甚至可能是唯一的来源⑤；我国有学者分析了家庭犯罪、性犯罪、校园犯罪等未成年被害人的

---

① Christoph Saerling, "The Role of the Victim in the Criminal Process—A Paradigm Shift in National German and International Law?" *International Criminal Law Review*, Vol. 11, No. 2, 2011.

② 车浩：《自我决定权与刑法家长主义》，《中国法学》2012 年第 1 期。

③ 制度经济学将法律和制度供给视为受市场供给变化影响的变量，不同之处在于法律的供给需要特殊的主体——国家机关来负责，并采取一种特殊的机制——强制收费（财政收入、税金补偿）来组织法律资源的生产和实施，通过规模经济活动（垄断性的司法活动）来实现效率。在这个意义上，现代社会中被害人选择司法机关的司法产品供给来实现纠纷的解决，显然是符合制度经济学效率的一种选择。参见李珂、叶竹梅《法经济学基础理论研究》，中国政法大学出版社 2013 年版，第 118—119 页。

④ 王宁：《略论情感的社会方式——情感社会学研究笔记》，《社会学研究》2000 年第 4 期。

⑤ James F. Kenny, "Reducing the Harm and Risk of Violent Victimization: How to Help a Coworker", *Journal of Applied Security Research*, Vol. 9, No. 3, 2014.

心理状况，认为未成年人的心智尚未健全，他们所遭受的精神创伤将更难愈合，严重的甚至无法正常就学、生活，亟须心理抚慰和疏导[1]；我国最高检 2013 年出台的《人民检察院办理未成年人刑事案件的规定》规定，人民检察院办理未成年人刑事案件，应当注重矛盾化解，认真听取被害人的意见，做好释法说理工作。同时，人民检察院根据需要，可以对未成年犯罪嫌疑人、未成年被害人进行心理疏导。上述抚慰情感的来源可以概括为两类：制度性的情感支持和非制度性的情感支持，在刑事政策实践中，应侧重于制度性的被害人情感抚慰建设，才能更好地实现司法公正和化解社会矛盾。

3. 宽恕情感

宽恕是指被害人对犯罪人的积极补救措施或基于内心美德而做出的原谅犯罪的情感选择。一般而言，被害人在犯罪行为刺激之后，会产生生理性的被害情绪反应包括心情低落、抑郁、自责、羞愧等，犯罪人的积极补救是宽恕情感的主要来源，其内容有但不限于经济补偿，还有真诚的道歉和忏悔等多种。从词源上来看，宽恕是一个带有哲学、神学（宗教学）和心理学含义的概念。Moberl 指出"宽恕是一个人对待另一个人的态度"[2]。Murphy 将宽恕定义为"在道理理由上对愤恨的放弃，并且认为这些道德理由必须与自尊心共存兼容，这些道德理由作为道德代理人必须尊重他人，而且必须尊重道德准则或者道德秩序"[3]。Denton 试图证明，"宽恕涉及两个人，其中的一个人在心理、情感、身体或道德方面受到另一个人深度而持久的伤害；宽恕是使受害者从愤怒、憎恨和恐惧中解脱出来，并不再渴望报复侵犯者的一个内部过程"[4]。因此不难看出，大多学者承认宽恕是关系性和指向性的情感过程。

宽恕是一种积极的心理现象和过程，具有巨大的力量。从心理学看，宽恕是被害人人的认知、情绪、行为由消极转为积极的过程。针对被害人

---

[1] 潘庆娜：《刑事案件未成年被害人的心理损害及其救助》，《湖北警官学院学报》2014 年第 12 期。

[2] Moberly, *Atonement and personality*, London: John Murray Press, 1901, p. 59.

[3] Murphy, "Forgiveness and Resentment", In J. G. Murphy & J. Hampton (eds.), *Forgiveness and Mercy*, Cambridge, UK: Cambridge University Press, 1988, p. 15.

[4] Denton, Martin, "Defining Forgiveness: An Empirical Exploration of Process and Role", *The American Journal of Family Therapy*, Vol. 26, No. 4, 1998.

而言，宽恕"这种亲社会心理现象包括了适应性调节以及愿意做出自我牺牲。后者是指个体能够超越直接的个人需要并倾向考虑他人利益和看重保全人际关系的价值"①。这就表明，被害人对犯罪人的宽恕需求源自内心的需要，并非外在的强制，但经济补偿等因素对这一情感需要有一定程度的影响。当下司法实践中常见的被害人及其家属赔偿，正是在犯罪人积极补救行为和诚挚忏悔的交流中，被害人选择了放弃愤恨和报复，甚至和犯罪人相处融洽。例如，2014年，加拿大约克大学中国留学生柳乾遇害三年后，4月4日法庭宣判被告迪克森（Brian Dickson）一级谋杀罪名成立后，柳乾的父母递交受害人声明后接受访问表示，女儿已经失去，我们也不能永远活在仇恨当中，会好好走下去，我们接受他（迪克森）父母的道歉，也希望他们好好活着。② 类似被害人及其家属真诚谅解犯罪人的行为所蕴含的价值是难以估量的，或许也正是在这个意义上，我们才会更好地理解"善良的心是最好的法律"这句法谚的真谛。

  宽恕的过程包含认知、情绪和行动三个要素。从终极意义上看，考虑到"宽恕是平和的情绪，这种平和的情绪是当你认为你所受的伤害不是那么针对自己、对自己的感受负责并且在你所讲述的故事里成为一个英雄而不是受害者的时候出现……宽恕是为了你自己而不是为了其他人"③。它表明认知是宽恕情感的基础和前提，被害人的宽恕情感需要有认知。在认知的基础上，被害人可以相对平和地面对犯罪人及其罪行，采取适当的行动表达出其宽恕的意愿，司法实践中往往以被害人谅解书的形式出现。经过梳理我国刑事诉讼的类型，可以发现被害人宽恕情感均一定程度影响着定罪量刑工作。在自诉案件中，被害人情感所引发的诉讼行为是直接且关键的，如果行为人得到谅解或者宽恕则相安无事，在公诉案件中，被害人宽恕情感主要发生在刑事和解程序中和量刑考量阶段。从宽恕情感产生的原因上分析看，还有一些情况，被害人因已经受到犯罪的侵扰，而不愿再次面对犯罪人；或者因为害怕诉讼过程中的"第二次被害"、出于息事宁

---

  ① 孙兴翠：《宽恕的影响因素的初步探讨——知情因素》，《东南大学学报》（哲学社会科学版）2006年第3期。

  ② 《被害留学生亲人接受凶手父母道歉：望他们好好活着》（http://gb.cri.cn/42071/2014/04/16/6071s4506085.htm）。

  ③ Kathleen A Lawer-Row, "The Varieties of Forgiveness Experience: Working toward a Comprehensive Definitionof Forgiveness", *Journal of Religion and Health*, Vol. 46, No. 2, June 2007.

人等，不愿参与刑事诉讼过程，甚至违心地做出对犯罪人宽恕的表示。同时，也还存在一些特殊情况，被害人天生就是菩萨心肠，虽在犯罪中承受了物质损失和精神痛苦，但在犯罪结束后，面对被告席上"可怜"的犯罪人，也可能十分大度地做出谅解宽恕的表示。但这种意思表示，很大程度上亦是一种情感选择，而非理性判断。上述分析提示我们，刑事政策场域需要培育宽恕情感的良好氛围，充分发挥宽恕情感的亲社会性力量，为刑事法律的制定和实施奠定基础。

（二）被害情感的类型

1. 被害基调情感和被害状态情感

根据被害情感的强弱程度，可以把被害情感分为"被害基调情感"与"被害状态情感"。一般认为，基调情感是长期和潜移默化的情感性情，它存在于我们的日常生活中，但我们通常很难意识到它的影响力，具有强度较弱和深层次性。被害基调情感是指被害人对法治社会的基本情感，是构成被害情感的基础性心理认识，主要包括对法律"信念""抚慰""情感定向"等，这一点上被害人与普通人并无明显差异；被害状态情感是指被害人对犯罪行为、犯罪人等强度上更加强烈的认知，上述愤恨、抚慰和宽恕均属于这一范畴。

刑事政策视野中，被害基调情感和状态情感具有不同的意义。一般公众和被害人对法治社会的基本情感形塑了刑事政策的社会心理前提，其中主要是与个人生活（特别是犯罪、安全和司法等方面）息息相关的认知和意识。大谷实把国民对犯罪和治安的想象或意识称为"体感治安"，认为其刑事政策意义在于："在以和谐社会的存续、发展为目的的刑事政策当中，必须采取某种措施，消除这种使体感治安进一步恶化的因素的存在。"[①] 由此，以体感治安为标志的被害基调情感其实是刑事政策制定的社会心理前提和基础，但这种情感的影响力和作用力是潜藏在个体心中的，是社会现实治安状态与个人主观认知的结合产物，它不能直接对刑事政策制定产生影响，但会通过典型案件引发的"道德恐慌"涌现性的集中展现。犯罪学家博格通过研究发现，"犯罪潮可能与犯罪行为的真实变化有关，也可能没有关系"，但媒体不恰当的报道促成了公众的道德恐

---

① ［日］大谷实：《刑事政策学》，黎宏译，中国人民大学出版社2009年版，第27页。

慌,从而对某些犯罪行为的加重处罚或者扩大犯罪化产生了极大的影响力。① 因此,对于这种涌现性基调和状态情感需要在刑事政策场域予以限制,才能科学发挥其刑事政策意义。

2. 个体被害情感和群体被害情感

根据被害情感影响的主体范围,可以分为个体被害情感和群体被害情感两个类型。个体被害情感是直接受到犯罪行为侵害的行为人产生的,内容上包括上述愤恨、抚慰和宽恕等情感,具有直接性、个体性和有限性的特征;群体被害情感是受到犯罪行为间接刺激而在特定人群、犯罪地域内产生的认知,内容上以畏惧、愤恨情感为主,具有间接性、群体性和扩散性的特征。郭景萍教授区分情感的根本指向,提出了情感的公共运用和情感的私人运用问题,认为"私情是需要社会控制的,对于公情则要大力弘扬"②,可以一定程度上把个体被害情感和群体被害情感归于情感的私人和公共运用范畴。

应当指出的是,群体被害情感是一个复杂和易变的认知心理,刑事政策理论研究和实践中需要格外关注,既高度重视又要保持警惕。一方面,群体被害情感与刑事政策的目标指向具有一致性。正如美国 1982 年的被害人特别小组报告指出:"犯罪已经使我们所有人都成了被害人。对犯罪危险性的认识影响了我们思考问题的方式,对我们住在何处,去往何处,买什么东西,怎样教育孩子,以及我们年老后的生活质量都产生了影响。……现在,这个国家的每一个公民都因罪犯的威胁更加穷困,更加不自由,更加恐惧,更加不安全。"③这种群体被害的不安全感和恐惧感,正在实际上成为刑事政策犯罪圈紧缩和刑罚权扩张的依据。与此同时,刑事政策制定需要考虑被害群体情感的内容,这是因为"或许减少犯罪的最有效的策略,就是保证以威慑和运用刑罚的方法来教育人们接受犯罪所规定的道德规范。只有公众将犯罪看作有罪过的、应受惩罚的和非道德的,这

---

① [美] 罗纳德·J. 博格:《犯罪学导论——犯罪、司法与社会》,刘仁文等译,清华大学出版社 2009 年版,第 8—10 页。
② 郭景萍:《情感社会学三题三议》,《学术论坛》2007 年第 6 期。
③ [英] 韦恩·莫里森:《理论犯罪学——从现代到后现代》,刘仁文等译,法律出版社 2004 年版,第 3—4 页。

一目标才能达到"①。近年来，我国党和政府高度重视群体被害情感问题，先后出台了一系列指导性政策文件予以关注，2006年十六届六中全会做出的《中共中央关于构建社会主义和谐社会若干重大问题的决定》明确指出，"加强社会治安综合治理，增强人民群众安全感"；2014年十八届四中全会做出的《中共中央关于全面推进依法治国若干重大问题的决定》进一步强调指出，完善立体化社会治安防控体系，有效防范化解管控影响社会安定的问题，保障人民生命财产安全，依法强化危害食品药品安全、影响安全生产、损害生态环境、破坏网络安全等重点问题治理。同时，在刑法规范中，我国《刑法》部分罪名将"社会影响恶劣""社会秩序严重混乱"等非规范性法律用语作为定罪量刑的条件之一。不难看出的是，无论是"称霸一方，为非作恶，欺压、残害群众"，还是"社会影响恶劣"，其判断的标准之一就是公众情感态度。因此，作为其受害者的公众，其情感的表达也从侧面印证了危害事实的存在。它进一步表明，犯罪间接受害者的公众基于其基本人权保护的需要，其情感表达一定程度上可以反映出犯罪行为的客观危害，同时可以指引法官提取对具有刑法意义的客观事实作为量刑依据之一。正是这个意义上，Gail Mason 的研究表明，刑事司法制度作为"情感表达的工具"，不仅维护还创建社会规范，权力关系和主体的位置、公众的被害情感是刑事司法中尽管存在疑问但不可分割的组成因素。②

另一方面，必须看到"在公众缺乏精确了解的范围内，他们对危害的感觉可能奠基于事实的错误之上"③，被害群体情感存在着"误读"犯罪和"误判"刑罚的客观问题，需要在刑事政策实践中予以规制和化解。心理学意义上的群体，不是一般意义上诸多个体的集合，而是一个组织化的群体或者心理群体。"对那些聚集成群的人来说，他们的感情和思想全部都会转到同一个方向，形成了一种集体性的心理，这样他们自己的个性

---

① [美] 道格拉斯·N. 胡萨克：《刑法哲学》，谢望原等译，中国人民公安大学出版社2005年版，第350页。

② Gail Mason, "The Symbolic Purpose of Hate Crime Law: Ideal Victims and Emotion", *Theoretical Criminology*, Vol. 18, No. 1, 2014.

③ [美] 赫希：《已然之罪还是未然之罪》，邱兴隆、胡云腾译，中国检察出版社2001年版，第72页。

就消失了"①,群体被害情感就是典型的集体性心理。由此,受群体心理的影响,潜在的社会公众对犯罪行为和被害现象产生的情感具有易冲动、轻信、夸张、偏执与保守等几个方面的特征,近年来我国食品安全犯罪的刑事政策实践体现了群体被害情感的上述特征。一方面,当前食品安全形势仍然十分严峻,危害食品安全刑事案件数量大幅攀升。据最高人民法院通报,仅2010—2012年,全国法院共审结生产、销售不符合安全(卫生)标准的食品刑事案件和生产、销售有毒、有害食品刑事案件1533件;生效判决人数2088人。②另一方面,社会公众对食品安全犯罪的被害情感较为强烈和集中,最高人民法院多次用"人民群众反映强烈"来描述这一现象。由于实际上"公众对刑事司法领域中的许多问题都是持有强烈的态度,而这种态度是根据不足或者缺乏证据的想象"③,导致特定地区的食品犯罪(如瘦肉精、毒奶粉、毒豆芽、问题胶囊、病死猪肉)会造成恐惧、愤恨和不安的情感,这种情感传播速度快、范围广、影响大,其社会影响和后果难以预测和控制。在这一群体被害心理影响下,针对此类犯罪行为的犯罪化和刑罚适用加重化舆论压力增大,对刑事司法造成了不利的影响。

二 非理性与理性:被害情感的刑事政策场域祛魅

(一) 被害情感的非理性

被害人情感中的非理性成分是明显和易见的,特别是愤恨情感。尽管情感社会学领域内,关于情感属性的争议众说纷纭,但在大多数哲学社会科学领域中,情感与非理性联系更为紧密。④以愤恨情感为例,通常来说,被害人及其亲友可能夸大犯罪事实,甚至以一种歇斯底里的态度,强烈要求司法机关加重对犯罪人的惩罚。马克斯·韦伯曾经这样描述犯罪被害人的愤恨情感:"人们对犯罪概念以及犯罪的程度毫不关心,这反映了一种内在的动机和心理倾向。胸中燃烧着复仇之火的人对动机问题根本不

---

① [法] 古斯塔夫·勒庞:《乌合之众:大众心理研究》,艾之凡译,中山大学出版社2012年版,第14页。

② 《食品安全,法治保障》(http://news.xinhuanet.com/legal/2013-05/03/c_124661093.htm)。

③ [英] 朱利安·罗伯茨、麦克·豪夫:《解读社会公众对刑事司法的态度》,李明琪等译,中国人民公安大学出版社2009年版,第15页。

④ 参见郭景萍《情感社会学三题三议》,《学术论坛》2007年第6期。

感兴趣，他只有一个念头：点燃复仇之火的事情已经发生。他的满腔怒火会一股脑儿地倾泻于无生命的东西（未料到这东西会伤害他）、动物（未想到会加害他）和因无知、过失或者无意损害他的人。"① 这里的愤恨情感，源于犯罪被害人的本能，是对外来犯罪行为的直觉反应，因而对社会性因素的考虑也最低，具有典型的非理性色彩和成分。这种认识和看法源于 Bockover 所谓的 "我们都倾向于从主观—客观二分的角度来理解情感，并且认为这是理所当然的"② 理性偏见。

刑事政策场域中被害情感的非理性成分对定罪政策产生了重要影响，往往要求扩大犯罪圈，不断创设新罪名。卢建平教授指出，"所谓定罪政策，就是刑法设置定罪规范的政策"，从定罪政策的根源上看，"虽然不同国家在不同阶段犯罪化的内容上互有差异，但总体而言，犯罪化的原因和动力均为社会发展的现实需要"③，其中不可或缺的一个因素就是被害情感中的非理性成分，主要是对犯罪的愤恨和不安。正如涂尔干所言，"如果一种行为触犯了强烈而又明确的集体意识，那么这种行为就是犯罪"④，加罗法洛也认为："犯罪是一种既对社会有害又侵害了一种或两种最基本的怜悯和正直情感的行为。"⑤ 对法感情和正直情感的严重破坏行为，日渐成为犯罪化的道德依据。特别是后工业时代"风险社会"的大变革时期，公众因被害风险增加而不自觉地改变了理性的犯罪观，某种程度上引发了所谓的"道德恐慌"⑥ 现象，揭示了集体对犯罪的恐惧和不

---

① [德] 马克斯·韦伯：《论经济与社会中的法律》，张乃根译，中国大百科全书出版社 1998 年版，第 4 页。

② Mary I. Bockover, "The Concept of Emotion Revisited: A Critical Synthesis of Westernand Confucian Thought", in Joel Marks and Roger T. Ames (eds.), *Emotions in Asian Thought: A Dialogue in Comparative Philosophy*, NY: State University of New York Press, 1995, pp. 161-170.

③ 卢建平：《刑事政策学》，中国人民大学出版社 2013 年版，第 185 页。

④ [法] 埃米尔·涂尔干：《社会分工论》，渠东译，生活·读书·新知三联书店 2000 年版，第 43 页。

⑤ [意] 加罗法洛：《犯罪学》，耿伟等译，中国大百科全书出版社 1996 年版，第 67 页。

⑥ 道德恐慌用以描述人们在对社会异常行为进行终极归因时，认为异常行为的增加是由于道德这种最高级的亲和力的缺失而出现的一种较强烈的焦虑心态。参见刘砚议《后现代传媒语境下的"道德恐慌"》，《当代传播》2004 年第 3 期。

安，因为谁也不愿意生活在"断树枝"① 般的惊弓之鸟的社会生活之中。针对社会生活的不安定和潜在风险，民众容易产生用简单的，经常是惩罚性的方法去解决复杂问题的倾向，即希望通过"对加害者采取严厉的措施，借以回避风险"②。于是，刑事政策实践中被害情感的非理性表现在：现实生活中"虐童案""小悦悦案""地沟油现象"引发社会公众对越轨行为甚至冷漠行为的强烈愤恨情感，要求将虐待儿童、见危不救等行为犯罪化的观点甚嚣尘上，刘艳红教授将其概括为"新罪情节"，她认为这类犯罪化属于过剩的犯罪化要求，应在刑事立法中予以避免。③

另外，被害情感的非理性内容往往成为刑事政策中刑罚加重的直接原因。现代刑事政策的发展进程表明，第二次世界大战后西方各国伴随经济复苏而兴起的犯罪浪潮，引发了直接被害人和潜在间接被害人的愤恨犯罪情感，对刑事刑罚政策产生了深远影响。一方面，被害人运动频繁发生并日渐对刑事司法产生重要影响。特别是在美国为代表的西方国家"政治—犯罪"问题的重合效应下，政治家利用犯罪话题赢得选民支持的策略促成了被害人运动的蓬勃发展，"公众受政治家们影响的鼓动，他们用简单的话语阐述安全威胁和风险，并用同样清楚而简单的方法应对这种威胁"④，简单的政治宣扬却能高效地激发被害情感中的愤恨情感，进而这成为引发了20世纪下半叶声势浩大的被害人运动的重要政治推动力。另一方面，"刑罚的惩罚作用又开始受到重视，报应作为刑罚的正当性根据被重新加以论证"⑤，突出表现为刑罚的严苛化的明显趋势。例如，20世纪70年代美国掀起"大规模监禁"现象，其背后的原因恰如储槐植教授分析的，"在所谓的民主制度之下，为了在选举中获胜，或者为了向公众表现一种对犯罪的强硬姿态（tough on crime），政治家利用缺乏科学根据的公众对

---

① 马克·吐温小说中的"断树枝"的故事，说的是每到故事的紧要关头，总是有人踏在了断树枝上，然后印第安人就向他扑过来了。庞德提及"断树枝"的故事来说明社会安全是人的一项合理的权利期望，是受法律保护的。参见［美］庞德《通过法律的社会控制》，沈宗灵译，商务印书馆2010年版，第48页。

② 许福生：《风险社会与犯罪治理》，元照出版有限公司2010年版，第3页。

③ 参见刘艳红《我国应该停止犯罪化的刑事立法》，《法学》2011年第11期。

④ ［英］朱利安·罗伯茨、麦克·豪夫：《解读社会公众对刑事司法的态度》，李明琪等译，中国人民公安大学出版社2009年版，第21页。

⑤ 周少华：《社会治理视野下的刑事政策》，《法学论坛》2013年第6期。

犯罪的恐慌，采取各种严厉的刑事政策手段，例如'毒品之战'、强制量刑法、量刑中的真相、三振出局法等。"①

(二) 被害情感在刑事政策中的建构理性

西方哲学史上，一直存在着一种根深蒂固的偏见，即把理性视为秩序的象征，把情感和非理性当成混乱的代名词。近代以来，诸多学者将观察的视角投射在情感领域，逐渐摆脱了这一认识论上的"刻板印象"②，赋予了人类情感更多的社会意义和理性思考意蕴。舍勒的情感现象学指出："与理性相对的人心（human hearts），即人的情感感受（human feelings），也有着自己的秩序与结构，逻辑与法则。"而且，"通过人的情感感受，一种客观的价值等级秩序也昭然若揭，生命的意义正是奠基在这种客观的价值等级秩序之上的"③。因此，正如考夫曼评非唯理主义的复归时所言："人类存在的一些重要方面——意志、感情、经历、经验、动机——曾被忽视，因而必须重新说明他们的合理性。"④这是因为，社会生活中的"非理性并非总是有害的，相反，当它作为一股有助于理性和客观的目标的驱动力而起作用时，或当它通过升华而创造文化价值时，或当它作为纯粹的激情提高了生活的乐趣而没有因缺乏计划破坏社会秩序时，它是人类拥有的最有价值的力量之一"⑤。正是在这个意义上，刑事政策场域中考察和认识被害情感，不应仅执非理性一极，而更要在被害情感—行为策略—行为的互动范式理解和认清犯罪被害人惯习的内容及其对刑事政策的建构理性，从而为犯罪被害人刑事政策的价值论奠定合理的基础。

1. 被害情感引发被害人行为和策略

心理学研究已经表明："需要是个体行为的动力和心理活动的重要来

---

① 储槐植、江溯：《美国刑法》（第4版），北京大学出版社2012年版，第293页。

② 也叫"定型化效应"，指个人受社会影响而对某些人或事持稳定不变的看法。积极一面在于，对具有许多共同之处的某类人在一定范围内进行判断，不用探索信息，直接按照已形成的固定看法即可得出结论，简化了认知过程，节省了大量时间、精力。而其消极的一面在于，会使人在认知别人时忽视个体差异，从而导致知觉上的错误，妨碍对他人做出正确的评价。

③ 张志平：《情感的本质与意义——舍勒的情感现象学概论》，上海人民出版社2006年版，第20—21页。

④ ［德］阿图尔·考夫曼：《后现代法哲学——告别演讲》，米健译，法律出版社2000年版，第9页。

⑤ ［德］曼海姆：《重建时代的人与社会：现代社会结构的研究》，张旅平译，译林出版社2011年版，第51页。

源；动机、兴趣、理想和信念都是需要的表现形式。人格心理……构成一个人的思想、情感及行为的特有模式，影响着人的言行举止和生活方式，体现了一个人心理活动的独特性。"[1] 进一步分析可以发现，情感是我们理解何为"常规决策"的核心要素。达马西奥明确地指出，"对于理性（rationality）来说，情绪与感觉（feeling）是不可缺少的"，他以一位名叫埃利奥特的病人作为临床案例，这位病人的大脑受到创伤，情感反应的能力遭到削弱，尽管该病人能很好地进行推理——列出不同的选项，评估不同选项的结果，分析不同选项的影响，但最终仍然无法做出选择。正如达马西奥所说，"埃利奥特无法在不同选项上赋予不同的价值，使得他的决策情境全然失效"[2]，缺乏情感，埃利奥特无法做出任何选择或者展开行动。

尽管这一看法可能初听起来是违背常识的，与传统观念中的"情绪与理性二元论"相悖，但它实证地揭示了行为人缺乏情感导致判断和决策的障碍，为人们认清情感与行为之间的关系提供了依据。这是因为，被害情感是稳定和深层次的心理需要，因为"它们不是习得的，这并不意味着引起特定情感的事件不会因经验而有所改变，它当然是会有变化的。我是指，尽管激发情感的事件可能会变化很大，但情感本身保持稳定"[3]。正是其稳定和深层次的心理需要，为行为人的行为和选择提供了前提和基础。

刑事政策场域中的被害人行为和策略背后的心理动力是被害情感。被害情感中，愤恨情感是源于犯罪行为的严重刺激，要求行为人采取自行追究或公力救济的行为来化解这一强烈的情感需要；抚慰情感是源于被害人心中自在、基本的社会治安感而对刑事司法和社会产生的鼓励、安慰等需要，要求行为人倾诉遭遇、寻求社会心理支持等行为；宽恕情感是被害人源自美德而做出谅解犯罪的情感选择，它促使被害人放下犯罪带来的怨恨，采取宽容和大度的行为方式对待犯罪人和犯罪行为。应该指出的是，被害情感是一种复合、多元的情感系统，以愤恨、抚慰和宽恕为代表的被

---

[1] 王江红、何成森：《医学心理学》，安徽科学技术出版社2009年版，第2页。

[2] Antonio R. Damasio, "Descartes' Error: Emotion, Reason and the Human Brain", *Europa-America*, Vol. 50, No. 36, 2015.

[3] [美] 维克托·S. 约翰斯顿：《情感之源——关于人类情绪的科学》，翁恩琪等译，上海科学技术出版社2002年版，第68页。

第三章 被害情感的理性建构：犯罪被害人刑事政策价值论

害情感的相互交织、互动，共同促成了刑事政策场域中被害人的行为选择，也揭示了其行动策略。应该看到的是，实践早已证明，任何单一的被害情感支撑不足以回应刑事司法中被害人、犯罪人和社会的共同需要。我国的《刑事诉讼法》经历1996年和2012年两次修订，在赋予被害人当事人主体地位基础上，刑事诉讼程序中被害人的权利逐渐增加，包括申诉权、鉴定结论知悉权、抗诉申请权、参与庭审权，但如同被害人的其他诉讼权一样，上述权利的规定旨在单一地增强追诉能力、满足被害人的愤恨和报应情感。实际上，被害人除了愤恨情感需要之外，还有抚慰和宽恕情感需要等方面，应该全面和客观地把握，否则可能引发司法实践中"被害人地位工具化"的困境，表现为："热衷于犯罪证据的收集，而对赃款赃物的追缴与返还不感兴趣；强制被害人如实陈述，而不顾及其被害隐私的痛苦心理；反复询问（尤其是强奸、抢劫、绑架等严重暴力性案件），使其心理创伤长期不能平复；出于狭隘的保密需要对诉讼进展情况守口如瓶，增加了被害人对人身安全、诉讼前景的担忧。"[①]

由此不难发现，被害情感不单纯是被害人的个体主观认识和刺激反应，更是一种必须重视的社会现象和人际关系，受社会基本规范的约束和引导。通过分析可以发现，运用情感方式感知利益和环境刺激源于人的生物性，诚如心理学家所言："所有的动物都根据情感利益来评价环境，即使像阿米巴虫这样的单细胞生物，也会接受或排斥与它体表相接触的物体。"[②] 被害情感亦是如此，其内容受被害人个体影响较为明显，往往是被害人根据自己的情感利益和需要做出对外的各种行为，但必须要指出的是，被害情感不仅仅是被害人的个体主观认识和刺激反应，更是一种必须重视的社会现象和人际关系，这些行为的性质是需要在规范的视野里予以考量的。即必须要正视的问题在于，被害情感所引发的行为和法律规范之间的关系。在埃尔斯特看来，"社会情感对个人行为的影响高度依赖于他所遵循的社会规范"，"社会规范总体上是通过羞耻和鄙视这两种情感发

[①] 向朝阳、马静华：《刑事和解的价值构造及中国模式的构建》，《中国法学》2003年第6期。

[②] [美] 维克托·S. 约翰斯顿：《情感之源——关于人类情绪的科学》，翁恩琪等译，上海科学技术出版社2002年版，第70页。

挥作用的"。① 由此可见，一方面，避免罪恶而走向善的情感斡旋有效地阻止了人们违法的欲望或行为；另一方面，社会规范特别是刑事法律规范以刑罚为主的犯罪处遇措施，惩戒犯罪人的同时也告诫其他人远离犯罪，以反面典型的方式树立了人与人相处的基本规则。

2. 被害情感奠定刑事政策合法性基础

合法性是刑事政策的生命，一项政策只有具有合法性才能得到社会的认同和遵循。在现代社会中，刑事政策的合法性源自包括犯罪被害人在内的社会公众的普遍认同和接受。因为"现代决策特征之一在于政府决策是一种群众参与程度较高的决策，它既是社会的一种价值要求，也是决策过程实际需要"②。正是在社会价值要求和决策过程实际需要的满足中，刑事政策不断从实质理性和形式理性层面获得了合法性的源泉。

实质理性层面上，被害情感是社会的一种价值要求，反映了一定时期作为刑事政策根基的社会公众情感需要和道德选择。现代政策学的研究，"经常把重点放在政策制定的方式与过程，而不是政策的具体内容或者该政策的前因后果"③。这种忽视实质理性的习惯往往影响了政策最后的执行效果。因此，被害情感正是在这种意义上构成了刑事政策"具体内容和该政策的前因后果"的"在场"。刑事政策作为社会在一定时期对犯罪的反应，首先是以谴责为主的被害情感的表达，它基于社会成员的憎恨和厌恶之感。"一个其习惯和行为有害于社会并对同他交往的所有人造成危险或者伤害的人，就将因此而成为人们非难的对象，也会给每一位旁观者带来最强烈的憎恨和厌恶之感。"④ 这些集体情感中，对被害人报应情感的满足，是刑事政策与刑罚制度能否获得公众认同并获得正当性与合法性的基本前提。以死刑的刑事政策为例，尽管目前死刑的逐渐废除成为国际上的流行趋势，但是包括日本、美国在内的部分西方国家仍旧保留死刑。对此，日本

---

① [美] 乔恩·埃尔斯特：《心灵的炼金术》，郭忠华、潘华凌译，中国人民大学出版社2009年版，第164页。
② 刘伯龙、竺乾威：《当代公共政策》，复旦大学出版社2000年版，第17页。
③ [美] 托马斯·戴伊：《理解公共政策》，彭勃译，华夏出版社2004年版，第28页。
④ [英] 大卫·休谟：《道德原理探究》，王淑芹译，中国社会科学出版社1999年版，第38—39页。

刑事政策学者大谷实指出:"为维护社会秩序,满足社会的报复情感,维持国民对法律的信赖便显得极为重要。国民的一般法律信念中,只要对于一定的穷凶极恶的犯人应当科处死刑的观念还存在,在刑事政策上便必须对其予以重视。现代死刑的刑事政策上的意义,恰好就在于此,因为,有关死刑存废的问题,应根据该社会中的国民的一般感觉或法律信念来论。"[①] 其次,对犯罪的谴责不是一般的谴责,而是一种强烈的道德谴责。正如英国刑法学家斯蒂芬所言,"你不能惩罚任何不为一般社会行为中的公共意见所强烈谴责的东西……只有在道德上的压倒性大多数能占压倒性优势地位之时才是可惩罚的"[②]。因此,一定时期反映社会公众道德情选择和情感需要的被害情感构成了刑事政策制定的实质理性根基。

从形式理性层面看,被害情感是刑事政策决策过程的实际需要。在科尔巴奇看来,政策有两个维度,对我们理解政策的方式产生了很大的影响。"垂直的维度"将政策看成统治,"与权威性决定的自上而下传达有关,得到批准的决策者选择那些能够使他们支持的价值得以最大化的行动路线……这个维度强调了工具性的行动、理性选择和合法性权威的力量"。"水平维度"是在"行动的构建过程"的意义上理解政策,"它关注的是不同组织的政策参与者之间的关系——也就是在垂直权威之外……这种维度的观点认为,政策操作既是横跨了组织的界限而发生的,也是在这些界限之内发生的,存在于不同组织的参与者之间形成的默契和承诺的结构,以及在任何一个组织之内权威性决定的垂直传达"[③]。被害情感满足刑事政策决策过程的需要正是建立在水平维度的认识基础上,强调包括被害人在内不同组织的参与者之间形成的默契和承诺,关注垂直权威之外的决策过程。在这一过程中,被害情感需要在沟通的基础上与刑事权力形成互动,从而达成刑事政策场域内相对共识性的认识,被害情感正是在此意义上具有重要价值。

被害情感参与刑事政策决策过程满足了国民参政议政的心理需求,增

---

① [日]大谷实:《刑事政策学》,黎宏译,中国人民大学出版社 2009 年版,第113页。

② 参见[英]哈特《法律、自由与道德》,支振锋译,法律出版社 2006 年版,第62页。

③ [英]科尔巴奇:《政策》,张毅、韩志明译,吉林人民出版社 2005 年版,第31页。

强了人们的政治功效感、影响感和尊严感。同时，被害情感参与决策过程扩大了决策资源的提取范围，增强了政治体系的利益整合功能，增强了刑事政策的社会认同感。因为"一切社会制度若要得到民众最大的支持，必须拥有为全社会所接受的、行使社会权威的道德正当性"[①]，刑事法律也不例外。社会情感构成了公众认同的基础，而这又聚合成正义的形象使得报应师出有因，"受到危害的社会迫使犯罪人承受某种痛苦，以作为对社会本身所受痛苦的补偿。人们对犯罪的愤恨也影响与引导着社会对犯罪所作的这种反击。这种愤恨对于社会的正义是不可缺少的，长期以来，社会始终在尽力维护这种健康的愤恨情感。……现今，民众怀有的不安全感所引起的集体心理状态的一种典型表现便是强烈要求惩办犯罪"[②]。正是在这个意义上，贝卡利亚指出，"道德的政治如果不以不可磨灭的人类情感为基础的话，就别想建立起任何持久的优势。任何背离这种感情的法律，总要遇到一股阻力，并最终被其战胜"[③]，从而将刑事惩罚的依据建立在人类情感之上。

三 辅助性原则和自我答责：被害情感的刑事政策限度

被害情绪和被害情感的二元分析为揭示被害人身处犯罪行为和刑事司法时的心态和事实开启了一扇窗户，人们可以更客观地认识被害人的行为及其需求，从而赋予被害情感积极的刑事政策意义。在此基础上，更需要关注的问题或许是，被害情感在刑事政策场域中的存在和发挥作用应遵循哪些基本原则。被害情感作为潜在的刑事政策竞争力量，如何规制其非理性的弊端？即被害情感的刑事政策限度问题。

德国刑法学中近年热议的被害人信条学为被害情感的刑事政策限度问题提供了颇具意义的借鉴。首先，20世纪90年代以来，借助被害人视角

---

① [美]丹尼尔·贝尔：《资本主义文化矛盾》，赵一凡译，生活·读书·新知三联书店1989年版，第125页。

② [法]卡斯东·斯特法尼：《法国刑法总论精义》，罗结珍译，中国政法大学出版社1998年版，第28—29页。

③ [意]贝卡里亚：《论犯罪与刑罚》，黄风译，中国法制出版社2005年版，第10页。

审视传统刑事实体法理论的被害人信条学在德国兴起,被害人自我答责[①]原则已然被提升为法哲学的基本原则,以"自我决定"为根据的"自我答责"是刑事归责的基本原则之一。冯军教授认为,被害人具有独立的和自我答责的法律人格,在刑法意义上,"所有的犯罪中,被害人的自我答责都是否定他人的行为成立犯罪的基本原则,只要存在被害人对损害结果的自我答责,他人的行为就完全不符合构成要件"[②]。根据申柳华博士的归纳,被害人信条学是"被害人学原理(尤其是被害人共同责任的原理和交互关系理论)与刑法信条学融合产生的学说"[③]。其主旨在于将被害人学研究成果运用于规范刑法学,特别是在犯罪成立、责任承担等问题上,引入犯罪被害人的认识和评价机制。在被害人教义学基础上,车浩副教授将被害人视为"法益主体"或"法益承担者",将被害人引入刑法教义学领域中,主张只有追求合理有效地保护被害人的目的,惩罚犯罪人的手段才是正当的。[④] 其次,被害人信条学借助源于政治学范畴的辅助性原则,对刑法介入被害人生活的限度做出了指导性的规定。德国刑法学家许乃曼教授指出,"一个必然依赖刑法来保护法益的体系,也必须考虑被害人的因素。在被害人不值得与不需要保护的地方,就不应该追究加害人的刑事责任"[⑤]。王世洲教授梳理了刑法介入个体生活的辅助性原则概念和内涵,指出"先法性意义上,辅助原则以处理个人和国家的关系为对象,以自下而上地建立社会的思想为指导,在这个领域中取得的最重要的理论成果是:每位社会成员都能够在尽可能的范围内享受自由,而仅仅在必要

---

① "自我答责"或者"自我责任",辞源上看是对德文词"Selbstvera—ntwortung"的中文翻译,也有译为"自主责任",一般认为这一原则源于人格自立,其刑法教义学内涵在于,法益被害的结果体现着被害人的任意,处于被害人的行为支配的领域内,应由被害人承担责任,对于能够主张信赖权利的行为,应被排除在刑事归责的范围之外。参见冯军《刑法问题的规范理解》,北京大学出版社 2009 年版;王海涛《过失犯罪中信赖原则的适用及界限》,中国人民公安大学出版社 2011 年版。

② 冯军:《刑法中的自我答责》,《中国法学》2006 年第 3 期。

③ 申柳华:《德国刑法犯罪被害人信条学研究》,中国人民公安大学出版社 2011 年版,第 14 页。

④ 车浩:《自我决定权与刑法家长主义》,《中国法学》2012 年第 1 期。

⑤ 转引自申柳华《德国刑法犯罪被害人信条学研究》,中国人民公安大学出版社 2011 年版,第 107 页。

的范围内才受到国家的帮助（也就是控制）"①。

上述观点表明，不管是相对狭义的被害人信条学，还是体系性理论建构的被害人教义学中，均在犯罪被害人和刑法规范之间借助"不法""被害人同意""被害人责任"等概念建立起沟通的若干"通道"，并提出了若干被害人信条学的基本原则，对上述"通道"进行了约束和限制，其中辅助性原则和自我答责原则是较为公认的两个限制范畴，前者是被害人保护的必要性限制，后者是被害人保护的法律性限制。具体到本书所称的被害情感的刑事政策场域意义而言，亦要遵循这两个原则。

（一）辅助性原则

辅助性原则是被害情感刑事政策意义的事实必要性限制。源于19世纪上半叶天主教社会学的辅助性原则，最初内涵意指个人应当通过自我帮助和自我组织来改善自己的生活质量，而国家和社会帮助的必要性以此为前提。后世作为国家政治和法律的基本原则的辅助性原则，包括宪法中立法权行使、刑法中刑罚发动、行政法的比例原则等法律体系的诸多层面，是一个具有丰富法理内涵和实践意义的法律原则。在德国被害人信条学中的辅助性原则一方面作为根基性原则，"是宪法层面的辅助性原则及作为刑法中具体化表现的刑法最后手段性原则"② 在被害人信条学中的体现；另一方面又是被害人信条学招致质疑最为集中的原则，以罗克辛和希伦坎普为代表的反对观点认为被害人信条学与法治国家提倡的辅助性原则的要求并不相符。尽管如此，面对刑事政策场域中的被害情感及其意义问题时，辅助性依然可以作为一个事实层面的必要性限制原则。结合辅助性原则基本原理和被害人情感的实际，作为必要性限制的辅助性原则的核心命题在于：被害情感作为客观存在的主观态度和心态，应根据类型和范围不同赋予不同的刑事权力关注。

具体而言，从被害情感类型上看，被害人的愤恨情感某种程度上彰显了"所有形式的犯罪都是与特定集体情感之间的对抗"③，一定程度上代表了社会公众对严重违背社会秩序行为的集体情感，从而摆脱了个体单纯

---

① 王世洲：《刑法的辅助原则与谦抑原则的概念》，《河北法学》2008年第10期。

② 申柳华：《德国刑法犯罪被害人信条学研究》，中国人民公安大学出版社2011年版，第184页。

③ ［法］埃米尔·涂尔干：《社会分工论》，渠东译，生活·读书·新知三联书店2000年版，第44页。

情绪发泄和道德审判的"恶名",可以成为刑事审判中应予以考量的社会力量;相反,被害人的抚慰情感和宽恕情感进入刑事政策场域及其意义不需要刑事权力的过多关注,特别是作为内心美德外化的宽恕情感,更多具有美德和教化意义,属于社会美德提倡的范围,显然不需要刑事权力的干预。从被害情感的范围上看,被害基调情感具有个体性和公众性的统一特质,往往是决定刑事政策犯罪圈和刑罚圈扩展与紧缩的深层次影响力量,需要刑事权力的积极介入和关注;被害状态情感是遭遇犯罪行为后的应激感受和情绪,具有较多的非理性成分,刑事权力不应予以过度关注;个体被害情感是抽象法益背后真实的被害人心态和感受,需要刑事权力在侦查、公诉和审判环节予以正视和一定程度的支持;而受到现代传媒影响下的群体被害情感,以易变性和复杂性为主要外在特征,在刑事政策场域中应以规制、引导和化解为主,刑事权力要与之保持距离,不能过多关注。

从上述分析可见,刑事政策场域中的辅助性原则核心在于事实限制,即剥离被害情感中的非理性成分,为刑事权力的运行提供相对理性的环境。正是在克服被害情感非理性危机的意义上,罗克辛教授以保护动物法益为例指出情感参与刑事政策需要符合从属性和合比例性原则。"公众关于不侵害法益的举动方式是否可以容忍或者是否值得谴责的意见,即他们关于政治、宗教或者性方面的观点,处于摇摆不定的状态之中,而且还可能受到人为的操控。因此,没有任何一项理性的刑法政策能够以这种意见作为其根据。"[1] 罗克辛分析指出,"局外人合法的愤怒感并不是法益本身,而只是人们对法益遭受侵害所做出的一种正当的反应"[2],单纯的生理反应本身自然不能成为刑法的保护对象。

(二)自我答责原则

自我答责原则是被害人行为介入犯罪行为时的法律性限制。自我答责原则是自我决定的政治哲学思想在刑事法领域的体现,其哲学前提在于康德提出的作为个体的个人,"有能力按照对规律的观念来行动,也就是按照原则而行动也,或者说,具有意志"[3]。回到刑法视野,当下的德日刑

---

[1] [德] 克劳斯·罗克辛:《对批判立法之法益概念的检视》,陈璇译,《法学评论》2015年第1期。

[2] 同上。

[3] [德] 康德:《道德形而上学原理》,苗力田译,上海世纪出版集团2012年版,第23页。

法中被害人的"自我负责原则已然被提升为法哲学的基本原则"①。许乃曼教授将之称为"被害人信条学的姊妹原则"。刑事法中的被害人自我答责是法律层面对犯罪现象中行为做规范分析的结果,基于刑法的归责基本原理,自我负责原则的基本设想是,"每个人基本上都只需要对自己的行为负责,对于他人应该负责的行为原则上并没有规范义务,因此对于由他人应该负责的行为所导致的符合刑法犯罪构成的损害结果就理应归责于他人,而不归责于自己,不管这个他人到底是被害人,还是被害人以外的第三人"②。据此,自我负责原则处理的是"当被害人有意介入一个行为人所创设的因果流程时,应该如何界定行为人对于事件的责任关系这一问题"③,即自我负责原则具有法律层面评价和约束被害人行为的功能,当然这一功能的实现是通过反向否定犯罪人责任方式来实现的。

与之不同的是,面对刑事政策场域中的被害情感及其意义问题时,自我答责原则作为一个法律层面的限制原则,其功能通过法律规范(特别是刑事法规范)对部分被害情感的接纳和考虑等方式予以实现,或者称为限制功能。结合自我答责原则基本原理和被害人情感的实际,作为法律性限制的自我原则的核心命题在于:被害情感是社会中的特殊情感现象,需要根据其内容在犯罪圈划定和刑罚裁量时给予不同的刑法规范评价,借助法律分析过滤其中的模糊和混乱之处,从而形成对刑事政策具有深刻意义的"法律上的情感"④。当然,必须要指出的是,刑事政策场域中的被害情感自我答责原则的"构建和运用必然要求考虑法规范所确立的价值标准"⑤,这里的价值标准包括但不限于法的安定性、社会个体的自由等方面。具体而言,需要运用自我答责原则限制的,主要是愤恨情感及其支配下的行

---

① 许玉秀:《刑事法之基础与界限——洪增福教授纪念专辑》,台湾学林文化事业有限公司2003年版,第175页。

② 王海桥、马渊杰:《被害人自冒风险的刑事归责——论自我负责原则》,《中国刑事法杂志》2011年第1期。

③ 申柳华:《德国刑法犯罪被害人信条学研究》,中国人民公安大学出版社2011年版,第279页。

④ "法律上的情感"这里意指具有法律上功能和意义的情感因素,在内涵上不同于法理学上所谓法律情感,后者主要指社会成员对法律的心理主观态度和心理认识,包括关切、期盼、依赖甚至抱怨等。有关情感在法律场域中的逻辑运行机制和意义参见郭景萍《法律情感逻辑形成、运行与功能的三维机制》,《社会科学研究》2013年第1期。

⑤ 王刚:《营救者的损害与自我答责原则》,《法学研究》2010年第3期。

为。从刑法条文的精神上看,部分犯罪中被害人的愤恨情感对犯罪的成立具有决定性作用(如我国《刑法》第257条的暴力干涉婚姻自由罪、第260条的虐待罪等告诉才处理的犯罪),大部分犯罪中被害人的愤恨情感需要受制于罪责基本原则,应该看到,单纯的愤恨情感不是自我答责原则处理的客体,基于愤恨情感而采取的行为才需要基于其对结果的作用做出相应评价,不能超越罪责的一般原理。

由此可见,刑事政策场域中的自我答责原则核心在于法律限制,即规范和整体性评价被害情感,用法规范的明确性过滤被害情感中的模糊性和混乱感,为刑事政策场域中的被害情感发挥作用奠定稳定的基础。正如有学者指出的那样:"自我答责并非是纯粹对被害人心理的探究,该原则的本质是法规范在行为人和被害人之间所进行的(刑事)责任分配。"[1] 刑事政策场域中被害情感的自我答责原则分析只是完成了基础性的情感类型和相应对策构建,进一步的研究必须要借助被害人的类型行为对应刑事责任,为刑事司法裁量提供依据。

总结本章,我们可以看出,现代社会中的理性主义往往把情感作为控制的对象,不愿在社会结构和社会系统中加入情感的元素,作为严格理性的现代刑事法治领域更是如此。然而,借助心理学和社会学"显微镜"观察,揭开了被害人情感的"非理性面纱",透过被害情感的理性和非理性阐释,我们可以发现,被害情感作为一种综合性社会心理现象,既是一种主观认识,也是一种社会现实,由此形塑了被害情感在刑事政策场域中实际发挥作用的潜在力量。基于此,我们认为,刑事政策场域中的被害情感,既不是被害人的情绪性发泄和非理性的"代名词",也不能在刑事政策实践中忽视甚至无视其客观存在。相反,被害情感作为"一种建构性因素,是生产一种社会秩序的核心元素,深深地植根于社会政治、经济、文化的背景网络中"[2],需要在刑事政策场域中正视和观照,特别是借助刑法教义学模型进行规范化的认识和评价。因为,从司法逻辑出发可以看出,仅仅从犯罪学意义上"谁是被害人"的事实判断中,并不能必然得出"谁应承担责任"这一规范的结论。

---

[1] 王刚:《营救者的损害与自我答责原则》,《法学研究》2010年第3期。
[2] 潘泽泉:《理论范式和现代性议题:一个情感社会学的分析框架》,《湖南师范大学社会科学学报》2005年第4期。

第四章

类型化与规范化：犯罪被害人刑事政策的实践进路

> 规则、原则遵循道德标准的这一趋势确为法律成长的正道，但这并不意味着暂停所有的规则和原则，替之以感情用事或是漫无节制的乐善好施，这些走到了另一个极端，完全变成了对所有法律的否定。
> ——卡多佐，《法律的成长 法律科学的悖论》

> 让刑事政策这样入侵刑法教义学的法学领土，并不导致对体系性思维的放弃，也不会导致体系性思维的相对化，因为体系性思维给我们带来了法明确性和法安全性的实益，而这，是不可放弃的。相反，(我们要) 将一个按我们方案设计的目的性 (teleologisch) 的体系，放在法领域的内部联系之中，而这种内部联系仅仅是规范之间的联系，更明显的是，(这后者) 表现为一个按照抽象或前提性的东西 (Abstraktionen oder Axioms) 进行演绎的体系。
> ——罗克辛，《刑事政策与刑法体系》

借助布迪厄场域—惯习分析范式，本书先后论证了犯罪被害人刑事政策的关系论、本体论和价值论，试图用一种跳出"纯粹的法律评价的范围"[①]的进路揭示犯罪被害人参与刑事政策场域的基本命题，目的在于用"立体"的方法和视角"透视法律并进行法律正当性的拷问"[②]，为我国刑事政策的现代发展特别是被害人刑事政策建构提供了基础性的论证和诠

[①] [德] 拉德布鲁赫：《法律的不法与超法律的法》，载郑永流主编《法哲学与法社会学论丛》(四)，中国政法大学出版社 2001 年版，第 443 页。

[②] 蔡道通：《刑事法治的基本立场》，北京大学出版社 2008 年版，第 11 页。

释。与此同时，不得不承认的是，尽管在被害人保护的价值判断上没有较大争议，但刑法学科中对被害人所进行的研究和制度创设却相对冷清得多。究其原因，一方面在于，"在刑事科学中，调查的全部任务在于对加害人及其行为进行研究，而对被害人仅仅偶尔加以考虑。而且许多世纪以来，都没有特别注意对被害人问题的研究。这是警察和司法机关对事后行为和刑事政策上的墨守成规所抱传统态度的结果"①；另一方面，缺乏对犯罪被害人在刑法教义学体系中存在样态和作用的规范评价和司法运作考量，被害人刑事政策也容易被视为"没有成效的概念游戏"②，从而形成"道理说得通，实践无人问津"的尴尬局面。

因此，化解上述问题法症结或许在于，如何规范化地构建犯罪被害人在刑法中的存在和参与机制。考虑到"刑事政策只有借助于刑法规范，才能得以贯彻并可期待地发挥作用"③，从而，规范化的构建犯罪被害人在刑法中的存在和参与机制的核心包括犯罪被害人刑事政策与刑法教义学的"贯通"、犯罪被害人刑事政策自身的实践运行两个方面。具体而言，一方面，作为事实存在的被害人行为及其情感，受被害人类型多样性和情感易变性的双重影响，需要在价值判断的基础上进一步对被害人和被害人行为做类型化划分，才能促进被害人刑事法的规范化构建；另一方面，任何理论的逻辑起点和终点都应该指向和回应实践诉求，这既是场域分析的起点，也是最终面对的实践终点，立足于场域范式建构的犯罪被害人刑事政策亦不例外。

而实际上，这两个方面恰恰也构成了犯罪被害人刑事政策规范化的"内在进路"和"外在进路"两个方面。前者是指运用类型化方法完成对被害人人身特征、被害人行为等方面的"去事实化"，为构建对犯罪构成、责任承担等具有规范意义的被害人制度提供基础，可概括为类型化进

---

① ［波兰］布鲁农·霍利斯特：《刑事被害人学的范围、任务及其目的》，谢正权译，《法学译丛》1986年第1期。

② 罗克辛在2009年《构建刑法体系的思考》演讲中指出，德国刑法是人们体系性建构的法律，对于什么是正确的体系构造的争论，是刑法原理上的工作，而不是人们说的那样，是没有成效的概念游戏。这里用来借指人们对犯罪被害人保护问题上的不甚乐观的态度和看法。参见［德］克劳斯·罗克辛《刑事政策与刑法体系》，蔡桂生译，中国人民大学出版社2011年版，第63—64页。

③ 孙国祥：《论司法中刑事政策与刑法的关系》，《法学论坛》2013年第6期。

路；后者意指遵循刑事政策实践的横向结构或者过程结构[①]，即一体化的刑事政策分析，通过选取当下刑事政策实践环节中的典型问题，考察和阐述刑事政策立法、司法和行刑政策中被害人因素参与范围及其限度等问题，可概括为规范化进路。二者共同作用于犯罪被害人刑事政策的实践道路，类型化进路奠定了规范化的法律基础，规范化进路保证了刑事政策运行环节的稳定性和完整性。

第一节 类型化：犯罪被害人刑事政策的规范化之源

一 被害人人身特征类型与刑法评价

对犯罪被害人进行人身的分类是犯罪学中的传统理论。尽管有学者指出，"被害人的分类是一件非常困难的事，有多少版本的著作、教材，就可以说有多少种分类，不同的学者对分类的角度不相同"[②]，但为了探求犯罪被害人对犯罪的影响和互动作用，对被害人人身进行分类又是犯罪学中不可回避的理论之一。事实上，从方法论角度而言，分类研究是认识事物的科学方法，有助于从整体和宏观把握事物的规律，使人们不囿于对被害人的单个、分散的研究，而从大类的角度综合考量和整理总结出规律。

具有代表性的分类包括：1948年，亨梯根据被害人的生物、心理和社会学特征，分成了年轻人、老年人、女性、精神有缺陷或精神错乱者、移民、少数民族、愚人等13种分类[③]；门德尔松依据环境条件把被害人分为六种类型：一是生物生理被害人，二是自然环境的被害人，三是临界环境的被害人，四是社会环境的被害人（政治被害人、经济被害人、文化被

[①] 储槐植教授将刑事政策结构分为纵向结构和横向结构两个大类，其中横向结构或过程结构由定罪政策、刑罚政策和处遇政策构成，本书借鉴了这一分类方式，并以横向结构为主要内容完成犯罪被害人刑事政策运行的环节论证。参见储槐植《刑事一体化论要》，北京大学出版社2007年版，第82—83页。

[②] 任克勤：《被害人学新论》，广东人民出版社2012年版，第58页。

[③] 参见申柳华《德国刑法犯罪被害人信条学研究》，中国人民公安大学出版社2011年版，第51—52页。

害人），五是技术环境的被害人，六是反社会的环境的被害人等[1]；宫泽浩一依据被害性标准将被害人分为五类：无辜的被害人；无知的被害人；自发的被害人（自杀者）；诱发性被害人；攻击性被害人、欺瞒被害人和假想被害人[2]；我国学者任克勤将被害人分为：真实被害人和虚假被害人，既然被害人和潜在被害人，无责被害人和有责被害人，偶然性被害人和条件性被害人，不同犯罪的被害人等。[3] 必须要指出的是，上述分类对于认清犯罪被害规律、揭示被害原因等具有重要意义，但其中也存在着分类交叉和范围过广的问题，很难成为刑事立法和政策制定的依据。例如，门德尔松的分类中将自然灾害和环境被害人也纳入其中，显然扩大了被害的外延，也就消弭了被害现象的刑事法意义。

然而，必须要强调的是，被害人人身特征类型不同于基于犯罪被害人人身进行的事实分类，有独特的内涵和标准。这是因为，作为事实存在的被害人行为及其情感，受被害人类型多样性和情感易变性的双重影响，需要在价值判断的基础上进一步对被害人和被害人行为做类型化划分，才能促进被害人刑事法的规范化构建。正是目标差异决定了分类的内涵和标准的不同，类型化思维是促成这一任务达成的最重要的认识论方法。从方法论意义上看，类型化是认识论的重要思维方式，它在对所有事件或特征进行整体性描述的基础上抽象出一个关系模型，然后根据事件或活动在这个关系模型中的地位和作用来对它们进行解释并依次归类。由此，诚如有学者指出的那样，其内涵在于，"类型化是一种抽象化和精细化相结合的思考方式，它是在属于某个社会客体的整个变数系统中寻找社会客体的属性的固定结合"[4]。这一认识论方法的功用"是为研究事物提供一个标准，作为观察其他事物的基础，使研究能够有条不紊地进行"[5]，借助类型化思维，人们可对事物的认识达至一种"本质"和"具象"之间的融通，

---

[1] 参见［德］汉斯·约阿希德·施奈德《国际范围内的被害人》，许章润等译，中国人民公安大学出版社1992年版，第31—34页。

[2] 参见张智辉、徐名涓《犯罪被害者学》，群众出版社1989年版，第36—38页。

[3] 任克勤：《被害人学新论》，广东人民出版社2012年版，第58—62页。

[4] 李可：《类型思维及其法学方法论意义：以传统抽象思维作参照》，《金陵法律评论》2003年第2期。

[5] ［法］迪尔凯姆：《社会学方法的规则》（第2版），胡伟译，华夏出版社1999年版，第64页。

由此可见，被害人人身特征的类型化的内涵就是要构建起具有刑事政策意义的被害人人身模型，并在此基础上揭示出相应的刑事政策处遇方法，进一步而言，为被害人在刑法规范层面的评价提供前提和基础。与此同时，可以认定被害人人身特征的类型化的标准就是刑法角度的，而非犯罪学或社会学的。

具体而言，本书认为，基于类型化考量的被害人人身特征可以分为下列几种。

1. 自然犯中的被害人和法定犯中的被害人

自然犯和法定犯是刑法犯罪分类中重要的一组，用来指涉犯罪行为与道德规则违反之间的关系。一般认为，自然犯也叫作刑事犯，"是指即使不由刑罚法规规定为犯罪，行为本身就会受到社会伦理的非难（本身的恶）。与之相对，法定犯又叫作行政犯，系指根据刑罚法规作为犯罪处罚时才受到非难的行为（被禁止的恶）"①。对于自然犯与法定犯分类的关键所在，刘远教授曾经深刻地指出："自然犯与法定犯之分，不是在有无道德性（亦即是否违反一般性的守法义务）之意义上的区分，而是在是否违背具体道德规则意义上的区分。"② 这就提醒我们，自然犯的被害人往往是道德规则评判上色彩鲜明的，很容易获得社会公众的认可，在刑事政策场域中，被害人行为的策略选择和资本运用较多采取道德化立场，也是刑事权力运行中需要保持距离的一类；法定犯中的被害人往往在道德规则评判上是灰色或者模糊不清的，其刑事政策处遇措施很难获得社会公众广泛认同，被害人的被害性不甚明晰。

由此可见，自然犯的被害人与法定犯的被害人由于刑事政策场域中的策略和定位差异，刑事法规范层面的评价也存在着不同之处。自然犯中的被害人大多为自然人存在，其对犯罪行为的入罪要求强烈，对刑罚裁量的关注和参与较多，且多数要求加重刑罚，社会公众对罪责的判断比较容易和刑法规范一致；法定犯中的被害人既有自然人也有法人等单位存在，相对而言，被害人对犯罪行为的入罪和刑罚主张的特殊预防要求不太强烈，看重的是对一般公民的教育在内的一般预防，社会公众对法定犯罪责的判

---

① ［日］野村稔：《刑法总论》，全理其、何力译，法律出版社2001年版，第81页。
② 戴玉忠、刘明祥：《犯罪与行政违法行为的界限及惩罚机制的协调》，北京大学出版社2008年版，第66页。

断很难和刑法规范一致。同时，二者在刑罚的立场上也存在差异，"对自然犯、被害人明显的法定犯，人们希望报应目的能够实现。对很多法定犯而言，可能就是另外的情形了"①。当然，这是一般意义上的区分，随着社会进步和人们法治观念变迁，法定犯和自然犯的界限逐渐模糊，这两种类型犯罪的被害人刑法评价也会有所变化。例如，笔者多年前在铁路检察院工作期间，侦办的大多数铁路物资盗窃案件中，某些铁路沿线的群众认为"公家"东西，拿一点儿不算是大问题，导致铁路轨枕、车载煤炭甚至信号灯等物资盗窃和破坏铁路运输犯罪现象频发，并且是家族式作案，存在靠铁路吃铁路的旧有观念，这就是没有认识到小偷小摸行为的违法性和严重性。

2. 暴力犯罪的被害人和经济犯罪被害人

暴力犯罪和经济犯罪是刑法中最常见的两类犯罪形态。前者包括但不限于刑法条文中以"暴力"为明文构成要件，还应涵盖行为人在实施犯罪时所采取的是否为暴力（包括以暴力相威胁）行为，由此可见，刑法学意义上的"暴力犯罪，是指行为人以暴力或者以暴力为胁迫手段内容，非法侵犯他人人身或非法占有他人财产的犯罪行为"②，其罪名包括故意杀人、故意伤害、抢劫等直接以被害人人身为客体的犯罪。经济犯罪是指"市场主体违反国家经济行政管理法规，破坏市场经济秩序的健康动态运行，由刑事法律规范予以明文规定，应受刑罚处罚的行为"③，从范围上看，主要包括但不限于破坏社会主义市场经济秩序这一类罪，罪名包括合同诈骗、非法吸收公众存款罪、生产销售伪劣产品罪等。

从这两类犯罪的刑法内涵出发，可以看到，暴力犯罪的被害人与犯罪人之间关系主要为对立型法律关系，其中的被害人多为自然人，其入罪标准较为明确，并且在"这一类加害人与被害人对抗性明显的犯罪中，分析被害人和加害人的互动往往更具有典型性"④；与此同时，暴力犯罪的被害人是建构犯罪被害人刑事政策的"典型"类型，其中的被害情感、策略和行为能够较好地被代表，也是包括精神抚慰、国家补偿等刑事政策举

---

① 周光权：《刑法学的向度》，中国政法大学出版社2004年版，第303页。
② 高铭暄：《刑法热点疑难问题探讨——中国法学会刑法学研究会2001年学术研讨论文选集》（上、下册）中国人民公安大学出版社2002年版，第745页。
③ 吴允锋：《经济犯罪规范解释的基本原理》，上海人民出版社2013年版，第35页。
④ 任克勤：《被害人学新论》，广东人民出版社2012年版，第177页。

措主要的对象。与之不同，经济犯罪的被害人与犯罪人之间的关系较为复杂，既有对立，也有自愿和协作关系。例如，集资诈骗犯罪中的被害人"往往是基于一定的虚荣心、同情心等精神欲望以及得到财产的欲望、眼前利益等，就轻易根据加害人的言行和适当的服饰等相信犯罪人的信誉，把钱财交于犯罪人，从而上当受骗"[①]，从丢失财物的结果来看，犯罪人与被害人之间存在着对立，而从相信犯罪人与以平和方式被害人交出财物的过程来看，二者又在某种程度上是"合作"的。

根据学者的总结，经济犯罪被害人具有如下一般特征："第一，一般条件，即有作为犯罪对象的条件，有可能被犯罪者利用的空隙及有与犯罪者接触的机会。第二，被害者意识，调查表明，被害者在遭受财产犯罪后，主动向警方申报的较少。第三，因为被害人一般很少报案，所以一般此类案件的被害隐匿性比较高。"[②] 这一特征具有显在的刑事政策意义：由于经济和财产主要是被害人的直接经济利益损失，因而犯罪被害人对犯罪的刑事政策处遇要求侧重于经济补偿，而不是刑罚处罚。例如，大多数非法集资案中被害人，出于牟利的目的将资金交给非法集资人，一旦犯罪人构成犯罪，需要追究责任时，被害人关心的往往只是能否返还自己的本金，而对犯罪行为破坏金融秩序等后果认识不清。

3. 亲告罪被害人和公诉罪被害人

所谓亲告罪或自诉犯罪，是指在追诉之时必须经过有告诉权的人的告诉之犯罪。我国刑法将尚未引起严重后果的侮辱罪、诽谤罪、暴力干涉婚姻自由罪、虐待罪和侵占罪规定为告诉才处理的犯罪，即"把被害人的告诉作为追究犯罪人刑事责任的必要条件"[③]。在刑法分则中的表述结构是"罪状+法定刑+告诉才处理"，属于一种限制性的刑罚追究模式。与之相对，刑法中绝大多数犯罪由公诉机关代替法益主体提起追诉要求，被害人在其中的作用往往是证人和受限制的诉讼参加人，称为公诉罪或者非亲告罪。这一概念内涵的揭示，已经清晰地彰显了犯罪被害人在亲告罪和非亲告罪中的巨大差异，对于刑事政策处遇和刑法规制均具有深远的意义。

---

① 张智辉、徐名涓：《犯罪被害者学》，群众出版社1989年版，第131页。
② 同上书，第116—120页。
③ 曲新久：《刑法学》（第3版），中国政法大学出版社2012年版，第192页。

尽管对亲告罪中的被害人告诉行为性质存在着争议①，但大多承认犯罪被害人对亲告罪的评价和责任具有决定性的作用，正如日本刑法学者指出的："对这些有特殊情况的犯罪（前文指侮辱罪等），考虑被害人的追诉意思以决定追诉与否是合理的。"② 对于亲告罪中被害人的刑法评价而言，一方面被害人的告诉会引发刑法规范的评价，另一方面被害人的不告诉行为或者告诉后又撤回意味着这一犯罪的社会危害性归于消失，因而刑事责任便告终结。即亲告罪中的被害人对刑法评价的启动和犯罪人责任的追究均具有规范意义，因此有学者也以亲告罪为例论证犯罪被害人作为刑事法律关系中的主体的合理性。③ 从被害人在亲告罪中的宽恕情感和行为性质来看，"亲告罪被害人与被告人之间的和解，不仅仅是被害人的一种宽恕，更是刑法（制度）的宽容，而这种宽容也是有限度的，在绝大多数的情况下，犯罪人与被害人的和解对犯罪人不发生影响"④。与此不同的是，非亲告罪中的犯罪被害人的刑法评价处于制度性缺失的状态，需要根据被害人对犯罪发生的动机、犯罪中的行为和过错等具体评价。

4. 未成年、女性和老年犯罪被害人

未成年、女性和老年犯罪被害人的分类源于被害人的年龄、性别等生理特征差异。有学者认为，源于这类人群在社会中在年龄、身体和自我防卫能力方面的弱势地位，这两类犯罪中被害人的被害性较为明显，也进而导致这类犯罪被害人具有如下特征。

首先，容易获得社会公众关注和产生被害认同感，甚至形成群体性的被害人组织。例如，2015年的南京女护士被病人家属殴打案件，作为女护士的被害人被殴打的视频传播开来后，社会各界对这一案件给予了广泛的同情和强烈的愤慨。其次，受犯罪行为伤害较为严重且会伴随长期的心理障碍。特别是由于未成年被害人和女性被害人所遭遇的犯罪往往为家人、老师或熟悉的人作案，既不利于被害人恢复身心健康，也为犯罪预防增加了难度。近年来，农村留守儿童被中小学教师猥亵、性侵犯等案件的

---

① 我国学者对这一问题存在着处罚的阻却事由说、刑罚消灭说、追诉条件和刑事责任消除说、正当行为说等不同看法，详见李立景《犯罪私人追诉的法理逻辑》，中国法制出版社2011年版，第58页。

② ［日］野村稔：《刑法总论》，全理其、何力译，法律出版社2001年版，第82页。

③ 参见刘生荣《犯罪构成原理》，法律出版社1997年版，第126—132页。

④ 李立景：《犯罪私人追诉的法理逻辑》，中国法制出版社2011年版，第164页。

频发，也引起了人们对未成年被害人心理疏导和抚慰的思考。① 最后，案件的告发率低，部分被害人选择忍气吞声和息事宁人，这就使得这两类被害人的犯罪黑数较大。从刑事政策角度来看，这类特殊群体为数众多，存在着身体或生理上的弱势，社会公众对此类被害人的犯罪现象（甚至是越轨现象）的道德同情感最为强烈，容易成为媒体热议的焦点案件，对刑罚裁量有一定的影响力。

由此，未成年、女性和老年犯罪被害人的上述特征导致刑事法规范层面对这类弱势群体的评价也存在倾斜性保护的一面。其内涵表现在：其一，在刑法中引入一种"弱势平等"观念，其核心要义在于"刑法应该正视强者与弱者之间的对象性犯罪，并分别针对强者为谋取利益针对弱者的犯罪和弱者为维护自己利益而针对强者的犯罪，形成一种'重强、轻弱'的罪刑结构"②，从而实现矫正的公平。其二，将这类特殊群体被害人的出现作为刑罚加重情节，在责任承担上体现倾斜性保护。例如，刑法规范层面上，2015年11月1日生效的《刑法修正案（九）》中废除了争议多年的嫖宿幼女罪，今后此类行为一律适用刑法中关于奸淫幼女的以强奸论，从重处罚的规定。从而将幼女这个特殊被害人群体的保护立场进行了转变，不仅要考虑单列罪名，更要符合社会观念的整体认识和注重幼女的倾斜性保护。在司法解释层面，2014年的《最高人民法院关于常见犯罪的量刑指导意见》对于犯罪对象为未成年人、老年人、残疾人、孕妇等弱势人员的，综合考虑犯罪的性质、犯罪的严重程度等情况，可以增加基准刑的20%以下。其三，刑法和刑诉法在处理涉未成年人、女性被害人案件时，在侦查、起诉和审判阶段均采取不公开等特殊程序，保障他们的隐私和名誉，避免因司法活动造成的"二次被害"。

除上述四种分类之外，基于类型化考量的被害人人身特征还包括了是否具有特殊身份的被害人，对罪名的成立或刑罚的裁量具有意义。例如，《刑法修正案（九）》规定，暴力袭击正在依法执行职务的人民警察的，依照妨害公务罪的规定从重处罚。综上可以看出，在刑法分则的人身和财产犯罪中，被害人的人身特征对定罪和量刑大多具有一定程度的规范

---

① 《广州公益界呼吁勿让受性侵未成年人在暗中哭泣》（http://gz.ifeng.com/gongyi/detail_2015_08/31/4298699_0.shtml）。

② 姜涛：《弱势平等：理论界定与刑法实践》，《江苏社会科学》2012年第5期。

影响。

二 被害人行为类型与刑事归责

刑法规制的对象是行为。自贝卡利亚开始，犯罪是一种行为，法律不惩罚意图的观念逐渐深入人心。马克思的经典论断代表了行为对刑法的价值意蕴："我只是由于表现自己，只是由于踏入现实的领域，我才进入受立法者支配的范围。对于法律来说，除了我的行为以外，我是根本不存在的，我根本不是法律的对象。"① 基于"无行为则无犯罪"的行为刑法立场，应受处罚是行为，即以行为作为直接处罚的对象和犯罪成立的要件，而行为的结果、行为人身份等是构成要件的选择性要素，除个别选择性要素对定罪有意义之外，大部分只影响量刑。这就提醒我们，规范化的被害人评价，离不开对被害人行为类型的界分和判断。

与此同时，现代立法技术已经表明，行为类型化是法律规范构建的重要模式。有学者对比侵权立法的一般化和类型化模式，指出侵权行为类型化的最大好处，就在于侵权行为的类型清楚、直观、具体、明确，基本上穷尽了侵权行为的全部类型，便于司法适用。② 正是源于类型化思维方式的内在特质，当代各国往往将一般化和类型化立法模式结合起来，以保持理性和判例经验之间的张力，刑事立法也不能例外。现代刑法自1810年法国刑法典开始，创设了总则和分则并存的体例，一方面在总则中规定犯罪的一般化规定，明确犯罪的概括性、抽象性特征；另一方面在分则中规定各种类型化的具体犯罪行为，不管是自然犯的杀人、强奸、盗窃还是法定犯的偷税、危险驾驶等，具有明确和司法适用简便的特点。不过，必须要指出的是，被害人行为类型在内涵上与犯罪行为类型之间既有抽象和概括方面的相似之处，也有不同之处，特别是被害人行为类型不是刑法规范创设的逻辑起点和必要模式，而只对某些刑法规范的创设和部分刑法规范的适用具有意义。

基于此，本书认为，类型化的犯罪被害人行为是基于犯罪行为中被害人行为的多样性、复杂性抽象而来的，能够表征特定法益损益的类行为，

---

① 《马克思恩格斯全集》（第一卷），人民出版社1956年版，第16—17页。

② 杨立新：《论侵权行为的一般化和类型化及其我国侵权行为立法模式选择》，《河南政法干部管理学院学报》2003年第1期。

且一旦行为做出即具备违法或合法的类行为。需要指出的是，这里的类行为，其表现形态是多样的，可以是一次或者多次连续的作为行为，原则上不包括不作为行为。与此同时，这里的被害人行为是一种狭义的行为，仅限于法律行为，即能发生法律上效力的人们的意志行为，从而将犯罪学中的被害人道德行为和纯主观认识错误排除在外。

由此，依据上述概念的内涵和外延，可以将刑事政策场域中的被害人行为分为如下几种：

1. 过错行为和无过错行为

被害人过错是刑法的罪行评价体系中重要的命题之一。从词源学意义看，被害人过错并非一个严谨的刑法规范用语，学界也对其内涵存在着"主观过错说"和"客观过错说"不同的理解[1]，我国刑法学界大多将过错理解为一种客观行为，即将过错理解为一种行为。与此同时，考虑到刑法中被害人过错理论的功能定位为罪责体系的组成部分，这就要求对犯罪人的罪责评价标准应当同样适用于犯罪被害人，一方面是出于行为评价标准的统一性，另一方面也是为了避免把过多的违反道德的行为纳入罪责评价体系[2]，产生苛责被害人的"刻板偏见"。例如，夏天夜晚穿着暴露的单身女子，醉酒后在街头先后被盗窃和性侵害，如果把穿着暴露和醉酒等道德行为列为罪责评价标准，就会成为因为被害人具有过错而减轻犯罪人的责任，本书认为这种情况既不符合刑法罪责的基本精神，也是过于放大了"过错"的外延，更无益于犯罪预防。

因此，本书所指被害人过错行为是指由于被害人故意或过失实施的，对犯罪人的犯罪行为有促进或推动作用，从而引起刑法罪责体系否定性评价的违法行为。当然这里的违法是广义上，而非狭义违反刑事法律规范。由此，无过错行为就是被害人在犯罪进程中除过错行为之外的违法道德或者其他非法律规范的行为。必须要注意的是，这一概念内涵的揭示，对犯

---

[1] 参见初红漫《犯罪被害人过错与罪刑关系研究》，博士学位论文，西南政法大学，2012年。

[2] 部分学者采取广义的过错行为说，将违反道德行为纳入被害人过错之中，有人称为伦理性评价（高维俭），有的称为道德上应受谴责行为（刘军），有的认为是重大、普遍认同的不道德行为。分别参见高维俭《刑事三元结构伦——刑事哲学方法论初探》，北京大学出版社2006年版，第113页；刘军《刑法学中的被害人研究》，山东人民出版社2010年版，第154页；初红漫《犯罪被害人过错与罪刑关系研究》，博士学位论文，西南政法大学，2012年。

罪被害人行为做了二元的划分，更为重要的是，它们在刑事归责中的性质和作用也因此截然不同。根据刑事归责的不同阶段，被害人过错行为对定罪和量刑两个方面产生影响。

首先，容易为很多学者忽略的被害人过错行为对定罪的影响方面。从被害人过错的程度可以分析得出，如果被害人过错占据了犯罪行为导致损失的主要或全部方面，此时的被害人过错显然对犯罪人犯罪成立具有决定性影响。从理论上看，一方面，英美刑法将"被害人挑衅"行为作为阻却谋杀罪成立的抗辩事由，为被害人过错影响定罪理论做了良好的例证；另一方面，刑法中的正当防卫行为可视为防卫人（被害人）对犯罪人的违法行为进行的反击，只要在防卫限度内，均可以阻却防卫行为的犯罪化。而在实践中，如果被害人过错为部分或者轻微过失的，很难对定罪产生影响。例如，某甲和某乙在拥挤的早高峰上班路上，某甲骑无牌摩托车超速行驶，不慎将翻越护栏追赶公交车的某乙撞成轻伤，这里的某乙尽管存在过错行为，但没有占据犯罪行为导致损失的主要或全部方面，不足以影响某甲交通肇事罪的定罪。

其次，被害人过错行为对量刑的影响方面，包括法定量刑情节和酌定量刑情节两种情形。其一，作为刑事法理论和实践中的热议问题之一，被害人过错行为作为法定量刑情节主要源于下列刑法条文和司法解释：我国《刑法》第5条规定，刑罚的轻重，应当与犯罪分子所犯罪行和承担的刑事责任相适应；第61条规定对于犯罪分子决定刑罚的时候，应当根据犯罪的事实、犯罪的性质、情节和对于社会的危害程度，依照本法的有关规定判处；1999年《全国法院维护农村稳定刑事审判工作座谈会纪要》，2000年《关于审理交通肇事刑事案件具体应用法律若干问题的解释》，2014年《最高人民法院关于常见犯罪的量刑指导意见》等司法解释中对被害人过错列为法定的量刑情节予以考虑。其二，由于被害人存在过错行为而被杀或者重伤案件中，以"大义灭亲"和"联名求情"方式出现的酌定量刑情节日渐增多，在一定程度上实质性影响了刑罚的裁量。2011年《刑事审判参考》第6期"刘加奎故意杀人案"中，最高人民法院在裁判理由中对被害人存在过错和周围群众联名来函请求从轻处理的认定时指出，被害人一方在案件起因及矛盾激化发展上有一定过错……案发后，随州市厉山镇幸福村、厉山镇神农集贸市场、五眼桥农贸市场几百人签名写来请求司法机关对刘家奎从轻处理的信函，十余人向法庭提供了对被告人有利的证明材料,这些情节虽不是法定从轻处理情节,但也是考虑对被告人是否判处死刑立即执行的因素。最高人民法院以复核改判的方式,在司法实践中赋予了被害人过错减轻犯罪人刑罚的酌定量刑情节意义。

2. 被害前行为和被害后行为

根据被害行为做出的时间节点,可以分为被害前行为和被害后行为,从犯罪学和被害人学的发展历程来看,早期的研究几乎全部集中在被害前的行为。有学者对被害前的行为做了差序化分类,包括攻击、(非暴力、胁迫)不法侵害、自损、挑衅、自陷风险五种对被害结果具有原因力的行为,并且认为前四种行为"实质性"引发了犯罪行为,自陷风险行为属于对被害结果有促成作用。[①] 应该看到的是,这种类型化的被害行为具有对犯罪成立和责任划分上的模型意义,但显然犯罪现象不仅仅是犯罪人的"独角戏",而是犯罪—被害人互动的"协奏曲",在被害人行为做出的时间阶段上,存在被害前、被害中和被害后三个方面。[②] 特别是犯罪行为会刺激和促使被害人做出一系列行为,这就意味着在类型化的视域中基本限定于被害前行为,忽略对被害后行为的观察和分析,从被害行为的外延来看,显然有不周延之处。

实际上,从刑法理论和实践出发来看,被害后的行为类型也是值得关注和研究的。从发生学角度看,被害后行为是被害人受犯罪刺激或触动做出的相关行为的总称,既包括报案、和解、报复等作为行为,也包括选择沉默、忍受等不作为行为。当然,尽管大部分被害后行为都具备一定的刑事政策意义,但能够进入刑法规范评价和责任承担的行为是有限的。根据我国刑法的相关规定,结合上述分析,我们可以将被害人过错和被害人承诺归为被害前行为,正当防卫归于被害中(某种意义上也可以认为是被害后)行为,此外,被害后行为还应包括原谅、告发和和解三种。由此可见,被害后行为对刑事责任承担是有影响的,且根据被害后行为的不同产生不同的刑事责任后果。例如,亲告罪案件中,被害后选择原谅还是告发直接决定了犯罪人的定罪和责任有无;大部分金融诈骗犯罪活动中,被害

[①] 董文蕙:《犯罪被害人国家补偿制度基本问题研究》,中国检察出版社2012年版,第149页。

[②] 参见张少林《刑法学研究新视野——被害人行为初探》,载刘迎秋主编《全国博士生学术论坛优秀文集(2008年经济学·法学)》,社会科学文献出版社2009年版。

后为了获取物质利益或者继续营利选择与犯罪人刑事和解，就会在刑罚发动上实质上起重要作用。

总结本节，我们可以发现，犯罪被害人人身和行为的类型化界定为刑法的入罪评价和责任承担提供了可能，也是犯罪被害人刑事政策规范化之路的源头所在。借助类型化思维，人们可以在适度抽象的基础上完成对被害人人身和行为复杂多样性的归类，一方面有利于犯罪被害人刑事政策实践的统一化和明确化，促成其政策的体系化构建，因为类型被"视为法律体系化努力所必须倚仗的重要工具，以之型构整个法律的内在系统"[①]；另一方面，有利于犯罪被害人刑事政策与刑法规范之间的沟通和连接。这种沟通和连接，按照陈兴良教授的观点，就是"既要坚定地站稳罪刑法定主义的立场，因此需要扎紧形式法治的篱笆，抵御法外价值判断的侵入……"又要促成"刑事政策进入刑法教义学，在其体系框架内可以发挥实质性的功能，从而使刑法不仅成为消极的人权保障的工具，而且成为积极的实现正义的武器"。[②]

第二节 被害人影响刑事入罪规范的限度

一 近年来我国刑事立法的新动向

众所周知，自 1997 年《刑法》颁布以来，我国刑法已经通过了八个修正案，目前刚通过《刑法修正案（九）》，这正如张明楷教授所言，由于我国立法机关试图以一部刑法典囊括所有的犯罪，故今后对刑法的修订也可能相当频繁。[③] 但必须指出的是，刑法修改如此频繁，不仅是因为刑法渊源的问题，另一个重要的因素是当前我国社会正经历着重大的变化，一系列关乎国民安危的新问题出现，主要表现在：一是市场经济体制下的食品、药品安全问题日益突出，如"苏丹

---

① ［德］卡尔·拉伦兹：《法学方法论》，陈爱娥译，台湾五南图书出版公司 1996 年版，第 377 页。

② 陈兴良：《刑法教义学与刑事政策的关系：从李斯特鸿沟到罗克辛贯通——中国语境下的展开》，《中外法学》2013 年第 5 期。

③ 张明楷：《刑事立法的发展方向》，《中国法学》2006 年第 4 期。

红"事件、"阜阳奶粉"事件、"三聚氰胺"事件等；二是不正当的市场行为滋生的社会冲突，例如，矿难、恶意拖欠农民工资等都是这些问题的集中体现；三是社会主体的责任感缺失现象日益严重，导致各种无责任社会风险行为泛滥，例如，醉酒驾车、飙车等放任危害发生的危险性行为时有发生；四是社会矛盾、民族、宗教矛盾所引发的恶性暴力行为、地方黑恶势力等的泛滥；五是严重的环境污染事件，特别是工业发展中环境污染问题。

对于这些问题，从某种意义上说，当前的刑法可谓直接跳过了民法、行政处罚法的规制，直接动用修正案的方式予以处理，例如，2001年《刑法修正案（三）》中，修订了《刑法》第114条和第115条"放火罪、决水罪、爆炸罪、投放危险物质罪"的基本款和结果加重条款，新增了"以其他危险方法危害公共安全罪"。2002年《刑法修正案（四）》将修改了《刑法》第145条生产、销售不符合卫生标准的卫生器材罪的构成要件，将"对人体健康造成严重危害"的标准修改为"足以严重危害人体健康"，使生产、销售不符合卫生标准的卫生器材罪从结果犯转化为危险犯。2011年5月1日施行的《刑法修正案（八）》不但对某些上述所涉问题增设了部分抽象危险犯的犯罪规定，而且修改了部分犯罪构成具体要件，使其从结果犯变为抽象危险犯。

对于刑法修正案所体现的这种变动而言，学界多数观点将其概括为风险刑法视域下的刑事立法扩张，应该说，当前的风险刑法研究，可谓达成两点共识，一是刑法必须回应日渐清晰的社会风险状况，而难以固守以传统责任主义与刑罚目的为核心的现代（或前现代）状态；二是风险刑法应当呈现出法益提前保护常态化的色彩，在现代社会越来越多地面临各种人为风险——从电子病毒、核辐射到交通事故，从转基因食品、环境污染到犯罪率攀升等——的状态下[①]，这种围绕着提前预防所进行的刑事立法与司法模式的变更，开始显示出一种"理所应当"的姿态。但也有学者反对，认为风险刑法之"风险"并非针对的是客观的人为技术风险，而是针对民生的危险，夏勇教授就认

[①] ［德］乌尔里希·贝克：《世界风险社会》，吴英姿译，南京大学出版社2004年版，第102页。

为："就犯罪对民生的危害而言，无论是'工业社会'的风险还是'风险社会'的风险都有两种意义：（1）对民生的危害可以视为风险；（2）对民生的威胁才是真正的风险。21世纪中国的民生，按照党和国家提出的发展目标，主要是我国现阶段最广大人民群众生存与发展的小康生活状态。"① 卢建平教授也指出，在刑法领域，民生刑法概念的诞生，也是一个历史标志。它反映了刑法正在由传统的国家专政机器、"刀把子"向法益保护工具的角色转变，反映了从单纯强调打击犯罪、惩罚犯罪人向保护社会、保障人权的功能转变。②

由此，所谓民生的风险与客观的技术风险并非截然对立，而是前者包容了后者，客观的技术风险归根结底都是与民众的生存有关，但民众的生存并非仅包含客观的生存状态，主观的生存状态也是生活的一部分。就此而言，本书赞同后一种观点。实际上，如果我们以一个身处这种世界性风险中的渺小个体去切身感受的话，就会发现，风险社会并非只有"再倒入决定性的最后一滴水（人的偏差活动）就必然导致水的溢出"③ 之类的世界性人为技术风险，在风险社会的提出者及建设者那里，由客观人为风险所导致的人类自我精神方面的焦虑问题，亦处于重要地位。贝克教授在他的那篇极具影响力的文章《从工业社会到风险社会：关于人类生存、社会结构和生态启蒙等问题的思考》的开头，不但指出了20世纪末源于英国的疯牛病给世纪经济所带来的冲击，也提到了在德国巴伐利亚南部山区，一个名叫威尔茨豪斯的小饭馆里，那张饶有寓意的摄影照片：一位满面春风的农民与他微笑着的家人一起手挽着手、充满信心，四周围拢的都是他们家庭牧场所放养的牛。很明显，这张照片正是个人为了重建被作为世界

---

① 参见夏勇《民生风险的刑法应对》，《法商研究》2011年第3期。

② 卢建平：《加强对民生的刑法保护——民生刑法之提倡》，《法学杂志》2010年第12期。赵秉志教授也指出，"中国刑法改革的理念是实现刑法改革的目标，我国应当注意坚持以下理念：……（2）民生保护。我国刑法改革应当注重保护民生，积极保护民众正常的生活秩序和正当、合法的权益，促进社会和谐"。参见赵秉志《中国刑法改革新思考——以"刑法修正案八（草案）"为主要视角》，《北京师范大学学报》（社会科学版）2011年第1期。

③ ［德］乌尔斯·金德霍伊泽尔：《安全刑法：风险社会的刑法危险》，刘国良译，《马克思主义与现实》2005年第3期。

性风险源之一的疯牛病危机所击垮的人类对于食用牛肉的信心及相互的信任。① 事实上，这样的努力在每一起风险危机的背后都在上演。② 即是说，我们不但要考虑到客观的技术风险，也要顾及其背后的主观焦虑。正如贝克所言，阶级社会的驱动力可以概括为：我饿！而风险社会的驱动力可以表述为：我害怕！焦虑的共同性代替了需求的共同性。③ 吉登斯则更为明确地指出，风险社会打破了人们生活中已有的经验、既成的惯例，导致个体不知道该做什么，不该做什么，什么时候能做，什么时候不能做。④ 由此，在面临种种不确定性、难预测性和高风险性的变化时，人们会产生一种"生存性的焦虑""不确定的焦虑""莫可言状的焦虑"与"无处不在、无时不在的焦虑"。⑤ 某种程度上说，上述刑法修正案的主要动因，正是为了应对社会的主观焦虑问题。这一焦虑主要体现为国民的被害人情感认同。下文将以"危险驾驶罪"和"拒不支付劳动报酬罪"为例说明。

二 被害人因素在入罪政策中的考量

《刑法修正案（八）》第 22 条规定："在刑法第一百三十三条后增加一条，作为第一百三十三条之一：'在道路上驾驶机动车追逐竞驶，情节恶劣的，或者在道路上醉酒驾驶机动车的，处拘役，并处罚金。'"第 41 条规定："以转移财产、逃匿等方法逃避支付劳动者的劳动报酬或者有能力支付而不支付劳动者的劳动报酬，数额较大，经政府有关部门责令支付仍不支付的，处三年以下有期徒刑或者拘役，并处或者单处罚金；造成严重后果的，处三年以上七年以下有期徒刑，并处罚金。"即新增了"危险

---

① ［德］乌尔里希·贝克：《从工业社会到风险社会（上篇）：关于人类生存、社会结构和生态启蒙等问题的思考》，王武龙译，《马克思主义与现实》2003 年第 3 期。

② 贝克教授同样提到为了消除民众对莱茵河水污染的传言及其带来的恐慌和混乱，环境保护部长一个猛子扎进莱茵河中；为了消除在售奶粉中含有有毒物质的传言，环境保护部部长满面微笑地对着镜头亲自尝了口奶粉；现实的例子是，在当前日本核灾难中，为了澄清灾民对能否饮用当地水源的迷茫和恐惧，日本政客当众饮用灾区的自来水。参见［德］乌尔里希·贝克《从工业社会到风险社会（上篇）：关于人类生存、社会结构和生态启蒙等问题的思考》，王武龙译，《马克思主义与现实》2003 年第 3 期。

③ ［德］乌尔里希·贝克：《风险社会》，何博闻译，译林出版社 2004 年版，第 57 页。

④ 参见田国秀《风险社会环境对当代个体生存的双重影响——吉登斯、贝克风险社会理论解读》，《哲学研究》2007 年第 6 期。

⑤ Giddens, *Modernity Self-idenity*, Cambridge: Polity Press, 1991, p. 182.

驾驶罪"和"拒不支付劳动报酬罪"。就这两个罪名的立法动因而言,社会大众对于被害人身份认同所导致的焦虑与同情感的扩大化因素,在其中分别占据了很大的比例,下文将具体论述。

众所周知,危险驾驶行为入罪之前,全国接连发生了若干起影响重大的醉驾肇事事件,根据最高人民法院的统计,2009年1月至8月,共发生醉驾肇事事件3206起,造成1302人死亡。2009年,杭州的胡斌、成都的孙伟铭、南京的张明宝等不止一桩醉驾肇事,均成为全国热议的焦点。[1] 胡斌案发生后的第二天,杭州市民及浙江大学学生自发走上街头为被害人谭卓举行追思会。孙伟铭案发生之后,大成网曾经做过专门的主题报道,有大成网网友留言道:绝对应该判死刑!要不然的话酒后驾车会越来越猖獗,反正撞死几个人也是轻罪,说不准有看别人不爽的人故意喝得半醉把人撞死呢!这实际上,反映出社会大众不自觉地将自己当作潜在的醉驾肇事案件的被害人,借由这种被害人的身份认同折射出对于被害感同身受的焦虑,正义网上曾有一个代表性的评论,其指出:我们每个人都是醉驾的潜在受害人,为何不能要求或情绪激动地要求立法?孙伟铭案、张明宝案还未发生时,要求"醉驾入刑"的声音很冷静,但在其时,那些并不激动的声音基本未被重视。为了一个早该列入刑法的个罪,情绪激动一回又何妨![2] 这即是感同身受的焦虑感之代表性的表述——"我"也随时可能成为醉驾肇事的受害者。应该说,这种心理具有极大的扩散性,在对醉驾入刑进行调研时,大多数民众表达了赞成的意见,其认为醉驾造成重大人员伤亡的事件一再发生,证明行政处罚对禁止醉驾收效不大。醉驾对民众的生命健康造成的危害越来越大,社会上要求醉驾入刑的呼声一浪高过一浪,醉驾一律入罪是对民意的积极回应,体现了以人为本、保护民生的理念和对醉驾行为零容忍的司法精神,可以压缩执法的自由裁量空间,减少人情和特权的干扰,有利于落实法律面前人人平等。[3] 这种聚集起来的群体被害人焦虑借此形成一种强大的入罪民意,不得不说,在醉驾

---

[1] 参见百度百科《杭州胡斌案》(http://baike.baidu.com/link? url = oO_ YiC2oH - g2WVvBO6vznG7Yna0n0ZcIhln1xg5DW8v3lb6jDZgqXKHIIwRopu9-ZZOSeq6LGebRDy4JC6qsO_)。

[2] 王琳:《醉驾入刑是与非》(http://www.jcrb.com/prosecutor/Importantpolicy/201107/t20110708_ 569832.html)。

[3] 黄太云:《危险价值罪立法解读》(http://www.jcrb.com/prosecutor/Importantpolicy/201107/t20110708_ 569834.html)。

入刑的动因中,这一民意的力量赋予了其极大的所谓伦理正当性。

与醉驾行为入刑略有不同的是,拒不支付劳动报酬行为入罪的背后虽然也存在坚实的民意基础,但与之相关的民众心理更多的是一种同情心,在中央电视台"今日观察"栏目中,曾有一组具有代表性的访谈,具体对话如下:

> 主持人:您好,这位朋友,你对恶意欠薪将进入《刑法》定罪,你怎么看这一条?
>
> 网友:我认为把这个恶意欠薪正式列入《刑法》是非常有必要性的,因为现在外出务工人员非常多,拖欠工资的事也常有,然后我有一个朋友去年出去打工,半年多的时候只拿了五六次分发的不到两千块钱的钱,就是说半年了才只赚了接近两千块钱,用人单位它会以各种理由打发你。
>
> 主持人:那如果你现在理解《刑法》会对于公民有什么样的保护作用呢?
>
> 网友:我觉得这个列入《刑法》首先对于恶意欠薪马上有一个有效的控制,就是说起一个震慑的作用,当然说具体的执行需要一些立法机关进行明确的规定。[①]

从某种程度上说,这一对话反映出民众对于弱者的同情心理,这一同情心理并非如醉驾肇事的被害人身份认同,后者是自己可能成为潜在被害人的焦虑心理,而并非基于同情的心理。正如有学者所言:民工被欠薪,这是因为,一方面,农民工与公务员或教师相较,更缺乏博弈能力,尤其是缺乏以组织手段来寻求解决办法的能力;另一方面,农民工的薪酬虽然微薄,但农民工对其薪酬的依赖程度却相当高。这种依赖很多时候甚至可以上升到维持基本生存的层面。之所以农民工屡屡做出舍命讨薪的极端反应,不是因为他们不惜命,更可能的原因在于被拖欠的薪金对于他们而言就是"命"。[②] 这一论调反映出两点值得注意的信息,一是农民工群体与其他群体的特殊性,异质群体之间不会产生感同身受的情感;二是农民工

---

① 《醉驾、恶意欠薪入刑体现民意》(http://jingji.cntv.cn/20100830/105046_2.shtml)。
② 王琳:《欠薪入罪需告别"沙塔式立法"》,《法治论坛》2009 年第 3 期。

群体的弱势性，正是这种弱者形象触动了其他群体的同情心理，进而产生了较大的社会入罪民意。实际上，无论是社会的感同身受的焦虑感还是对他者的同情感，都是客观存在的，舍勒区分了四种不同的同感状态："（1）直接的同感，如'与某人'共同感受同一种悲伤。（2）'参与某种情境的同感'：'为'他的欢乐而同乐和'与'他的悲伤而同悲。（3）单纯的感情传感。（4）真正的体验性感觉。"① 上述的焦虑情感同身受与对他者的同情感，大致可以分别对应第二种和第三种同情感。② 就此，可以说被害人身份认同的扩大化现象是当前刑事立法背后的主要影响因素之一，虽然这是现实存在的，但这种现实存在的被害人身份认同的同感状态，从理性的角度说，我们究竟应该如何应对呢？本书认为，有必要考察一下立罪后的现实执行情况，进而进行规范的评价。

三 被害人身份认同与刑事立法政策的应对

2014 年，笔者对河南省 XY 市与江苏省 LY 市这两个基层检察院近年来所分别办理的"危险驾驶罪""拒不支付劳动报酬罪"的情况做了一番调研。

自 2011 年 5 月 1 日《刑法修正案（八）》正式将醉酒驾驶行为以危险驾驶罪列入刑法调整范围至 2013 年 5 月，XY 检察院共办理醉酒驾驶案件 183 件 183 人，在调研中我们发现该院在办理醉酒驾驶案件过程中存在以下问题：

问题一：办案期限难以掌握。《刑事诉讼法》规定，普通刑事案件办案期限为：拘留不超过 14 日，侦查羁押期限不超过 2 个月，审查起诉不

---

① ［德］马克思·舍勒：《同情感与他者》，朱雁冰等译，北京师范大学出版社 2014 年版，第 12 页。

② 事实上，最近被转爆的"应该对拐卖儿童者一律判处死刑"的微信，亦是一种感同身受的焦虑感。根据凤凰网 2014 年 6 月 21 日 22 点的调查结果显示，共有 236313 人对"你支持贩卖儿童判处死刑吗？"进行了投票，其中有 77% 的人投了赞同票，23% 的人投了反对票。共有 164709 人对"你是否支持拐卖儿童一律判处死刑"进行了投票，共有 83.31%（138991 人）的人投了赞同票，有 4.31%（7195 人）的人认为"说不清"，只有 12.38%（20659 人）的人投了反对票。可见，专家的理性思考并不能撼动社会同感心的传播和蔓延，从现实状况来看，这种被害人认同的同感心在很大程度上影响了我国当前的刑事立法。上述数据参见凤凰网（http://survey.ifeng.com/news/12211.html）。

超过1个月，普通一审程序不超过2个月，司法实践中，受限于各种客观因素，案件承办人会基本用满办案期限。按照规定，一件普通刑事案件从案发到判决，大概需要5个半月的时间，如果再出现补充侦查、延期审理、鉴定、上诉等情况，办案周期一般都会在6个月以上。而根据《刑法修正案（八）》规定，危险驾驶犯罪的量刑为"处拘役，并处罚金"，这就意味着醉酒驾驶案件被告人的刑期为1—6个月，其中还存在情节较轻被判处缓刑的情况。通过比较发现，该类案件在该院办理过程中往往会出现办案周期长于刑期的现象。为解决该类矛盾，司法机关一般会通过取保候审等方式变更强制措施，但是对于不符合取保候审条件的或取保候审后违反相关规定必须予以逮捕的犯罪嫌疑人，公、检、法三机关之间如何把握各自办案期限，以保证办案周期不超过判决刑期？司法实践一直难以解决此问题。

问题二：司法部门办案负担进一步加大。《刑法修正案（八）》实施后，原本由行政管理手段调整的醉酒驾驶行为大量涌入司法程序，在司法人员没有明显增加的情况下，人少案多的矛盾更加突出。两年来，XY市检察院共审查起诉醉酒驾驶案件183件，而同期审查起诉的所有刑事案件为1201件，醉酒驾驶案件占15.2%。同时，如上文所述，由于办案期限问题，司法机关往往会对该类案件当事人取保候审，但是当事人在取保候审后往往会拒不到案、不配合案件办理或是四处托关系、找人情，给案件办理带来很大困扰。如果对该类当事人采取逮捕措施，一方面受困于办案期限不好把握，另一方面在反复变更强制措施之间，更增加了案件承办人的工作量。

问题三：执法办案社会效果不好。醉酒驾驶入刑以来，XY市司法机关曾多次开展严厉整治酒后驾驶交通违法行为专项行动，但从调研、走访结果来看，对该类犯罪的打击并没有取得预期的社会效果。一是从客观上看，醉酒驾驶行为依然处于高发态势。2011年5月至12月，XY市检察院平均每月办理醉酒驾驶案件0.9起；2012年平均每月办理该类案件9.3起；2013年1月至5月，平均每月办理该类案件12.8起，总体呈上升趋势。二是从意识上看，对醉酒驾驶行为的危害性依然认识不足。通过对50名醉酒驾驶犯罪被告人随机走访显示，他们中大多数人仍然没有认识到醉酒驾驶是犯罪行为，接受处罚后非但不反思悔过，反而埋怨司法机关执法太严，甚至认为司法机关没事找事，借此敛财，很大程度上影响了司法机关在人民群众心目中的形象。三是从导向上看，执法办案没有起到正确的警示、教育作用。多数执行完刑罚的犯罪分子仍然存在侥幸心理，他们的精力不是集中到如何避免酒后驾驶上，而是总结"经验教训"，通过绕过检查点、避开敏感时段等方法规避警察处罚，醉酒驾驶行为更加猖獗。

窥一斑而知全豹，上述问题无疑在对危险驾驶罪的全国执法过程中，具有代表性，总结而言，即刑罚对于危险驾驶行为而言，并不像期待中的，发挥正常的刑罚威慑功能、一般预防功能和特殊预防功能。那么，我们来看一下 LY 市检察院近年来所办理的"拒不支付劳动报酬罪"的情况。

2011 年 5 月至 2013 年 6 月，该院办理的拒不支付劳动报酬罪的案件，只有一起。该案的大概案情与办理情况如下：被告人缪某某（男，32 岁，LY 市别桥镇人）系该市顺阳机械制造有限公司法定代表人，2011 年 3 月至 2013 年 1 月在公司经营得当、盈利的情况下，其恶意拖欠 32 名工人工资，共计 48 万余元，后经有关部门多次催支，拒不执行。LY 市检察院依法对被告人缪某某提起公诉，并支持欠薪职工向法院提起民事诉讼，要求归还拖欠的劳动报酬。

对于此案，该院的经验总结是：一是要始终坚持民生为先，把执法办案作为服务和保障民生的落脚点，切实把以人为本、执法为民的要求落实到检察工作始终，通过加强内外部协作、延伸检察工作触角等群众工作方式方法，有效保障弱势群体的合法权益。二是依法告知相关权益。针对该案被害人众多，且都是外地务工人员，案件受理后，及时通过发送手机短信、电话等多种形式，告知被害人依法享有的权利，并提供法律咨询，做好释法说理，最大限度消除被害人的疑虑和不安情绪。三是及时移交案件线索。为有效保障被害人合法权益，刑事案件的承办人及时将该案件线索移送民行部门，"双管齐下"交叉审查，并通过多次研究，确定在提起公诉的时候，通过支持起诉方式，引导欠薪职工依法提起民事诉讼，理性、合法、有序维护自身权益。

我们认为，从 LY 市检察院所办理的上述拒不支付劳动报酬罪的案件办理情况看，某种程度上反映出该罪立法的不必要性。首先，两年多时间里，该院只办理了一起案件，以此纵观全国，不能不说是刑事立法资源的浪费。其次，就该案本身来看，办理的象征意义大于实际意义，即更多的意义在于"办理一起，以破荒！"其实从案情看，用民事或行政强制执行的方法完全可以达到同样效果。最后，该院的总结更多的是执法为民意上的总结，对于如何发挥该罪的刑罚功能，根本没有涉及，这就产生了一个疑问，即刑罚不是为了消除业已存在的、难以为民法、行政法规制的危害社会行为而存在，而是为了办案而存在。这反映出拒不支付劳动报酬罪立法后的尴尬——只剩法律的安抚和象征意义了。

因此，可以认为，被害人影响刑事立法的现象固然是实际存在的，但我们必须对其进行理性限制，即，一方面必须恪守刑法的法益保护性原则。刑法的目的是保护法益，这已然成为当前的通识，刑事立法也当然要以法益保护为原则和基准，换言之，只有严重侵害法益的行为才能够予以规定为犯罪，这种侵害应该是具体的、通过犯罪行为所表现出来的；反之，如果这种行为的危害性是通过潜在被害人的身份认同所导致的焦虑感或对于弱势群体的同情感等同感心予以折射或放大的话，那么，这就不能成为刑事立法的入罪基础，不具有入罪的正当性。另一方面，必须恪守刑法的最后性。刑法是其他部门法的最后保障，这一点也已成为学界的通识，即是说，基于刑罚的严酷性，只有在其他部门法，诸如民法、行政法所不能规制时，才轮到刑法出场，危险驾驶罪与拒不支付劳动报酬罪的立法例表明，即使顺应了潜在被害人的焦虑感和同情感，将相关行为入罪，但如果这些行为能够用其他部门法处理的话，那么，入罪的同时就意味着法律的闲置或者造成这样那样的执行问题，反倒有损刑法的尊严。实际上，被害人的焦虑感、同情感的刑法保护，其实往往落脚于社会情感层面，刑罚的预防目的并不能落到实处，更多的是起到一种立法象征的作用。

综上所述，必须强调的是，受被害情感支配下的潜在被害人身份认同影响刑事立法的现象是实际存在的，我们必须认真面对，民众虽然有发出自己声音的权利，却并不意味着这种呼声就是理性的，理性刑法必须依照自己的标准去衡量某一行为是否能够入罪、应否入罪，这一标准如上所述，即法益保护原则、刑法的最后保障原则和刑罚的有效性原则。

第三节　泛化和规范化：被害人参与刑事司法的困境与出路

一　被害人谅解与我国死刑适用的现实困境

死刑及其改革问题是进入 21 世纪以来我国刑事司法政策中始终不曾

"降温"的热议问题。从中国刑法学年会的主题和议题设置来看,多次将死刑制度改革和刑罚体系建构作为理论议题,掀起了死刑制度改革的研究热潮并产出了一批优秀的学术成果。从2011年最高人民法院发布第一批指导性案例以来,其中涉及死刑裁量的指导性案例又为死刑裁量的学术研究提供了极好的素材。陈兴良教授研究了包括指导性案例在内的10个典型故意杀人案件,分析其中故意杀人手段残忍的裁判认定表述,认为"目前我国司法实践中对故意杀人手段残忍的界定过于宽泛,即使刑法学界对故意杀人手段残忍的理解也是过于扩张"[①]。在对李飞、王志才指导性案例的死刑适用分析中指出,对于故意杀人的手段特别残忍需要进行刑法教义学的分析,而不是在社会公众观念的意义上使用,对死刑适用的限制因素包括了杀人起因所决定的犯罪性质、被害人过错、法定的从轻情节三个方面,因此死刑裁量的适用是一个"综合性的判断标准",需要考虑被害人谅解、行为手段、犯罪起因等诸多因素。[②]孙万怀教授警惕性地指出了王志才和李飞案中的裁判要点将多个问题杂糅在一起,缺乏规范表述的问题,导致这两个指导性案例"不知究竟是对民间矛盾是否适用死刑立即执行的示例、指导,还是对限制减刑适用的示例、指导,抑或是对被害人谅解与死刑适用关系的否定"[③]。可见,尽管对死刑适用的条件或限制因素认识存在差异化,但被害人谅解都成了其中一个需要面对的政策性因素。

与此同时,刑事司法中的相关司法解释和法院的指导性意见中,先后给予被害人谅解与死刑适用问题客观的关注。1999年最高人民法院在《审理故意杀人、伤害及黑社会性质组织犯罪案件中切实贯彻宽严相济刑事政策》中提出,被告人案发后积极赔偿,真诚悔过,取得被害人或其家属谅解的,应依法从宽处罚;2006年最高人民法院《关于审理未成年人刑事案件具体应用法律若干问题的解释》第19条规定:被告人对被害人物质损失的赔偿情况,可以作为量刑情节予以考虑;2007年最高人民法院《关于为构建社会主义和谐社会提供司法保障的若干意见》提出,对

[①] 陈兴良:《故意杀人罪的手段残忍及其死刑裁量》,《法学研究》2013年第4期。
[②] 参见陈兴良《死刑适用的司法控制——以首批刑事指导案例为视角》,《法学》2013年第2期。
[③] 孙万怀:《刑事指导案例与刑法知识体系的更新》,《政治与法律》2015年第4期。

于因婚姻家庭、邻里纠纷等民间矛盾激化引发的案件，因被害人的过错行为引发的案件，案发后真诚悔罪并积极赔偿被害人损失的案件，应慎用死刑立即执行；2009年7月至8月，最高人民法院在《法制日报》连续公布了五起依法不核准死刑的故意杀人的典型案例，每一起案例都因法官积极进行附带民事调解，促成被害人对被告人谅解，从而不核准死刑。2010年最高人民法院《关于贯彻宽严相济刑事政策的若干意见》依法从宽的部分指出，因婚姻家庭等民间纠纷激化引发的犯罪，被害人及其家属对被告人表示谅解的，应当作为酌定量刑情节予以考虑。犯罪情节轻微，取得被害人谅解的，可以依法从宽处理，不需判处刑罚的，可以免予刑事处罚。上述制度和司法解释中大多对故意杀人案件中被害人谅解影响死刑适用的范围和程度做了基本一致的规定，即认可被害人谅解的刑事司法政策意义，并区分其适用的婚姻家庭、邻里纠纷引发的故意杀人案件和其他故意杀人案件，前者是法定的限制适用死刑情节，其余领域则是酌定的适用死刑情节。

然而，必须看到的是，死刑适用不仅是一个学术和制度层面的理论命题，更是一个政治选择、民众情感和道德判断交织的综合性社会实践现象。[①] 被害人谅解对死刑适用的刑事政策意义亦是如此，受政策性因素本身的不稳定制约，如果处置不当，极易产生"法律规制缺失导致被害人谅解影响死刑适用泛化"现象，导致实践中"越来越多的死刑案件被告人并不是出于悔罪、补偿的心理去积极赔偿被害人的经济损失，而是以刑期为目的进行附条件的赔偿"[②]。具体到司法实践中表现为：一方面，获取被害人谅解书成为刑事辩护中律师主要的工作重心之一，一纸谅解书往往可能决定着死刑与死缓的不同裁判结果；另一方面，被害人对被告人及其辩护人试图取得被害人谅解的心态和目的把握之后，或者对出具谅解书的筹码漫天要价，或者拒绝任何经济赔偿，只求被告人一死。从刑事诉讼的视域来看，《刑事诉讼法》第277—279条规定刑事和解条件、审查及处理等，其中"被害人的谅解"显然已成为刑事和解程序实施及其对被告

[①] 梁根林认为死刑改革是一个受集体意识的公众认同以及政治领袖的政治意志左右的政策选择问题，前者是死刑正当性的支撑，后者是一种实践的理性和理性的实践。参见梁根林《公众认同、政治抉择与死刑控制》，《法学研究》2004年第4期。

[②] 王彬辉：《论我国被害人谅解影响死刑适用泛化及其程序规制》，《法学杂志》2013年第9期。

人从轻处罚的核心所在。但实践中，囿于司法机关对谅解行为审查不严或监督缺位，极易出现谅解行为并非基于自愿、被害人谅解后反悔、被害人漫天要价或数额明显不合理、过分夸大被害人出具的谅解书的作用等问题，加大了刑事谅解的风险。

由此可见，被害人谅解书在死刑案件刑事程序和实体法中的实践困境均提醒人们：尽管在刑事法律规范中没有明确规定，但被害人谅解对死刑适用具有实质性的重要影响，需要对被害人谅解这一刑事政策因素予以关注和反思，既不能简单地否定，也不易过度泛化。本书赞同"在刑事法治的基本原则框架下，基于实质违法性的分析视角，刑法与刑事政策可以实现融合与统一"①的洞见，它提示我们，解决这一司法困境的出路或许在于：一方面，厘清被害人谅解影响死刑适用泛化的制度性原因；另一方面，规范的建构包括被害人谅解书在内的诸多政策性因素对死刑适用的基本原则和平衡方法。

二 不堪承受的生命之价：被害人谅解的制度经济学反思

受被害人谅解影响死刑适用泛化现象的影响，刑事司法政策中的一纸谅解书便具有了不堪承受的生命之价，也产生了"花钱买命"或"赔钱减刑"的司法恶名。从理论层面的分析来看，被害人谅解书影响死刑适用泛化现象背后，本质是公共政策考虑引入司法裁判过程引发的"意外后果"。诚如有学者指出的，公共政策的非持续性特性和不稳定性容易导致其政策后果走向了决策者预想的对立面。②例如，2004年最高人民法院《关于人民法院民事执行中查封、扣押、冻结财产的规定》规定："对被执行人及其所抚养家属生活所必需的居住房屋，人民法院可以查封，但不得拍卖、变卖或者抵债。"该规定的初衷是避免法院严格执行法律可能导致被执行人及其家人无可归依的生活困难境地，体现了保障民生的政策性考量，因为"通过权利倾斜性配置方式对交易一方的私权进行额外规制或过度保护，但却带来不少负面后果"③。也许正是基于这一原因，该规定

---

① 孙国祥：《论司法中刑事政策与刑法的关系》，《法学论坛》2013年第6期。
② 宋亚辉：《公共政策如何进入裁判过程——以最高人民法院的司法解释为例》，《法商研究》2009年第6期。
③ 参见应飞虎《权利倾斜配置研究》，《中国社会科学》2006年第3期。

在实施不到一年就被最高人民法院 2005 年 12 月发布的《关于人民法院执行设定抵押的房屋的规定》第 6 条所替代。回到刑事法视野而言，被害人谅解或者拒绝接受赔偿对于死刑适用的影响也源于公共政策的引入，其后果却具有较大的差异性。

笔者以 A 省 B 市中级人民法院 2009—2014 年一审死刑（包括死刑缓期执行）的 21 个案件判决为分析资料，在调研和统计中发现，其中 9 起案件中被告人悔罪表现好，犯罪行为实施后与被害人达成经济赔偿协议，获取了被害人的谅解书，法院最终根据被告人的情节及悔罪表现对其判处死缓，约占总案件的 42.8%；同时，在 6 起案件中，被告方虽然具有悔罪表现，也愿意积极给予被害人经济赔偿，但被害人拒绝接受，坚决要求判处被告人死刑立即执行，甚至通过上访等方式向法院施压，有时法院也会迫于被害人的压力而对被告人适用死刑立即执行，约占总案件的 28.5%。必须指出的是，尽管限于调研范围和时间范围，但却一定程度上相对真实地反映了被害人谅解与否决定被告人生死两重天的司法实践，简单地重申"审判虽需聆听来自被害人的意愿，但判决本身却不能以此为转移"[1] 的立场和理论判断无益于化解"花钱买命"的恶名，还需要更深入的分析和思考。

制度经济学中制度供给与社会选择理论为认识和把握上述困境提供了一个崭新的视域。1889 年美国经济学家凡勃伦开创了制度经济学派，旨在认同制度在经济学研究中的重要作用，摆脱了对市场、价格等传统经济学范畴的过度依赖。制度内涵的界定上，康芒斯认为，所谓制度的实质是"集体行动左右个体行为"[2]；诺斯认为，制度是提供人类相互影响的框架，构成和建立一种经济秩序的合作与竞争的关系。制度是个人与资本存量之间、资本存量、物品与劳务产出及收入分配之间的过滤器。[3] 基于制度内涵的不同认识，制度经济学先后形成了新老制度主义的流派，尽管在研究的侧重点有所差异，但均认可制度是人类社会中至关重要的组成部分，规范着人们的行为和秩序，并进而对社会的运行产生影响。具体而

---

[1] 赵秉志主编：《刑事法时评》（第 4 卷），中国法制出版社 2012 年版，第 33 页。
[2] [美] 约翰·康芒斯：《制度经济学》，赵睿译，华夏出版社 2013 年版，第 1 页。
[3] [美] 约翰·N. 德勒巴克、约翰·V.C. 奈编：《新制度经济学前沿》，张宇燕等译，经济科学出版社 2003 年版，第 78—79 页。

言,"制度是作为前提条件规定了经济运行与社会交互关系的特征的,较技术而言,制度所决定的社会的基本权力结构与选择取向对经济人所追求的稳定的均衡更能产生实质性的影响"①,它表明了制度经济学的两个基本立场:制度作为嵌入性要素形塑了特定社会环境中经济人选择的社会性背景;制度的创设关涉社会结构中权力的再分配和平衡,需要综合性考量。这一制度经济学的基本立场为分析和揭示被害人谅解影响死刑适用的制度供求模式提供了前提和基础。

(一) 司法制度供给与被害人的谅解选择

参照制度经济学的基本范式,死刑案件中被害人的司法制度供给是指司法系统在一定时期内,在刑事权力为主导下,以被害人及其家属的意愿为考量点的刑事法律规范、司法解释及其司法准则等司法公共产品。具体而言,包括刑事实体和程序基本法、司法解释、指导性裁判规则等诸多方面,其中以刑事法律规范为主。我国 2013 年施行的《刑事诉讼法》在给予被害人当事人地位的基础上,扩大被害人及其诉讼代理人的诉讼权利(包括第 41 条、第 44 条、第 59 条、第 62 条、第 79 条、第 90 条、第 108 条、第 111 条、第 112 条、第 146 条、第 170 条、第 176 条、第 186 条、第 218 条、第 234 条、第 287 条等);确立一系列制度保障被害人获得经济赔偿(第 110 条、第 101 条、第 281 条、第 282 条);在刑事和解程序规定了加害人与被害人双方协议赔偿的原则(第 277 条、第 278、第 279 条等)。纵向来看,相较于旧法,新刑诉法在被害人司法制度供给上有着长足的进步。然而,正如有学者指出的,新刑诉法"对被害人提起附带民事诉讼权、获得法律帮助权、诉讼代理人的介入时间及其阅卷权等关键性权利的限制和缺失仍未得到根本改变,而且新刑诉法对于犯罪嫌疑人的权利保护更为倾斜,进一步造成了当事人双方的权益保障失衡"②。

死刑案件中被害人的行为策略选择受特定时期司法制度供给的限制。供给与需求作为经济学的一组基本分析概念,社会需求决定制度供给,但司法供给的多寡取决于很多因素——司法体制、刑事权力结构、司法目标、资源稀缺等。在这个意义上,我国死刑案件中被害人的需求实现程度

---

① 汪洪涛:《制度经济学——制度及制度变迁性质解释》,复旦大学出版社 2006 年版,第 7 页。
② 陈为钢、肖亮:《新刑诉法保障被害人权益若干问题研究》,《东方法学》2013 年第 2 期。

取决于司法制度的供给水平。以 2008 年最引人关注的孙伟铭案为例，孙伟铭因无证醉酒驾车，造成四死一重伤的惨案，一审以危险方法危害公共安全罪判处被告人孙伟铭死刑，孙伟铭不服判决，当庭提出上诉。此后，孙伟铭的父亲孙林多方筹集 100 万元赔偿款，获得受害者家属的谅解书，二审因此改判为无期徒刑。但是，由于制度性供给的不足，被害人家属除去审判最后的被害人代理人陈述外，很难获取与需要相关的司法产品，以出具谅解书换取孙父的 100 多万赔偿款就成了唯一可能实现的供给选择。或许正是这种无奈选择，在多次接受媒体采访时，被害人家属金宇航均表示不能谅解孙伟铭，虽经过锦江区人民法院多次调解，他和另两家受害人家属还是联名签下了谅解书。可是，二审庭审前，金宇航仍对媒体表示希望维持原判，判处孙伟铭死刑。对众多媒体疑问其不谅解为何要签谅解书的问题，金宇航的回答是，如果不签就拿不到赔偿，为了拿到赔偿款才"被逼签谅解书的"。① 由此可见，被害人对被告人的经济赔偿接受和出具谅解书是行为人在制度供给不足的情况下合乎理性的选择，而并非简单的情绪释放或报复情感的表现。这就提示我们，化解被害人谅解影响死刑适用困境的"前见"理解在于：科学地认知当前刑事司法制度供给不足现状，制度性供给不足导致了被害人选择行为的极其有限性，导致了被害人过于甚至完全倚重谅解书这"唯一的救命稻草"，才会产生或者要价过高或者拒绝谅解执意追求死刑的行为选择。

另外，必须要指出的一点是，刑事司法中被害人制度供给的不足会引起非制度性参与的兴起。有学者称为"刑事诉讼中被害人参与异化"现象②，例如李昌奎案中被害人亲属采取信访乃至集体上访的方式，而药家鑫案中被害人的代理人采取的是在网络等媒体上散布消息言论这种更"潮"的方式，这些均为非制度性的被害人参与刑事司法途径，究其原因即制度性参与方式的缺失或者效力不足，才促使被害人把更多的精力放在非制度性的行为选择上。其基本原理在于功能替代，"当纠纷解决的需求正式制度无法满足时，非诉讼解决纠纷制度就成为弥补司法制度供给不足

---

① 《孙伟铭与受害者家属所签谅解书被视为关键》（http://news.sina.com.cn/c/2009-09-05/004518583610_2.shtml）。

② 石磊：《刑事诉讼中被害人参与异化之研究》，载万鄂湘主编《建设公平正义社会与刑事法律适用问题研究——全国法院第 24 届学术讨论会获奖论文集》（上册），人民法院出版社 2012 年版，第 577 页。

的有效手段和措施"①。这就提示人们，需要重视和理性对待非制度性产品供给的转化问题，因为"刑事司法规则的作用前提就是刑事司法制度的供给符合制度变迁的路径，制度接受要能够达到实践要求"②。

（二）交易成本与被害人谅解选择

如何实现效率的最大化是经济学重要的内容，也是被害人作为"经济人"谅解选择的最重要原则。根据经济学一般原理，效率的基本含义是在一种产品或一个企业的生产过程中，利用那些有确定价值的生产要素的有效概率。在这个意义上，凡是以最少的要素获得了既定的产出量，或以既定的投入获得最大的产出的，都是最有"效率"的。由此可见，任何交易都需要成本和费用，即交易成本客观存在于生产和交换过程之中，对于死刑案件中的被害人来说，亦是如此。法律市场是生产法律产品和服务的竞争性场所，刑事法律市场还具有权力主导性的独特性，犯罪人、司法机关、被害人作为刑事司法裁判产品的交易各方，均需要以各自的法律成本参与交易竞争，从而实现相应的效率。其中的法律成本是指"法律运作使用和耗费的资源，抽象地说都占用一定时间和空间，具体地说都是各种人力、物力和财力的耗费"③。

死刑案件中被害人的谅解选择符合交易成本原则。分析死刑案件中被害人作出谅解书的交易成本和效率问题，首先，要从被害人在犯罪之后负担的成本内容出发。美国学者 Doerner 指出，与犯罪相关的成本负担中，被害人的成本包括直接财产损失、身体和心理健康治疗与照顾费用、被害者服务项目费用、失业失学等，若被害人死亡，则包括生活品质丧失和失去情感等成本。④ 应该承认，上述不同类型的成本根据微观经济学大多为法律交易成本，是被害人在进入司法生产环节之前的费用和牺牲。

其次，刑事司法生产环节中被害人谅解书的选择属于法律寻租成本。寻租活动的核心是设租和寻租关系的确立，尽管诚如戈登·塔洛克所言："计算寻租成本是一件看似简单实则困难的工作，即使是在经济活动相对

---

① 刘婷婷：《断裂与变迁：1949—1979 云南罗平县纠纷解决机制研究》，云南大学出版社 2011 年版，第 54 页。

② 赵开年：《刑事司法行为研究——以刑事司法行为正当化为中心》，中国政法大学出版社 2012 年版，第 74 页。

③ 钱弘道：《法律的经济分析工具》，《法学研究》2004 年第 4 期。

④ 参见黄富源、张平吾《被害者学新论》，三民书局 2012 年版，第 55 页。

公开，统计资料来源丰富的西方国家也是如此。"① 但经由上述我们不难发现，被害人进入司法生产环节之后，一方面其因犯罪行为而负担的交易成本很难获得收益，另一方面被告方对谅解书的追寻引发了被害人的设租行为，进而围绕租金（谅解书带来的好处）的买卖行为得以产生。由此可见，被害人的设租和被告方的寻租本质上可视为围绕成本—收益展开的经济行为，尽管现实中被害人以谅解书选择影响被告人死刑适用可能与法律的某些价值有所出入，但却是被害人和被告方在现有法律市场环境中符合经济理性的行为。

上述分析的启发在于：经济学视域下的被害人谅解选择影响死刑适用现象，是特定法律市场中交易成本与法律收益之间博弈的结果，具有经济学上的理性特征。由此出发，进一步思考可以发现，"将效率作为法律市场追求的目标，就是将法律作为优化配置权利、义务等资源的函数变量，通过法律创新，满足法律市场主体（国家、组织、个人）的最大需要和利益"②。某种意义上而言，法律市场中的制度创新就是为综合考量市场主体成本负担基础上所能产生的最大潜在利润，也就是说主体期望获取最大潜在利润是导致法律制定和改革的诱致因素。对被害人来说，扩大刑事司法产品的制度性供给，在制度供给中实现交易成本的收益，是刑事司法政策改革的题中应有之义。正是在这个意义上，诺斯说："如果预期的净收益（即指潜在利润）超过预期的成本，一项制度安排就会被创新。只有当这一要求得到满足时，我们才可望发现在一个社会内改变现有制度和产权结构的企图。"③

三　开源与节流之间：被害人参与刑事司法政策的平衡

当下我国刑事司法改革中的被害人参与量刑和刑事和解问题，是被害人参与刑事司法政策的典型形式，也是最能够代表今后这一领域法律制度建设的基本趋势。诚如有学者指出的，被害人参与量刑"既是对被

---

① ［美］戈登·塔洛克：《对寻租活动的计算》，李政军译，西南财经大学出版社1999年版，第94页。
② 钱弘道：《法律的经济分析工具》，《法学研究》2004年第4期。
③ ［美］诺斯：《制度创新的理论：描述、类推与说明》，载陈昕主编《财产与权利制度的变迁》，刘守英等译，上海三联书店、上海人民出版社1994年版，第274页。

害人正当、合理诉求的积极回应,也是对这种诉求的一种制度安排"①。从表面上看,被害人参与量刑和刑事和解都是回应社会特别是被害人需要进行的制度性产品提供,也就意味着增加制度供给,似乎只要进行制度建构即可化解司法实践中的被害人困境。然而通过更深层次的剖析可以发现,在特定社会阶段的法律产品资源稀缺性的前提下,增加被害人一方的制度供给既会影响被告人的需要的实现,也会影响刑事权力产品分配主导权的运行独立性。诚如复杂的问题没有简单的答案,被害人参与刑事司法政策的制度建构中既要有"开源"的一面,又要有"节流"的一面。

(一)开源:增加制度供给

从我国被害人参与刑事司法的制度供给角度来看,主要的矛盾仍是制度稀缺供给不足与广大被害人日益增加的法律产品需求之间的矛盾。2014年党的十八届四中全会《关于全面推进依法治国若干重大问题的决定》提出要形成完备的法律规范体系,这就意味着,在法律规范的制度性法律产品供给上,我国仍有较长的路要走。特别是在我国被害人参与刑事司法的制度供给问题上,尽管2013年新刑诉法增加了保障被害人及其代理人的一系列权利,但必须看到的是,我国司法实践中"尽管被害人是犯罪的直接受害者,却不具备与国家机关同等的追诉犯罪的权利,而只担当辅助检察机关行使控诉权的角色,其在案件处理的过程中所能起到的作用微乎其微。这种传统观念几乎成为被害人参与刑事司法程序并发挥实质作用的最大障碍"②。与此同时,域外以恢复性司法为代表的被害人参与刑事司法模式借鉴和研究,为我国增加相关制度供给扩大了视野,也在一定程度上增强了供给不足与需求增长之间的紧张关系。

增加被害人参与刑事司法的制度供给包括立法和司法两个方面的路径。诚如卢建平教授所言:"增加刑事制度供给的路径,主要是两个:一个是增加刑事立法,严密刑事法网;另一个是通过司法途径,在正义和法

---

① 冯卫国、张向东:《被害人参与量刑程序:现状、困境与展望》,《法律科学》2013年第4期。

② 王志祥:《刑事和解制度的多维探究》,北京师范大学出版社2013年版,第36页。

的安定性之中寻找突围的路径。"① 前者是指正视和回应被害人的物质、精神诉求，在制度设计和安排时予以倾斜性保障的安排，从而推动刑事政策场域中被害人法律保障的完善，其价值基础在于增强参与的规范性。具体而言，这里的制度供给包括被害人诉讼知情权、被害人影响陈述，二审程序启动权等。后者是指在司法实践中针对个案的被害人实际与法律规定之间的冲突之处，借助法律原则等上位法律准则予以协调的做法，其价值基础在于增强参与的有效性。从性质上看，被害人参与刑事司法是我国司法改革中公民有序参与司法的重要组成部分，只有立法制度建构与司法实务调整的有机结合，才能实现陈卫东教授所言的"公民参与司法的规范性和有效性原则"②。

（二）节流：规范参与渠道和方式

不可否认的是，被害人参与刑事司法的渠道和方法具有较强的"异化"特质，需要警惕和理性看待。诚如有学者指出的，"被害人参与刑事诉讼却常常出现习惯性的'跑偏'，被害人的着力点更多放在刑事诉讼程序之外……呈现出个案参与公共化、法律问题政治化、利益诉求多元化三种趋势"③。具体而言，这种被害人参与刑事司法的"异化"表现为参与渠道和方法的非规范化，需要在合理建构被害人参与刑事司法制度时予以控制和引导。从整体上来说，规范化的参与渠道和方式是对被害人参与刑事司法的一种"节流"，目的在于限制被害人滥用参与渠道和方式以实现自己的利益。

首先，参与渠道的规范化。当下我国司法实践中，被害人参与刑事司法渠道的非规范化表现为政治化、网络化和道德化的特征，而且大多数案件中三者是相互结合、紧密渗透的。在某些刑事案件中，被害人采用进京闹访或其他形式的非正常上访；通过互联网、微博等自媒体披露案件，夸大、歪曲、渲染事实；以遗弃老幼病残家属、诽谤办案人员等形式在有关部门制造影响；等等。例如，"李昌奎杀人案"：昭通市法院一审以强奸罪、杀人罪判决李昌奎死刑立即执行，并赔偿王家经济损失3万元。云南

---

① 卢建平：《刑事政策与刑法变革》，中国人民公安大学出版社2011年版，第42页。
② 陈卫东：《公民参与司法：理论、实践及改革——以刑事司法为中心的考察》，《法学研究》2015年第2期。
③ 余德厚、石磊、袁晶：《刑事诉讼中被害人参与异化之研究》，《法律适用》2014年第2期。

省高院二审认定李昌奎有自首情节、积极赔偿受害人家属部分损失，于是判处死刑缓期2年执行。二审判决后，被害人亲属到云南省检察院和云南省高院持续上访，还联合二百多名村民签名上访，要求改判被告人李昌奎死刑。出于对政治权力的迷信，被害人以信访方式参与刑事司法的所占比例最高，最高人民检察院负责处理涉法涉诉的上访与申诉的负责人因此说，"在我们受理的案件中，被害人上访与申诉的占了相当大的比例"①。针对这一现状，通过被害人参与刑事司法渠道规范化建构的核心在于主动出击，一方面需要扩大法律制度内的参与机制，让被害人有选择的余地；另一方面则是疏导和分流非规范渠道的被害人参与案件，确保案件处置回到法治的轨道中来。

其次，参与方式的规范化。根据我国刑诉法的规定，被害人参与刑事司法的方式主要是作为诉讼当事人，依法享有权利并承担义务，但不同于被告人和司法机关的是，被害人的诉讼当事人权利实质上受到了诸多限制。必须看到的是，"虽然我国现行《刑事诉讼法》赋予了刑事被害人以当事人地位，但被害人一些重要的诉讼权利并没有被法律承认，与被告人相比，被害人享有的权利还有很大差距，其当事人地位应有的价值并没有彻底体现在诉讼中"②。正是由于法律规定的限制，我国被害人参与刑事司法的方式存在着程度有限和效果差的诸多不规范之处，表现在：案件侦查和公诉阶段缺乏案件知情和参与权，容易产生不信任和抵触情绪；审判过程中作为证人和当事人参与案件审理，实质上均以诉讼"辅助人"方式参与审判，缺少了当事人应有的（例如，二审启动）诉讼权利；以对立的角色参与刑事诉讼活动之后，除法律允许的刑事和解之外，缺乏和被告人的沟通交流等方面。与之相对应，规范犯罪被害人参与刑事司法，要增加参与程度，提高参与效果，西方近几十年来的恢复性司法提供了可资借鉴的被害人参与司法方式，包括被害人—加害人调解模式、被害人—加害人和解模式、社区司法会议、家庭团体会议、社区修复或补偿委员会、量刑圆桌会议模式等多种参与方式。

---

① 傅剑锋：《最高人民检察院力推刑事被害人补偿立法》（http://www.infzm.com/content/592）。

② 陈华丽：《刑事被害人权利保障研究》，知识产权出版社2012年版，第16页。

第四节　主体认同：被害人认同与缓刑制度的有效性重构

一　认同危机：我国缓刑功能有效性之殇

关于法律的有效性问题，德国法理学家伯恩·魏德士教授曾深刻地指出："如果法在现实中不被遵守，它就丧失了法律效力的功能。如果国家法律缺少或丧失了道德效力，也会危及或削弱法律效力。如果国家制定的法律规范违反了广大人民基本道德观，它们也不会稳定而长久地存在。国家的法律制度只有在原则上被接受了（也许每个人都有不同的原因），才会稳定。法的持续并不只是由国家强制工具来保障的。"① 即是说，法律的有效性必须获得现实的社会认同，否则将会削弱有效性的发挥。缓刑从其诞生之日起，就承载了人们殷切的期望，被称为"二十世纪最进步的刑事制度"②，但其作为一项社会科学制度，要想获得坚实的有效性，仍应获得三方主体的认同：一是法官的认同，这是缓刑制度发挥有效性的前提；二是被缓刑人的认同，这是缓刑矫正效果有效发挥的客观依据；三是被害人和民众的认同，这是缓刑长久、稳定、独立存在的正当性保证。事实证明，我国缓刑制度缺乏坚实的认同基础。

首先，法官的认同情况。这可与同一时期其他国家的缓刑判决率横向比较观察得出。虽然自中华民国开始，政府就一直三令五申试图在法官中间推广缓刑，但正如1932年法国专家宝道所言："在法律条文上。此制虽已为中国采用二十年。然中国法庭引用之时不常见。"③ 以四川省高等法院所做的 1935 年缓刑统计为例，1935 年全年四川省缓刑总人数只有 26 例，④ 而在押犯及假释犯人共 421 人，由此推算，四川省 1935 年缓刑的比例不足 6%，而早在 1928 年，奥地利重罪犯判处缓刑者即达 27%，轻罪犯判处缓刑比例更是高达 66%。当前的缓刑判决率虽有所提高，但仍远远低

---

① ［德］魏德士：《法理学》，丁晓春、吴越译，法律出版社 2005 年版，第 148 页。
② 苏克友：《缓刑的研究》，《中华法学杂志》1933 年第 4 期。
③ 宝道：《各国刑法中缓刑制度采用之趋势》，《中华法学杂志》1932 年第 1 期。
④ 民国档案《四川省高等法院公报》1936 年第 21 期。

于其他国家,根据对某省1983年至2002年的统计,判处非监禁刑包括缓刑、管制、单处罚金、免除刑事处罚的适用比例最高为2002年的22.6%,最低为1983年的7.9%。而1994年日本判处限制人身自由刑罚与非监禁刑的比例为0.43:99.57,英国为7.07:92.93,德国为13.92:86.08。① 通过横向比较可知,我国法官对缓刑制度的认同感并不高。

其次,缓刑犯的认同情况。缓刑犯对缓刑制度的认同,意味着缓刑矫正起到了真正的效果。这里情况比较复杂,如果直接问缓刑的受益人是否对缓刑适用表示满意,其结论并不能真正反映缓刑矫正效果的有无与好坏。而法院所统计的缓刑犯再犯情况,由于掺杂了业绩考评因素,因此也不能排除数据的失真性。② 但可以肯定,缓刑犯的监督考察流于形式,缺乏实质矫正内容的问题无论是我国还是其他国家都不同程度地存在,美国学者查尔斯·丁·林德纳就尖锐地指出:"缓刑监督实际上是一个神话,监督仅仅停留在官僚机构的文件上,于是责任被推卸了。犯人每月与缓刑官见面一次,空泛地谈谈工作、毒品、酗酒以及犯罪等诸如此类的问题,然后由缓刑官上交一份报告,仅此而已。"③ 缓刑犯对缓刑的内心认同,是建立在能够真正从缓刑矫正中获得感化和帮助,真切悔过并重新唤起复归社会的热情为依据的,缺乏有质量的缓刑监督和矫正,就谈不上缓刑犯对缓刑的真正认同。

最后,被害人和民众认同的情况。自缓刑制度始出现于中国起,就有人指出其不能平复被害人的报复情感,无法获得社会的认同,清末安徽巡抚冯煦即认为,犹豫行刑(缓刑制度)、假出狱各条皆偏重感化主义,以情相感收效必多,然均与中国重惩戒报复之民情不符……要否规定如上的犹豫行刑、假出狱等制度"宜斟酌"。④ 历经百年,被害人和民众对缓刑的认识并未有所改观。2009年某地法院对大众的一项调查显示,有

---

① 吴宗宪:《非监禁刑研究》,中国人民公安大学出版社2003年版,第123—124页。
② 有学者本着实证的精神,慕名走访了三个对外宣传未成犯缓刑改造效果良好的法院,有领导的回答就非常直接干脆:那是吹的。参见郭英汉、张金浪《危险的美德:城乡二元结构下未成年犯缓刑适用之透析》,《法治论坛》2010年第2期。
③ [美]查尔斯·丁·林德纳:《在失败中度过百年的美国缓刑制度》,黄寒、桂亚胜译,《犯罪研究》2000年第1期。
④ 《刑律草案笺注》,宪政编查馆1910年版。

81.5%的人认为现在的缓刑制度对未成年犯不能起到很好的惩罚作用。[1]而对于目前职务犯罪缓刑率畸高的现象,大众更是直批其是"特权主义"思想泛滥。可以肯定,缓刑的社会认同度低,一定程度上牵制了法官的缓刑判决,在讲究司法判决"三个效果"统一的今天,更是如此。

总之,我们正面临与美国二十世纪七八十年代所经历的缓刑有效性危机相类似的状况:"缓刑的司法基础被侵蚀了,公众对它的支持也减少了,缓刑的法律依据摇摆不定。缓刑官们对工作的效果和意图认识不清,同时缓刑犯也怀疑是否能从与缓刑官的联系中得到帮助。"[2]

二 结构功能主义:我国缓刑制度有效性建构的路径

缓刑制度的上述问题,必须通过结构功能主义的方式予以全面、系统的考虑。所谓结构功能主义,是由美国著名社会学家T.帕森斯在20世纪40年代提出的,他认为社会系统为了维系自身的存在,必须要满足四种功能,即适应功能、目标达成功能、整合功能与潜在模式维系功能,而执行这四种功能的子系统则分别是经济系统、政治系统、社会共同体系统和文化模式托管系统。这些功能与结构在社会系统内部发生交换联系,使得社会系统保持平衡。结构功能主义对刑法学研究影响巨大,当前风靡全球的机能主义刑法学理论,即以其作为自己的方法论基础。[3]而关于缓刑制度的结构功能问题,学界还未有相关研究。事实上,现代缓刑制度从其诞生开始,就承载着多项刑罚及刑事政策功能,一是作为刑罚措施所必需的报复情感绥靖功能;二是作为轻缓化刑事政策的开放性功能;三是作为教

---

[1] 郭英汉、张金浪:《危险的美德:城乡二元结构下未成年犯缓刑适用之透析》,《法治论坛》2010年第2期。

[2] [美]查尔斯·丁·林德纳:《在失败中渡过百年的美国缓刑制度》,黄寒、桂亚胜译,《犯罪研究》2000年第1期。

[3] 机能主义刑法学大师罗克信即认为,一个健全的刑法体系,必须能够保证概念的有序和明确性、能反映事实关系以及能确保刑事政策的目的取向,并因而得出刑事政策与刑法在犯罪理论的构造中,必须具有体系上的一致性。由此,构成要件合致性、违法性与有责性阶层自始即应从刑事政策的功能上予以观察、演绎和体系化:在构成要件层面,要求体现法律明确性这一罪刑法定要求;将解决社会冲突的任务委以违法性;依据基于一般预防的考虑所产生的刑罚需求来决定罪责。参见[德]许逎曼《刑法体系思想导论》,许玉秀译,载许玉秀、陈志辉编《不移不惑献身法与正义》,新学林出版股份有限公司2006年版。

育刑本质的矫正与帮助犯罪人复归社会功能。另外，在当前缓刑判决合法性受到普遍质疑的情况下，要想获得包括被害人在内的公众认同，不但要具有实体正当的报复情感绥靖功能，还必须具备缓刑宣判的程序正当性功能。

但是，长期以来，对于缓刑的研究缺乏结构功能主义的视角，缓刑制度应当具备哪些功能？不同的功能应该由哪种缓刑结构承载，才能最大限度地发挥该功能的效力？对这些问题学界并无清晰的认识。例如，有学者认为我国刑法没为宣告缓刑的犯罪分子设置任何缓刑负担……因此，在我国，被宣告缓刑的犯罪分子实际上没有受到任何实质性的制裁，这样的缓刑立法和在此基础上的司法使得相当一部分人认为在我国宣告缓刑就等于无罪释放。[①] 该观点的逻辑结构是：大前提——缓刑惩罚性只能由缓刑负担承载，小前提——我国的缓刑缺乏缓刑负担，结论——我国的缓刑没有惩罚性，进而又导致了社会大众的不认同。实际上，是否具有惩罚性与惩罚性能否被感知是实体与实体所发挥的功能的问题，我国的缓刑制度不被民众认同，并不是缺乏惩罚性的问题，而是这种惩罚性被安排在了错误的结构当中，使其不容易被民众感知，发挥不了报复情感绥靖机能，因而导致了民众的误解。具体而言：第一，缓刑的实质制裁完全可能蕴含在缓刑负担以外的结构中，从缓刑的类型与对缓刑人复归社会的影响来看，我国缓刑制度的惩罚性并非不足，主要表现在我国的缓刑既宣告罪刑，缓刑考验期结束后又不丧失罪与刑的效力，只是免除了缓刑的执行，日后可能因此构成累犯，较之中华民国之缓刑，其惩罚性更强。[②] 第二，具有惩罚性并不代表这种惩罚就能够获得被害人和民众的认同，即是说，惩罚的存在与惩罚的被感知是两个不同层面的问题，要想民众充分感知并进而认同这种惩罚，还必须将这种惩罚安排在民众最易感知的缓刑结构当中。显然，以缓刑负担而非宣告罪刑的方式表现出的惩罚，以一种持续的、现实的、能为民众所充分感知的面貌呈现出来，这不但可以以否定之否定方式恢复因犯罪而被打乱的法律秩序，还可平复现实的被害人对犯罪人的报复情感，从而使大众获得对缓刑的充分认同。另外，结构功能主义讲求结构

---

① 刘志伟、左坚卫：《徘徊在公正与功利之间的我国缓刑》，《郑州大学学报》（哲学社会科学版）2006 第 1 期。

② 民国时期刑法一直采取法比制缓刑，即宣告罪刑，但犹豫期经过后，罪刑宣告归于无效。

间的稳定与平衡,① 因此如果要增设缓刑负担,就必须在缓刑的其他结构中消除一部分惩罚,以使缓刑制度所蕴含的惩罚总量保持平衡,否则就可能会背离缓刑的轻刑化本质。

由此可见,缓刑制度大体可分为三个结构,即缓刑适用结构,包括刑种适用、实质适用和排除适用等子结构;缓刑义务结构,包括缓刑指示、缓刑负担、缓刑撤销等子结构;缓刑后果结构,包括缓刑法律后果与缓刑记录等子结构。只有赋予不同的缓刑结构以合适的功能,才能使缓刑制度充分反映其本质诉求,只有缓刑制度充分承载了其本质内涵,才能使其回复到理想的应然状态,进而获得三方主体的认同,从而实现缓刑的最佳效用。具体而言:

第一,缓刑适用结构中的刑种适用与排除适用子结构应全面放宽,以承载缓刑作为轻刑化措施所必需的开放性功能。随着风险社会的渐行渐近,世界各国出现了"犯罪膨胀"现象,正如贝卡里亚所言:"随着人的心灵在社会状态中柔化和感觉能力的增长,如果想保持客观与感受之间的稳定关系,就应该降低刑罚的强度。"② 这意味着,从刑罚可持续地应对风险社会的角度考虑,轻刑化刑事政策必将要求缓刑采取一种全面开放的态度,缓刑刑种适用与排除适用子结构作为控制缓刑适用量的形式阀门,责无旁贷地承担起了这个功能。而对于缓刑的实质适用子结构,由于我国法官往往摆脱不了传统实用主义文化的影响,将缓刑判决作为达至其他目的的工具,因此建议删去缓刑的实质适用子结构,随之出现的问题是:依据什么来判断是否给予缓刑。笔者认为,只有将解决问题的视角由依据法官的独断理性转向依据民众的商谈理性,赋予当前各地正积极探索的缓刑听证制度以切实的法律效力,才能真正使缓刑制度具有正当性。

第二,如上所述,缓刑义务结构的子结构缓刑负担,应该成为承载缓刑报复情感绥靖机能的主要场所,但问题是,由于采取了开放性缓刑适用结构,且是否判处缓刑的决定权已经交由缓刑听证决定,因此,法官面临的状况,一是大量的不同罪行的犯罪人被适用缓刑,而要想对这些犯罪人进行实质性的区分,就必须适用宽严相济刑事政策,而适用宽严相济刑事

---

① [瑞士]皮亚杰:《结构主义》,倪连生、王琳译,商务印书馆1984年版,第71页。
② [意]贝卡里亚:《论犯罪与刑罚》,黄风译,中国大百科全书出版社1993年版,第44页。

政策的前提，是要有可供法官选择宽严措施的载体，这种载体的设置，笔者认为，可以在缓刑的适用结构、义务结构与后果结构中进行，包括刑种期限的设置（自由刑最上限放宽到 5 年，针对不同罪行设置缓刑刑种适用的上限）、撤销条件的设置（是得撤销还是必撤销）、附加刑是否一并缓刑、缓刑负担的设置、法律后果的设置（即考察期结束后，罪刑是否一并消灭）等。有义务就必然有救济，因此，应当赋予缓刑人一定的针对法官缓刑义务的不当设立与社区矫正工作者不当矫正的申诉救济权。对于缓刑义务结构的缓刑指示子结构，应充分承载缓刑犯的矫正与帮助复归社会功能。《刑法修正案（八）》新增的缓刑禁止令与社区矫正的规定确实起到了纠正长期以来缓刑监督过于形式化的弊病，但如何制定出一套符合中国传统文化—心理结构的矫正帮扶体系与效果评价体系，则需要进一步探索研究。而对于缓刑的后果结构，如上所述，应当转变目前我国的缓刑法律后果单一的局面，交由法官根据不同情况决定其是承载惩罚性功能还是帮助复归功能。

综上所述，为方便观察缓刑结构、缓刑功能与缓刑制度有效性的关系，笔者绘制表 4-1，其中三方认同代表缓刑的有效性。

表 4-1　　　　　　　　缓刑结构、功能和制度认同

功能认同＼结构	刑种适用	排除适用	实质适用	缓刑负担	缓刑指示	缓刑后果
法官认同（强制认同）	开放功能	开放功能				
缓刑人认同					矫正功能	帮助复归功能（罪刑消灭）
被害人和民众认同			正当性功能（听证程序）	报复情感绥靖功能（宽严相济政策）		报复情感绥靖功能、威慑功能（罪刑不灭）

三　全面开放与程序正当：缓刑适用结构的有效性建构

（一）刑种适用结构的开放性

1. 将缓刑适用的有期徒刑上限放宽至五年有期徒刑，以缓和目前的重刑结构。目前我国缓刑制度中有期徒刑适用上限为三年有期徒刑，主要

依据是三年有期徒刑为我国约定俗成的轻刑刑格,但是,我们同样看到,五年有期徒刑在我国亦为轻刑刑格,并且我国刑法各罪的第一档法定刑配置中,拘役、管制与有期徒刑的最上限衔接点不是三年而是五年有期徒刑,可见,将缓刑适用的有期徒刑上限提至五年,并非没有相应的立法依据。

2. 改"附加刑仍须执行"为"附加刑得一并缓刑",是否一并缓刑交由法官按照宽严相济刑事政策具体决定。由于各个国家刑法附加刑的种类不尽相同,因此,不同附加刑刑种的缓刑与否,要具体问题具体分析。

(1) 罚金刑的缓刑问题。长期以来由于专以修正短期自由刑之弊的功利主义缓刑观,使得我国当前刑法中罚金刑缓刑一直缺位,但正如中华民国《第二次刑法修正案》所指出的,罚金能否缓刑"虽为刑法上一争论之问题。而揆之奖励犯人迁善之旨,则予以缓刑或较施刑之收效为佳。是以外国刑法将缓刑扩充至罚金者,不少其例。况罚金轻于徒刑、拘役,徒刑、拘役尚准其缓刑,而犯较轻之罪反不许其自新,于刑事政策有所未协"[1],并且此次《刑法修正案(八)》增加了无限额罚金(如将生产、销售假药罪,生产、销售不符合卫生标准的食品罪,生产、销售有毒、有害食品罪这几种罪所配置的倍比罚金制,修改为无限额罚金)的配置比例且配置方式倾向于必并制,实际上,无限额罚金的惩罚力度并不亚于没收财产刑,因此设置罚金刑缓刑还有助于缓和当前罚金刑的严厉性。

(2) 剥夺政治权利与没收财产刑设置缓刑的问题。我们注意到2006年我国台湾地区《刑法修正案》第74条第5项一改民国以来在司法适用中长期遵循的"从刑一并缓刑"规则,将其修改为"缓刑之效力不及于从刑与保安处分之宣告",对此我们要辩证看待。台湾刑法中的从刑包括:a. 褫夺公权;b. 没收;c. 追征、追缴或抵偿。而大陆刑法中的附加刑是指:a. 罚金;b. 剥夺政治权利;c. 没收财产。其中大陆刑法中的没收财产刑不同于台湾刑法中的没收,后者限于没收违禁物、供犯罪所用或犯罪预备之物以及因犯罪所生或犯罪预备之物(而"追征、追缴、抵偿",均与没收有关),而前者是指没收全部或部分家庭财产,由于其过于严厉,容易让犯罪人及其家庭陷入绝境,毫无感化矫正可言,因此已出现全球衰落迹象,对其缓刑无疑可缓解其苛严性。台湾刑法中的褫夺公权

---

[1] 杨鸿烈:《中国法律发达史》,中国政法大学出版社2009年版,第572页。

只包括褫夺公务员的资格和为公职候选人的资格,而大陆的剥夺政治权利除此之外,还包括选举权、言论、出版、集会、结社、游行、示威自由的权利,这些大多又是宪法性权利,笔者认为,对其加强监督即可,实无必要一律执行。而对于担任国家机关职务的权利,担任国有公司、企业、事业单位和人民团体领导职务的权利,笔者认为虽如台湾学者所言"褫夺公权系对犯罪行为人一定资格之剥夺与限制,以减少其再犯罪之机会,其性质上兼有预防犯罪与社会防卫之目的,故于缓刑内执行褫夺公权,并未悖于缓刑之本质"[①],但从另一方面看,对其职务予以犹豫执行,无疑更能触及其珍惜向上之心。因此,对于褫夺公权不予缓刑虽具有剥夺再犯功能,但亦失去了缓刑所内含的感化矫正之本质。

(二) 排除适用结构的开放性

《刑法修正案(八)》将犯罪集团的首要分子纳入了排除适用范围,笔者对此持保留态度,此举的原因很明显,主要是出于宽严相济刑事政策的考虑,对集团犯罪加大打击力度,而犯罪集团首要分子主观恶性大,社会危害性相对严重,因此将其排斥出缓刑的适用。但缓刑排除适用规则的设置本意"主要是出于特殊预防的考虑,对一个反复犯罪的累犯,很难得出其今后不会有社会危险的结论"[②],即使是犯罪集团的首要分子,只要其没有用反复犯罪的形式表露对刑罚感受力的鲁钝,就不能从立法上剥夺其适用缓刑的权利。另外,此次修正案将两类社会危害性最为严重的犯罪集团——恐怖活动犯罪与黑社会性质的组织犯罪的犯罪分子纳入特殊累犯范围之内,就社会风险防范而言,对于这两类集团犯罪的犯罪人从严适用缓刑就已经足够了,退一步说,对于犯罪集团首要分子我们完全可以在司法中从严控制缓刑适用,没有必要倒退到如1979年刑法所规定的"对于反革命犯罪与累犯,不适用缓刑"这样一个混杂了人身危险性与社会危害性的缓刑排除适用立法模式。

(三) 实质适用结构的正当性

1. 删除缓刑适用的实质条件。关于缓刑的实质适用条件,各国刑法规定不一,按照考虑的实质内容多少,可以分为:无实质适用条件(如法

[①] 参见马克昌《台湾地区刑法缓刑制度修正述评》(http://www.criminallawbnu.cn)。

[②] [意] 杜里奥·帕多瓦尼:《意大利刑法学原理》,陈忠林译,中国人民大学出版社2004年版,第318页。

国刑法）；抽象地规定"可根据情节"（如日本刑法）或"认为以暂不执行为适当"（如我国台湾地区刑法）；以犯罪情节与悔罪表现为依据（如我国大陆地区刑法）；以犯罪人个人情况与犯罪后的表现为依据（如瑞士刑法）；以犯罪情节、犯罪后表现与犯罪人个人情况为依据（如意大利刑法）。

从理论上讲，缓刑适用的实质条件规定得越详细、越具有操作性，缓刑判决的科学性与准确性就越高，正因为如此，量化缓刑标准、建立缓刑犯人格调查系统几乎成为学界一致的呼声，但接踵而来的问题是，如何保证其实效？正如意大利刑法学家帕多瓦尼所言："由于法官很难根据有意义的材料来作出这种判断，因而，只要符合缓刑主客观条件，缓刑的适用就几乎是自动的。在实践中，除了诉讼过程中有特殊证据表明犯罪人确有再犯罪的危险，法官一律同意适用缓刑。"[1] 刑事新派大师菲利早已指出了这一点："即使撇开法官由于每天都得处理10到20个案子而忽视罪犯的生物和心理特征不论，他们也绝对不可能将注意力集中在对罪犯的违法行为而不是对罪犯本身应当适用哪一条法律上。因此，法官几乎无意识地作出附条件判决，就像他习惯于对减轻情节做有利解释一样。"[2] 可见，妄图依赖一套客观、科学的人格判断标准来揣度未然的、主观的是否具有再犯危险、是否真心悔过，在实践操作中，很难真正做到。

实际情况是，法官在宣判缓刑时无不受到潜意识深层心理结构的支配，特别是在我国这样一个儒家文化已化为一种异常稳固的"百姓日用而不知"的生活态度、思想定势、情感取向的国度中。[3] 实用理性无时无刻不在左右着法官的缓刑判决，导致很多法院要么以是否能够满足小团体利益为依据，要么以是否方便判决为标准。前者最明显的莫过于所谓的"缓刑考察费制度"[4]。另外，由于实践中罚金一般大比例返还给法院，因此造成某些法院以对被告人判处了罚金且能及时缴纳为条件，换取对被告人

---

[1] ［意］杜里奥·帕多瓦尼：《意大利刑法学原理》，陈忠林译，中国人民大学出版社2004年版，第318页。

[2] ［意］恩里科·菲利：《犯罪社会学》，郭建安译，中国人民公安大学出版社2004年版，第329页。

[3] 李泽厚：《初拟儒学深层结构说》，《华文文学》2010年第10期。

[4] 参见《云南永善法院向罪犯明码标价收取缓刑考察费》（http://news.sina.com.cn/c/2007-03-18/232612549008.shtml）。

适用缓刑。基于同样道理，地方法院更愿意对缴纳了保证金的取保候审罪犯判处缓刑。后者的例子是，法官为了降低判断风险，而机械地以是否已经赔偿被害人为依据，来判断犯罪人是否已经悔改，但是否赔偿与是否已经悔改之间并无必然联系，例如，在某起故意伤害案件中，"被告人张某将十余万元交给法院作为赔偿款，但条件是被害人谅解并判处缓刑才行支付，被害人因家庭经济困窘，所以同意谅解并要求法院判处缓刑"①，这显然背离了民众的常情、常理与常识。实际上，自《大清新刑律》开始，中华民国1928年刑法、1935年刑法就一直未规定具有具体内容的缓刑实质判断标准，因此，笔者建议，参照日本、法国和我国的缓刑历史，将当前"有悔罪表现""没有再犯罪的危险""宣告缓刑对所居住社区没有重大不良影响"等实质判断条款一律删去。

2. 赋予缓刑听证切实的法律效力，将法官是否判处缓刑的决定设立在听证结论的基础上。删去缓刑的实质适用结构并不意味着将缓刑与否的判断全然交由法官基于独断的诠释来决定，而是转由基于商谈理性的缓刑听证来决定，"说一个规则是有效的，并不是说发现这个规则本身拥有一个称为'有效的'的本质，而仅仅是商谈过程的特定参与者为这个规则所提出的'有效性主张'得到了商谈过程的交往同伴的承认"②。将缓刑判决的正当性根据由实践理性转向交往理性，无疑使缓刑判决获得了最为坚实的社会认同。另外，也有助于缓解法官错判缓刑的责任风险。近年来，各地法院纷纷尝试缓刑听证，与此不无关系。

就目前各地实施的缓刑听证来看，首要的问题是缓刑听证的效力无法保证，换言之，我们无法反驳缓刑听证等同于缓刑座谈会的质疑。③ 实际上，早在2003年开展的一项调查显示，被调查者中有24%的人认为缓刑听证并没有太多实际意义。因为缓刑听证制度仍掌握在法官手中，具体的法官是否会认真听证调查，会不会有人利用这个制度钻法律的漏洞，被害

---

① 据一项针对武汉市社区农民工的调查显示，在问及是否与居委会的人熟识时，52.4%的农民工回答不认识，28.5%的人回答见过几面，回答比较熟或很熟的只有19.2%。参见杜万忠《农民工的城市社区融入问题探讨》，《石家庄法商职业学院教学与研究》（综合版）2008年第1期。

② ［德］哈贝马斯：《在事实与规范之间：关于法律和民主法治国的商谈理论》，童世骏译，生活·读书·新知三联书店2011年版，第5页。

③ 《"缓刑听证"于法无据》（http://www.chinacourt.org）。

人的看法是否有机会表达,这些都难以保证。① 因此,笔者认为,应当规定法官的缓刑判决必须参考听证的结果,如不采纳,则必须在判决书中说明具体理由,被告人及其法定代理人、辩护人以及控方均可以单独就此在上诉、抗诉期内提起上诉、抗诉。这是保障缓刑听证不流于形式的必然要求。只有赋予缓刑听证硬性的效力,才能将缓刑听证所承载的积极意义落到实处,否则无法规避缓刑听证成为法官滥判缓刑的"堂皇遮羞布"。另外,虽然缓刑听证具有强大的实践生命力,但目前还处于探索阶段,很多地方都值得继续探讨。

(1) 缓刑听证的提起。必须保障所有符合缓刑刑种与排除条件的被告人都享有申请缓刑听证的权利,这是由功利主义缓刑观转向缓刑权利观的必然结论,另外被告人的法定代理人、辩护人均可提出,法院及公诉人在征询了被告人意见后也可提出,这是尊重被告人缓刑权的表现。

(2) 缓刑听证的内容。应当紧密围绕对被告人适用缓刑"是否有再犯危险""是否对居住社区有重大不良影响"两个关切听证人切身利益的主题进行,只有通过如此的利益制衡,才能保证缓刑听证人员的决定符合内心真实想法以及缓刑听证最终结果的真实性。

(3) 缓刑听证人员的设置。可以设置为被告人家属、被害人及其家属、辩护人以及公诉人、居住社区居民、被告人单位人员、社区矫正人员、社会工作者以及公安人员。必须指出,由于我国目前城市社区建设仍是在城乡二元分割的思想和政策中展开的,这造成当下的大多数城市社区,普遍存在排斥外来人口的情况,互信、互助的开放性社区远未建成。② 因此如果不对社区流动人口的缓刑听证人员特别设计,可能会加剧对目前城市流动人口的缓刑歧视。笔者认为,对于流动人口缓刑听证,可以适当减少其居住社区居民代表,多安排社会中立人员,以保证听证结论的客观性。

(4) 缓刑听证人员及其家属的安全保障。这是一个很重要的问题,否则不能保证缓刑人员意思的真实表达,笔者认为,这可在实践中通过试点变声技术与单面透视镜予以解决,在理论探讨成熟的情况下,将缓刑听

---

① 《关注调查:缓刑听证有利于司法公正么?》(http://www.online025.com/)。
② 李卫红、王殿英:《改良缓刑研究》(下),载《中国刑法学年会文集》2005年第一卷(下册),第853—856页。

证人员纳入打击报复证人罪的保护范围内，也未尝不可。

四 宽严相济与伦理矫正：缓刑义务与后果结构的有效性重构

（一）宽严相济：缓刑负担及其他结构必须贯彻的基本政策

如上所述，由于缓刑适用结构的开放，大量罪行各异的犯罪人涌入缓刑的适用范围，但法官是否判处缓刑的决定权很大程度上又受到了缓刑听证与各方主体的制约，那么法官通过何种措施来对这些犯罪人进行实质的甄别，以使得其该当罪行报应呢？笔者认为，必须对缓刑的各结构内部予以开放，即是说，用宽严相济刑事政策救济因顾及正当性而被克减的法官缓刑权，换言之，法官的缓刑工作重心将由"是否判决被告人缓刑"转向"如何设计被告人的缓刑"。有学者认为真正对缓刑制度影响较大的是"轻轻"刑罚观，因为这种刑罚观在立法和司法上的体现是非犯罪化、非刑罚化、非监禁化，这些理念都无一例外地渗透到当今的缓刑制度中，而"重重"刑罚观对缓刑制度则并无影响。[①] 笔者并不赞同这种"一体论"的缓刑政策观，实际上，美国刑法中的震慑缓刑制、韩国与德国刑法中规定的多重缓刑类型以及很多国家对缓刑制度内部各结构的灵活规定，都说明缓刑制度是能够贯彻宽严相济刑事政策的。而且由于一方面现代缓刑观已由以法官为本位的功利主义缓刑观转向了主要视缓刑为特定被告人权利的权利主义缓刑观，缓刑的大量适用成为一种必然趋势；另一方面，由于风险社会的逐渐显现，法官不得不采取措施在缓刑犯内部进行风险调控，因此，宽严相济刑事政策已经并将继续成为支配世界缓刑制度发展的政策潮流。笔者认为，我国的缓刑制度要在总体趋于轻缓的基础上体现宽严相济刑事政策的要求。这种宽严政策的规范载体，可以通过缓刑负担结构（但并不限于）体现出来。

1. 缓刑负担的宽严设置

纵观各国刑法，缓刑负担一般包括赔偿或补偿损失；提供公益服务；为有利于公益设施支付钱款；为有利于国库支付钱款；等等。虽然《刑法修正案（八）》规定了在缓刑考验期内依法实施社区矫正，但一则社会矫正的立法一直缺失；二来从各地制定的社区矫正实施办法看，绝大部分

---

① ［德］汉斯·海因里希·耶塞克、托马斯·魏根特：《德国刑法教科书（总论）》，徐久生译，中国法制出版社2001年版，第1009页。

监督内容仍是缓刑指示，而非缓刑负担，即使某些地方性文件中有公益服务的内容，也大多因为缺乏立法的支撑、社区建设的落后与人、财、物的配给匮乏等原因流于形式，不能真正平复社会和被害人的报复情感。笔者认为，我国亟待在刑法中明文规定缓刑负担条款，其中可以包括：（1）向指定的公益团体或社区提供公益服务。就公益服务的程度而言，有两种立法例，一是不得超过有责的不法行为的程度，如德国刑法的规定；二是有明确的时间限制，如现行加拿大刑事法典与2006年修订的中国台湾地区刑法。笔者认为，为了应对缓刑适用结构的开放，基于宽严相济刑事政策的考虑，还是交由法官自由裁量为好。就公益服务的内容而言，可以灵活处置，那些与行为人实施的犯罪行为有关的义务（例如，在道路交通中过失犯罪后，在医院从事公益劳动）是很有意义的。同样，对于盗伐、滥伐林木罪，可以判处相同或倍数的新林。（2）为有利于公益设施支付钱款。由于受纳主体不同，因此这不同于向国库支付钱款，后者与罚金没有本质区别，所以没有规定之必要。而支付钱款的数额亦可根据实际情况，灵活掌握，但同样不能超过有责的不法程度。至于赔偿或补偿损失以及2006年台湾地区刑法新增加的"向被害人道歉""立悔过书"两项，笔者认为，实有必要，但由于我国《刑法》第37条规定了相应的非刑罚性处置措施，因此，可以笼统规定，宣告缓刑可一并宣告《刑法》第37条中的措施。

2. 附加刑得一并缓刑

如前所述，我国刑法中的附加刑普遍存在刑罚惩罚力度强的特征，因此对于某些家境困难的当事人来说，如果附加刑一律执行，将与适用缓刑的矫正与帮助复归社会功能相背离，但如果附加刑必随同主刑缓刑的话，又不利于打击一部分罪行较为严重的缓刑犯，因为规定附加刑得一并缓刑，交由法官自由裁量。

3. 根据情况，区分"得撤销缓刑"与"必撤销缓刑"

我们可以参考2006年修订的台湾地区刑法，在保留对于在缓刑考验期内犯新罪或发现判决宣告前还有其他罪没有判决的"应当撤销缓刑"的规定下，将《刑法》第77条第2款"缓刑考验期限内，违反法律、行政法规或者国务院有关部门关于缓刑的监督管理规定，违反人民法院判决中的禁止令，情节严重的，应当撤销缓刑"改为"可以撤销缓刑"，即由必撤改为得撤，一方面给不当监管以缓冲地带，另一方面也增添了法官适用宽严相济的资本。

4. 缓刑类型的多元化

不同缓刑类型的本质区别在于对缓刑人复归社会的影响不同，我国刑法当前规定的是保留有罪宣告的缓刑制是一个不争的事实，但保留有罪未执行刑罚是否会留有前科，有不同的观点，一般认为，为了消灭缓刑人的前科，本着更好地帮助缓刑人复归社会，我们应该规定缓刑考验期后罪刑均消灭的法/比制（首创于法国和比利时而得名）缓刑[1]，而于志刚教授则认为，前科着眼于惩治犯罪人不思忏悔，在刑罚执行完毕之后继续犯罪，因而对后罪从重处罚，以补前罪刑罚在量上的不足。而缓刑确未实际执行前罪之刑罚，因此缓刑考验期满后，不能构成前科。[2] 笔者倾向于后者，但仍主张在保留当前缓刑制度的同时，引入考验期后罪刑均归无效的法/比制缓刑，原因在于，后者没有构成累犯前提之虞，而这对于根据不同刑期与人身危险性的缓刑人区别适用，意义重大。我们可以以三年有期徒刑与五年有期徒刑为上限，分别考虑规定消灭罪刑的附条件有罪判决制缓刑，即法比制缓刑与附条件特赦制缓刑，即我国当前的缓刑制度。而对于未成年人与被判处一年以下有期徒刑的犯罪人，可以考虑规定英美法系的宣告犹豫制缓刑。

（二）伦理矫正：缓刑指示应重视家庭伦理因素

《刑法修正案（八）》新增设了缓刑禁止令与社区矫正的规定，具体的效果及细节性规定，无疑会在日后施行过程中逐渐反映出来。在这里，笔者想表达的是，我国缓刑制度应该重视家庭传统伦理的感化作用，注意吸收儒家讲求夫妇之道、孝道与悌道的家庭伦理之精华部分，某种程度上说，家庭矫正与专门的社区工作者的矫正同样有效，直接对缓刑人的矫正与通过间接指导缓刑人的家庭成员对缓刑人进行矫正同样重要，特别是对于未成年人，更是如此。实际上，从我国的缓刑历史来看，我国的缓刑制度是非常重视家庭伦理教化的，例如，《大清新刑律》第63条规定："具有左列要件，而受四等以下有期徒刑或拘役之宣告者，自审判确定之日起，得宣告缓刑五年以下三年以上……（3）有一定住所及职业者；

---

[1] 刘守芬、丁鹏：《现代缓刑类型与中国的选择》，《现代法学》2005年第6期。

[2] 于志刚：《关于增设消除犯罪记录型缓刑之立法建议的质疑》，《山东警察学院学报》2010年第2期。

(4) 有亲属或故旧监督缓刑内之品行者。"第 64 条规定:"受缓刑之宣告者,而有下列情形之一,撤销其宣告……(4) 丧失住所及职业者;(5) 监督人请求刑之执行,其言有理者。"因此,笔者认为,有必要在缓刑指示中新增一条:被宣告缓刑的犯罪分子,必须尽力赡养家庭或者及时支付其应当支付的费用、对被害人的赔偿。这条的用意一方面是为了稳定缓刑犯的家庭,另一方面也是为了唤起或加强缓刑人的家庭责任和社会责任感,为家庭教化创造有利环境。遗憾的是,我国新增的缓刑指示却都是以负面的禁止令的方式表现出来的,应该说,在某种意义上,从正面积极重建或稳固缓刑人的家庭责任乃至社会责任感比通过从反面极力禁止缓刑人从事特定活动、进入特定区域、场所,接触特定的人,更能起到帮助缓刑人重拾生活信心,积极复归社会的效果。

结　　语

　　犯罪被害的历史，对旁观者来说是一段故事，对亲历者却是切身的苦痛和感伤。现实生活中，犯罪行为及其后果是一段被害人家属终生难忘的痛苦情感经历，但却是一种被刑法这扇门拒之门外的声音，更有可能是犯罪学上被苛责为有过错的参与犯罪的结果。其实，笔者能体会刑法教义学者抽象化建构犯罪构成要件、因果关系、罪责等概念范畴的良苦用心和试图借此达至司法正义的价值追求，但刑事法中同样值得关切和具有价值的话语毋宁在于：无论司法正义等"大写的正义"如何宏大和彰显，但关涉犯罪被害人等刑事政策场域行动者切身利益的"小写的正义"也不应体系性缺位。因为，如果不能设身处地地站在被害人或犯罪人的角度，去体会他们的感受，那么，法律、刑法又何谈公正？为了谁的正义？如何丈量正义呢？

　　如同布迪厄场域理论对个体—社会二元对立的改进，刑事政策场域中犯罪被害人关系形态、被害人行为策略、被害情感等命题的思考和提出，也是对现有规范和理论禁锢下"无视被害人"现状进行的一场惊险的跳跃和突围。行文至此，笔者心怀畏惧地运用了法社会学方法解构与重塑了刑事政策场域及其与被害人的关系，从行动者视角剖析了被害人行动的策略和逻辑，进而重构了被害情感的理性成分，为被害人刑事政策提供了事实和价值基础，并在此基础上论证了被害人刑事政策的规范化运作，界分被害人类型及其自我答责，考察并根据刑事政策环节提出了相应的限制措施。从方法论上看，法社会的反思视角切入并重构刑事司法中的犯罪被害人，其意义在于不仅仅对策性地提出国家补偿或改善被害人各项诉讼权利，而是理论化和体系化地论证被害人刑事政策的本体、内容、价值及其实践运行。

　　当然，毋庸置疑的是，本书如果有一份创新的话，那必然伴随着九份的不足，恳请各位尊敬的读者，能够对笔者多一分宽容，笔者将会怀着感恩的心，继续前行。如果我们赞成卡多佐所言，"现行的规则和原则可以告诉我们现在的方位、我们的处境、我们的经纬度。夜晚遮风挡雨的客栈毕竟不是旅行的目的地。法律就像旅行者一样，天明还得出发"[①]、刑事政策场域中的被害人问题研究亦当如此，对于类型化的被害人界分、个罪中自我答责的应用标准确立等问题，还需要进一步的研究，从这个意义上而言，本书的结语最后敲出的句号并不意味着结束，而是出发的脚步。

---

① ［美］卡多佐：《法律的生长》，刘培峰、刘骁军译，贵州人民出版社2003年版，第11页。

参考文献

一 中文译著

[法] 布迪厄、华德康:《实践与反思——反思社会学导论》,李猛、李康译,中央编译出版社 1998 年版。

[德] 汉斯·施奈德:《国际范围内的被害人》,许章润等译,中国人民公安大学出版社 1992 年版。

[日] 西原春夫:《刑法的根基与哲学》,顾肖荣等译,法律出版社 2004 年版。

[美] 庞德:《法理学:通过法律的社会控制》,沈宗灵译,商务印书馆 1984 年版。

[法] 埃米尔·涂尔干:《社会分工论》,渠东译,生活·读书·新知三联书店 2000 年版。

[法] 迪尔凯姆:《社会学方法的规则》(第 2 版),胡伟译,华夏出版社 1999 年版。

[德] 彼得·毕尔格:《主体的退隐:从蒙田到巴特间的主体性历史》,陈良梅、夏清译,南京大学出版社 2004 年版。

[美] 弗莱德·R. 多尔迈:《主体性的黄昏》,万俊人等译,上海人民出版社 1992 年版。

[俄] С. С. Босхолов:《刑事政策的基础》,刘向文译,郑州大学出版社 2002 年版。

[德] 阿图尔·考夫曼:《后现代法哲学——告别演讲》,米健译,法律出版社 2000 年版。

[美] 唐纳德·布莱克:《正义的纯粹社会学》,徐昕译,浙江人民出

版社 2009 年版。

［法］马克·安塞尔：《新刑法理论》，卢建平译，香港天地图书有限公司 1988 年版。

［美］霍华德·泽尔：《视角之变：一种犯罪与司法的新焦点》，狄小华等译，中国人民公安大学出版社 2011 年版。

［德］费迪南·滕尼斯：《共同体与社会》，林荣远译，商务印书馆 1999 年版。

［英］格里·约翰斯通：《恢复性司法：理念、价值与争议》，郝方昉译，中国人民公安大学出版社 2011 年版。

［法］雅克·博里康、朱琳编：《法国当代刑事政策研究及借鉴》，中国人民公安大学出版社 2011 年版。

［德］哈特曼：《道德意识现象学——情感道德篇》，倪梁康译，商务印书馆 2012 年版。

［德］罗克辛：《刑事政策与刑法体系》，蔡桂生译，中国人民大学出版社 2011 年版。

［法］米歇尔·福柯：《规训与惩罚》，刘北成、杨远婴译，生活·读书·新知三联书店 2003 年版。

［法］卡斯东·斯特法尼等：《法国刑法总论精义》，罗结珍译，中国政法大学出版社 1998 年版。

［英］弗里德利希·冯·哈耶克：《法律、立法与自由》（第二、三卷），邓正来译，中国大百科全书出版社 2000 年版。

［美］本杰明·N. 卡多佐：《法律的成长·法律科学的悖论》，董炯、彭冰译，中国法制出版社 2002 年版。

［美］埃德加·博登海默：《法理学：法律哲学和法律方法》，邓正来译，中国政法大学出版社 1999 年版。

［美］乔治·弗莱彻：《刑法的基本概念》，蔡爱惠、陈巧燕、江溯译，中国政法大学出版社 2004 年版。

［美］詹姆斯·B. 雅各布、吉姆伯利·波特：《仇恨犯罪：刑法与身份政治》，王秀梅译，北京大学出版社 2010 年版。

［德］京特·雅各布斯：《规范·人格体·社会——法哲学前思》，冯军译，法律出版社 2001 年版。

［德］安塞尔姆·里特尔·冯·费尔巴哈：《德国刑法教科书》，徐久

生译，中国方正出版社 2010 年版。

［德］汉斯·海因里希·耶塞克、托马斯·魏根特：《德国刑法教科书（总论）》，徐久生译，中国法制出版社 2001 年版。

［英］科尔巴奇：《政策》，张毅、韩志明译，吉林人民出版社 2005 年版。

［美］曼威·柯司特：《认同的力量》，夏铸九、黄丽玲等译，唐山出版社 2002 年版。

［日］大谷实：《刑事政策学》，黎宏译，法律出版社 2009 年版。

［英］齐尔格特·鲍曼：《通过社会学去思考》，高华等译，社会科学文献出版社 2002 年版。

［法］米歇尔·福柯：《权力的眼睛》，严锋译，上海人民出版社 1997 年版。

［美］安德鲁·卡曼：《犯罪被害人学导论》（第 6 版），李伟等译，北京大学出版社 2010 年版。

［法］托克维尔：《论美国的民主》（上册），董果良译，商务印书馆 1991 年版。

［日］高见泽磨：《现代中国的纠纷与法》，何勤华译，法律出版社 2003 年版。

［美］道格拉斯·凯尔纳：《媒体文化》，丁宁译，商务印书馆 2004 年版。

［美］劳伦斯·索伦：《法理词汇：法学院学生的工具箱》，王凌皞译，中国政法大学出版社 2010 年版。

［英］齐格蒙特·鲍曼：《共同体》，欧阳景根译，江苏人民出版社 2007 年版。

［德］施泰格缪勒：《当代哲学主流》（上卷），王炳文等译，商务印书馆 1986 年版。

［德］卢曼：《信任》，瞿铁鹏、李强译，上海人民出版社 2005 年版。

［英］格里·约翰斯通、［美］丹尼尔·范内斯：《恢复性司法手册》，王平等译，中国人民公安大学出版社 2012 年版。

［美］戴维·斯沃茨：《文化与权力：布尔迪厄的社会学》，陶东风译，上海译文出版社 2006 年版。

［美］乔纳森·特纳：《社会学理论的结构》（下），丘泽奇等译，华

夏出版社 2001 年版。

［美］乔纳森·特纳、简·斯戴兹：《情感社会学》，孙俊才、文军译，上海人民出版社 2007 年版。

［美］维克托·约翰斯顿：《情感之源——关于人类情绪的科学》，翁恩琪、刘贇等译，上海科学技术出版社 2002 年版。

［德］赫尔曼·施密茨：《身体与情感》，庞学铨、冯芳译，浙江大学出版社 2012 年版。

［美］罗纳德·J. 博格：《犯罪学导论——犯罪、司法与社会》，刘仁文等译，清华大学出版社 2009 年版。

［英］韦恩·莫里森：《理论犯罪学——从现代到后现代》，刘仁文等译，法律出版社 2004 年版。

［法］古斯塔夫·勒庞：《乌合之众：大众心理研究》，艾之凡译，中山大学出版社 2012 年版。

［英］朱利安·罗伯茨、麦克·豪夫：《解读社会公众对刑事司法的态度》，李明琪等译，中国人民公安大学出版社 2009 年版。

［美］约翰·康芒斯：《制度经济学》，赵睿译，华夏出版社 2013 年版。

二 中文著作

蔡道通：《刑事法治：理论诠释与实践求证》，法律出版社 2004 年版。

蔡道通：《刑事法治的基本立场》，北京大学出版社 2008 年版。

刘远：《刑事法哲学初论》，中国检察出版社 2004 年版。

刘远：《刑事政策的哲学解读》，中国人民公安大学出版社 2005 年版。

刘远：《刑法本体论及其展开》，中国人民公安大学出版社 2007 年版。

陈兴良：《刑法的启蒙》，法律出版社 1998 年版。

陈兴良：《刑法的人性基础》，中国方正出版社 1999 年版。

陈兴良、梁根林：《刑事一体化与刑事政策》，法律出版社 2005 年版。

卢建平：《刑事政策与刑法》，中国人民公安大学出版社 2004 年版。

卢建平：《中国刑事政策研究综述》，中国检察出版社 2009 年版。

卢建平：《刑事政策与刑法变革》，中国人民公安大学出版社 2011 年版。

梁根林：《刑事政策：立场与范畴》，法律出版社 2005 年版。

曲新久：《刑事政策的权力分析》，中国政法大学出版社 2002 年版。

刘仁文：《刑事政策初步》，中国人民公安大学出版社 2004 年版。

张明楷：《刑法的基本立场》，中国法制出版社 2002 年版。

李卫红：《刑事政策学的重构及展开》，北京大学出版社 2008 年版。

许福生：《刑事政策学》，中国民主法制出版社 2006 年版。

许福生：《风险社会与犯罪治理》，元照出版有限公司 2010 年版。

侯宏林：《刑事政策的价值分析》，中国政法大学出版社 2005 年版。

严励：《中国刑事政策的建构理性》，中国政法大学出版社 2010 年版。

莫晓宇：《刑事政策体系中的民间社会》，四川大学出版社 2010 年版。

蒋熙辉：《刑事政策之反思与改进》，中国社会科学出版社 2008 年版。

许春金：《刑事政策与刑事司法》，三民书局 2011 年版。

高维俭：《刑事三元结构论》，北京大学出版社 2006 年版。

郭建安：《犯罪被害人学》，北京大学出版社 1997 年版。

童伟华：《犯罪客体研究——违法性的中国语境分析》，武汉大学出版社 2005 年版。

孙万怀：《在制度和秩序的边际：刑事政策的一般理论》，北京大学出版社 2008 年版。

麻国安：《被害人援助论》，上海财经大学出版社 2002 年版。

申柳华：《德国刑法被害人信条学研究》，中国人民公安大学出版社 2011 年版。

韩流：《被害人当事人地位的根据与限度：公诉程序中被害人诉权问题研究》，北京大学出版社 2010 年版。

李建玲：《被害人视野中的刑事和解》，山东大学出版社 2007 年版。

黄瑛琦：《被害人行为导入定罪机制研究》，法律出版社 2011 年版。

刘军：《刑法学中的被害人研究》，山东人民出版社 2010 年版。

魏东：《保守的实质刑法观和现代刑事政策立场》，中国民主法制出版社 2011 年版。

李佳玟:《在地的刑罚·全球的秩序》,元照出版有限公司 2009 年版。

周清林:《主体性的缺失与重构:权利能力的研究》,法律出版社 2009 年版。

赵可:《一个被轻视的社会群体:犯罪被害人》,群众出版社 2002 年版。

张志平:《情感的本质与意义——舍勒的情感现象学概论》,上海人民出版社 2006 年版。

李海东:《刑法原理入门》,法律出版社 1998 年版。

赵开年:《刑事司法行为研究——以刑事司法行为正当化为中心》,中国政法大学出版社 2012 年版。

杨艳霞:《刑法解释的理论与方法——以哈贝马斯的沟通行动理论为视角》,法律出版社 2007 年版。

储槐植、江溯:《美国刑法》(第 4 版),北京大学出版社 2012 年版。

张鸿巍:《刑事被害人保护问题研究》,人民法院出版社 2007 年版。

冯树梁:《中国刑事犯罪发展十论》,法律出版社 2010 年版。

苏力:《送法下乡——中国基层司法制度研究》,中国政法大学出版社 2000 年版。

邓玮:《法律场域的行动逻辑》,上海大学出版社 2010 年版。

应星:《大河移民上访的故事:从"讨个说法"到"摆平理顺"》,生活·读书·新知三联书店 2001 年版。

最高人民检察院法律政策研究室:《所有人的正义——英国司法改革报告》,中国检察出版社 2003 年版。

方文:《社会行动者》,中国社会科学出版社 2002 年版。

许玉秀:《当代刑法思潮》,中国民主法制出版社 2005 年版

王敏:《规范与价值:近代中国刑事法律制度的转型》,法律出版社 2008 年版。

王佳明:《互动之中的犯罪与被害——刑法领域中的犯罪被害人责任研究》,北京大学出版社 2007 年版。

陈振明:《政策科学》,中国人民大学出版社 1998 年版。

谢明:《公共政策导论》,中国人民大学出版社 2008 年版。

卢映洁：《犯罪与被害：刑事政策问题之德国法制探讨》，新学林出版股份有限公司 2009 年版。

三 中文论文

劳东燕：《刑事政策与刑法关系之考察》，《比较法研究》2012 年第 2 期。

劳东燕：《事实与规范之间：从犯罪被害人视角对刑事实体法体系的反思》，《中外法学》2006 年第 3 期。

卢建平、莫晓宇：《刑事政策体系中的民间社会与官方（国家）——一种基于治理理论的场域界分考察》，《法律科学》2006 年第 5 期。

卢建平：《死刑适用与"民意"》，《郑州大学学报》2005 年第 5 期。

梁根林：《公众认同、政治抉择与死刑控制》，《法学研究》2004 年第 4 期。

梁根林：《刑事一体化视野中的刑事政策学》，《法学》2004 年第 2 期。

［美］保罗·H.罗宾逊：《为什么刑法需要在乎常人的正义直观？——强制性与规范性犯罪控制》，王志远译，载陈兴良主编《刑事法评论》（第 29 卷），北京大学出版社 2011 年版。

［德］克劳斯·罗克信：《刑法的任务不是法益保护吗？》，樊文译，载陈兴良主编《刑事法评论》（第 19 卷），北京大学出版社 2007 年版。

［德］克劳斯·罗克辛：《德国犯罪原理的发展与现代趋势》，王世洲译，《法学家》2007 年第 1 期。

张泽涛：《过犹未及：保护犯罪被害人诉讼权利之反思》，《法律科学》2010 年第 1 期。

李勇：《犯罪被害人问题：刑事政策的局限与可能》，《学术交流》2010 年第 4 期。

杨正万：《刑事犯罪被害人权利保护论纲》，《中外法学》2007 年第 2 期。

［日］大谷实：《犯罪被害人及其补偿》，黎宏译，《中国刑事法杂志》2000 年第 2 期。

王牧、赵宝成：《"刑事政策"应当是什么？——刑事政策概念辨析》，《中国刑事法》2006 年第 2 期。

储槐植：《刑事政策：犯罪学的重点研究对象和司法实践的基本指导思想》，《福建公安专科学校学报》1999年第5期。

［法］布迪厄：《法律的力量：迈向司法场域的社会学》，强世功译，《北大法律评论》1999年第2卷。

强世功：《中国法律社会学的困境与出路》，《文化纵横》2013年第5期。

苏力：《制度变迁中的行动者——从梁祝的悲剧说起》，《中外法学》2003年第2期。

［美］华康德：《论符号权力的轨迹：对布迪厄〈国家精英〉的讨论》，李猛译，载苏国勋、刘小枫主编《社会理论的政治分化》，上海三联书店2005年版。

［美］克雷格·卡尔霍恩：《习性、场域和资本：历史特性的问题》，陈刚译，载薛晓源、曹荣湘主编《全球化与文化资本》，社会科学文献出版社2005年版。

卢建平：《论刑事政策（学）的若干问题》，《中国刑事法杂志》2006年第4期。

严励：《刑事政策功能的科学界定和运行》，《华东政法大学学报》2010年第6期。

刘军：《事实与规范之间的被害人过错》，《法学论坛》2008年第5期。

翟学伟：《个人地位：一个概念及其分析框架——中国日常社会的真实建构》，《中国社会科学》1999年第4期。

李雨峰：《权利是如何实现的——纠纷解决过程中的行动策略、传媒与司法》，《中国法学》2007年第5期。

孙国祥：《我国惩治贪污贿赂犯罪刑事政策模式的应然选择》，《法商研究》2010年第5期。

孙国祥：《论司法中刑事政策与刑法的关系》，《法学论坛》2013年第6期。

刘涛：《民粹主义之于刑事司法审判——读Alan M. Dershowitz最好的辩护》，《社会科学论坛》2012年第11期。

李川：《三次被害理论视野下我国被害人研究之反思》，《华东政法大学学报》2011年第4期。

秦策：《恢复性正义理念下的被害人权利保护》，《法制现代化研究》2009年春季卷。

刘远：《论刑事政治与刑事政策——兼论"宽严相济"》，《甘肃政法学院学报》2008年第6期。

冯军：《刑法中的自我答责》，《中国法学》2006年第3期。

王延君：《被害人化刍议》，《法学研究》1990年第3期。

宋践：《论当代社会被害性》，《南京大学法律评论》1998年春季号。

柏森：《被害人心理浅论》，《社会心理科学》2002年第1期。

任克勤：《论被害人心理学的研究》，《社会心理科学》1997年第1期。

［德］克劳斯·罗克辛：《对批判立法之法益概念的检视》，陈璇译，《法学评论》2015年第1期。

罗大华、俞亮、张驰：《论刑事被害人的心理损害及其援助》，《政法学刊》2001年第5期。

汤云：《正义、愤恨及社会批评》，《世界哲学》2014年第4期。

车浩：《自我决定权与刑法家长主义》，《中国法学》2012年第1期。

车浩：《论刑法上的被害人同意能力》，《法律科学》2008年第6期。

王宁：《略论情感的社会方式——情感社会学研究笔记》，《社会学研究》2000年第4期。

郭景萍：《情感社会学三题三议》，《学术论坛》2007年第6期。

刘砚议：《后现代传媒语境下的"道德恐慌"》，《当代传播》2004年第3期。

周少华：《社会治理视野下的刑事政策》，《法学论坛》2013年第6期。

刘艳红：《我国应该停止犯罪化的刑事立法》，《法学》2011年第11期。

王世洲：《刑法的辅助原则与谦抑原则的概念》，《河北法学》2008年第10期。

王海桥、马渊杰：《被害人自冒风险的刑事归责——论自我负责原则》，《中国刑事法杂志》2011年第1期。

郭景萍：《法律情感逻辑形成、运行与功能的三维机制》，《社会科学研究》2013年第1期。

张明楷：《刑事立法的发展方向》，《中国法学》2006年第4期。

陈兴良：《故意杀人罪的手段残忍及其死刑裁量》，《法学研究》2013年第4期。

陈兴良：《死刑适用的司法控制——以首批刑事指导案例为视角》，《法学》2013年第2期。

孙万怀：《刑事指导案例与刑法知识体系的更新》，《政治与法律》2015年第4期。

王彬辉：《论我国被害人谅解影响死刑适用泛化及其程序规制》，《法学杂志》2013年第9期。

宋亚辉：《公共政策如何进入裁判过程——以最高人民法院的司法解释为例》，《法商研究》2009年第6期。

陈为钢、肖亮：《新刑诉法保障被害人权益若干问题研究》，《东方法学》2013年第2期。

石磊：《刑事诉讼中被害人参与异化之研究》，载万鄂湘主编《建设公平正义社会与刑事法律适用问题研究——全国法院第24届学术讨论会获奖论文集》（上册），人民法院出版社2012年版。

钱弘道：《法律的经济分析工具》，《法学研究》2004年第4期。

冯卫国、张向东：《被害人参与量刑程序：现状、困境与展望》，《法律科学》2013年第4期。

陈卫东：《公民参与司法：理论、实践及改革——以刑事司法为中心的考察》，《法学研究》2015年第2期。

栗峥：《被害人抗争与压力型司法》，《云南社会科学》2013年第2期。

姜涛：《为了社会正义：将倾斜保护原则植入刑法理论》，《江淮论坛》2013年第2期。

何立荣、蔡家华：《论刑法中被害人自我答责理论的模糊性》，《广西民族大学学报》2014年第6期。

马卫军：《被害人自我答责与过失犯》，《法学家》2013年第4期。

冯军：《刑法教义学的立场和方法》，《中外法学》2014年第1期。

张明楷：《也论刑法教义学的立场——与冯军教授商榷》，《中外法学》2014年第2期。

冯军：《刑法中的自我答责》，《中国法学》2006年第3期。

李兰英、郭浩：《被害人自我答责在刑事责任分配中的运用》，《厦门大学学报》（哲学社会科学版）2015年第2期。

周建军：《变革社会中的刑事政治问题——从制度需求的角度》，《法律科学》2009年第6期。

王彬辉：《论我国被害人谅解影响死刑适用泛化及其程序规制》，《法学杂志》2013年第9期。

四 外文资料

Jim Parsons and Tiffany Bergin, "The Impact of Criminal Justice Involvement on Victims' Mental Health", *Journal of Traumatic Stress*, 2010 (2): 183.

Henrik Tham, "The Emergence of the Crime Victim: Sweden in a Scandinavian Context", *Crime & Just*, 2011 (34): 3.

Annemarieke Beijer, Ton Liefaard, "A Bermuda Triangle? Balancing Protection, Participation and Proof in Criminal Proceedings affecting Child Victims and Witnesses", 7 *Utrecht Law Review* (2010).

Aya Gruber, "Victim Wrongs: The Case for a General Criminal Defense Base on Wongful Victim Behavior in an Era of Victim's Rights", 76 *Temple Law Review* (2003).

Christoph Safferling, "The Role of the Victim in the Criminal Process-A Paradigm Shift in National German and International Law?" *International Criminal Law Review*, 11 (2011).

Sarah Goodrum, "Victims' Rights, Victims' Expectations, and Law Enforcement Workers' Constraints in Cases of Murder", *Law & Social Inquiry*, 3, (2007).

Daniel Lerner and Harold D. Laswell, *Policy Science*, Stanford University Press, 1951.

Donald Black, *Sociological Justice*, New York: Oxford University Press, 1989.

Henrik Tham, "The Emergence of the Crime Victim: Sweden in a Scandinavian Context", *Crime & Just*, 2011 (34).

Benjamin L. Liebman, "Watchdog or Demagogue, The Media in the

Chinese Legal System", *Columbia Law Rwiew*, Vol. 105, No. 1, 2005.

Oliver Wendell Holmes, Jr. *The Common Law*, Little Brown and Company, 1948.

Webster's Third New International Dictionnarry of the English Language, G & C, Merriam Company, 1976.

Melvin Lerner, *The Believe in a Just World: A Fundamental Delusion*, New York: Plenum Books, 1980.

Christie, N, "The ideal victim", in E. Fattah (ed.), *From Criminal Policy to Victim Policy*, Basingstoke: Macmillan, 1986.

Daniel Van Ness, Allison Morries and Cabrielle Maxwell, "Introduing Restorative Justiece", in Allison Morries and Cabrielle Maxwel (eds.), *Retorative justice for Jwenliles—Conferencing, Mediation and Circles*, Hart Pubishing, 2001.

Castoriadis, C., *World in Fragments: Writings on politics, Society, Psychoanalysis, and the Imagination*, Stanford: Stanford University Press, 1997.

Feinberg, "Jole, Justice and Desert, Justice and Personal Desert", in Feinberg, *Doing and Deserving*, Princeton University Press, 1970.

James F. Kenny, "Reducing the Harm and Risk of Violent Victimization: How to Help a Coworker", *Journal of Applied Security Research*, Vol. 9, No. 3, 2014.

Murphy, "Forgiveness and Resentment", In J. G. Murphy & J. Hampton (eds.), *Forgiveness and Mercy*, Cambridge, UK: Cambridge University Press, 1988.

Denton, "Martin, Defining Forgive: Anempirical Sxploration of Process and Role", *The American Journal of Family Therapy*, Vol. 26, No. 4, 1998.

Kathleen A. Lawer-Row, "The Varieties of Forgiveness Experience: Working toward a Comprehensive Definition of Forgiveness", *Journal of Religion and Health*, Vol. 46, No. 2, June 2007.

Gail Mason, "The Symbolic Purpose of Hate Crime Law: Ideal Victims and Emotion", *Theoretical Criminology*, Vol. 18, No. 1, 2014.

Mary I. Bockover, "The Concept of Emotion Revisited: A Critical Synthesis of Westernand Confucian Thought", in Joel Marks and Roger T. Ames (eds.),

Emotions in Asian Thought: *A Dialogue in Comparative Philosophy*, NY: State University of New York Press, 1995.

五 硕博士学位论文

刘军:《刑法学中的犯罪被害人研究》,博士学位论文,山东大学,2010年。

张少林:《犯罪被害人行为刑法意义之研究》,博士学位论文,华东政法大学,2005年。

凌萍萍:《犯罪被害人承诺研究》,博士学位论文,吉林大学,2010年。

初红漫:《被害人过错与罪刑关系研究》,博士学位论文,西南政法大学,2012年。

赵运峰:《宽严相济刑事政策司法适用研究》,博士学位论文,上海交通大学,2010年。

张剑秋:《刑事被害人权利问题研究》,博士学位论文,中国政法大学,2005年。

谢协昌:《犯罪被害人保护体系之研究》,博士学位论文,中国政法大学,2007年。

李贵扬:《刑事诉讼中犯罪被害人权利探究》,博士学位论文,吉林大学,2011年。

刘文莉:《犯罪被害人刑事诉权研究》,博士学位论文,西南政法大学,2012年。

樊克克:《论刑事被害人的自我答责》,硕士学位论文,中国青年政治学院,2009年。

黄晓君:《论诈骗罪中被害人的自我答责》,硕士学位论文,华侨大学,2014年。

六 网络、报刊与工具书资料

http://baike.baidu.com/view/17268.htm.

http://www.bundesverfassungsgericht.de/.

http://news.163.com/photoview/00AO0001/13198.html#p=6TB4L9PF00AO0001.

http://theory.people.com.cn/GB/12656098.html.

http://news.163.com/photoview/00AO0001/31024.html#p=8L3QUS1M00AO0001.

http://news.163.com/photoview/568L0001/30873.html#p=8KL8606J568L0001.

http://news.163.com/10/1116/02/6LJ0Q5JR00014AED.html.

http://news.163.com/10/0517/08/66SDJS8N00014AEE.html.

http://news.xinhuanet.com/cankao/2013-02/10/c_132163184.htm.

http://news.163.com/12/0906/20/8AOC77R10001124J.html.

http://theory.people.com.cn/GB/12656098.html.

http://news.163.com/13/0113/18/8L4CIA2A0001121M.html.

http://article.chinalawinfo.com/article_print.asp?articleid=31828.

http://news.163.com/12/1228/15/8JQQN6ET0001124J.html#from=relevant.

http://baike.baidu.com/view/4682882.htm.

http://news.163.com/12/1121/15/8GRJ23HC00014JB6.html#p=8GS7UVEP00AO0001.

《中国大百科全书》(第19卷),中国大百科全书出版社2009年版。

《法学词典》(增订版),上海辞书出版社1984年版。

最高人民法院刑一庭编:《刑事审判参考》第2辑,法律出版社2000年版。

后　　记

不知道有多少读者跟我一样，一本新书的目录和后记是最先翻看的部分，前者可以浮光掠影的一窥全书，后者是作者心路历程的娓娓道来，本书亦是如此。本书由博士毕业论文修改而来，正文部分最后一个句号的画下，需要跟读者（某种程度上还包括自己）交代的想法涌上心头。时值暑假，窗外是寂静和空旷的校园，青草绿树，远处的小山和古寺的塔尖若影若现，读博和近几年来的幸福又紧张的滋味涌上心态。

硕士毕业工作五年后，有缘再赴东方最美丽的校园读书，是我人生最大的幸运。造化弄人，博士录取通知书收到的时候，自己也被突如其来但隐藏了很久的重病击倒在病床，对生命和未来的迷茫一度让我放弃学业。在 2010 年下半年里，母亲的人间大爱，恩师的殷切勉励和多次病房探望，妻子和家人不离不弃的照顾，工作单位安徽科技学院领导同事的积极关照，许多可亲可敬的白衣天使的精心呵护，给了我重生和再续博士研究生学习的机缘。尽管手术后的身体偶尔会给自己制造这样或那样的小麻烦，但休学一年后能够跟随恩师再续师生缘分和求学的幸福感，始终让我可以笑着面对一切。或许正是这样的心境，给了我一个与众不同的博士研究生学习生活，会更加珍惜和在意，时刻有种和时间赛跑的充实感，虽然这次比赛，我用了四年半才到达了终点。

即使是在职攻读学位，学习任务和时间也是紧张的。几年来，从皖北小城往返南京之间的绿色小方块车票，摊开可以摆满十几平方米的书房地面；开题后的论文写作，几乎都是在寒暑假期间，2014 年大雪的春节期间，每天看着空荡的校园和自己身后雪地的那行脚印，心里会有莫名的踏实感；刑事政策场域中的犯罪被害人研究是一项看起来有简单却暗藏风险的旅程，现有书中的观点和结论诚然存在不足，唯有将不足和遗漏之处化作新的期许吧。

知恩是一个人最重要的品质，这是我始终不敢忘记的。硕士和博士阶段得以师承蔡道通教授是我最大的幸运。生活中，先生胸怀宽广而又心细如发，和蔼可亲而又治学严谨，和学生聚餐时永远抢着买单，学生会记住您的教诲；求学历程中，从课程学习到毕业士论文选题、提纲拟定、内容撰写、修改定稿等诸过程中，先生始终给予我悉心指导与全力栽培使我始入学术门径；为人处世方面，先生谦逊做人、热诚待物的身教言传使我终身受益且感恩不尽，为人、为学和为师当以恩师为榜样。刘远教授有着独特的学术和人格魅力，每次跟他聊天都会令人有所思考和启发，在日常学习和生活的诸多环节上，刘老师的指点和关切都令人感到严师的温暖。王敏教授是一位令人尊敬的忠厚长者，虽然聆听教诲时间不多，但随和的性格和对刑法理论的独到见解总能令人印象深刻。安徽大学程雁雷教授在毕业多年后仍挂念学生的成长和发展，每次见面的关切令人心生感动；感谢工作单位诸位领导和法学系的同事，特别是蒋德勤教授、陈传万教授、王镭副教授的格外宽容和真诚关怀。

姜涛、张训、王彦强、张建军诸位仁兄既是亲切的师兄，也是值得敬佩和学习的老师。一起入学却早我两年毕业的贾健博士宅心仁厚，对待学术有着独特的毅力和热情，同舍二载，一生兄弟。博士学习阶段，师出同门的陈楠、石聚航、刘涛、黄何、时方诸君给了我很多帮助和鼓励；方乐、魏宁海、陈小洁、刘军、陈光义、邬宗明、王冰、尹超、钱国玉等一直是我可信赖的老同学和挚友，谢谢你们。

近几年来，自己的签名总是这句：悠着点，路才长。或许这里的路，应该是时间吧。时间是这个世界上最公平，也最吊诡的存在：既是客观的，也是主观的；既是线性的，更是立体的；既是文字的，更是情感的。我爱时间，希望它慢慢流走，可以有更多的经历和情感；我爱时间，却又希望它快快过去，可以看到昕远小儿长大成人，一句"惟愿孩儿愚且鲁，无灾无难到公卿"，写尽此刻心境。

宣　刚

2017 年 8 月 24 日